QUESTÕES ATUAIS
DE DIREITO PRIVADO

AUGUSTO PASSAMANI BUFULIN
Coordenador

Prefácio
Fabio Caldas de Araújo

QUESTÕES ATUAIS DE DIREITO PRIVADO

Belo Horizonte

2022

© 2022 Editora Fórum Ltda.

É proibida a reprodução total ou parcial desta obra, por qualquer meio eletrônico, inclusive por processos xerográficos, sem autorização expressa do Editor.

Conselho Editorial

Adilson Abreu Dallari	Floriano de Azevedo Marques Neto
Alécia Paolucci Nogueira Bicalho	Gustavo Justino de Oliveira
Alexandre Coutinho Pagliarini	Inês Virgínia Prado Soares
André Ramos Tavares	Jorge Ulisses Jacoby Fernandes
Carlos Ayres Britto	Juarez Freitas
Carlos Mário da Silva Velloso	Luciano Ferraz
Cármen Lúcia Antunes Rocha	Lúcio Delfino
Cesar Augusto Guimarães Pereira	Marcia Carla Pereira Ribeiro
Clovis Beznos	Márcio Cammarosano
Cristiana Fortini	Marcos Ehrhardt Jr.
Dinorá Adelaide Musetti Grotti	Maria Sylvia Zanella Di Pietro
Diogo de Figueiredo Moreira Neto (*in memoriam*)	Ney José de Freitas
Egon Bockmann Moreira	Oswaldo Othon de Pontes Saraiva Filho
Emerson Gabardo	Paulo Modesto
Fabrício Motta	Romeu Felipe Bacellar Filho
Fernando Rossi	Sérgio Guerra
Flávio Henrique Unes Pereira	Walber de Moura Agra

FÓRUM
CONHECIMENTO JURÍDICO

Luís Cláudio Rodrigues Ferreira
Presidente e Editor

Coordenação editorial: Leonardo Eustáquio Siqueira Araújo
Aline Sobreira de Oliveira

Av. Afonso Pena, 2770 – 15º andar – Savassi – CEP 30130-012
Belo Horizonte – Minas Gerais – Tel.: (31) 2121.4900 / 2121.4949
www.editoraforum.com.br – editoraforum@editoraforum.com.br

Técnica. Empenho. Zelo. Esses foram alguns dos cuidados aplicados na edição desta obra. No entanto, podem ocorrer erros de impressão, digitação ou mesmo restar alguma dúvida conceitual. Caso se constate algo assim, solicitamos a gentileza de nos comunicar através do *e-mail* editorial@editoraforum.com.br para que possamos esclarecer, no que couber. A sua contribuição é muito importante para mantermos a excelência editorial. A Editora Fórum agradece a sua contribuição.

Dados Internacionais de Catalogação na Publicação (CIP) de acordo com ISBD

Q5 Questões atuais de Direito Privado / coordenado por Augusto Passamani Bufulin. - Belo Horizonte : Fórum, 2022.

255 p. ; 14,5cm x 21,5cm.
Inclui bibliografia.
ISBN: 978-65-5518-301-6

1. Direito. 2. Direito Empresarial. 3. Direito Trabalhista. 4. Tecnologia.
5. Internet. 6. Inovação. I. Bufulin, Augusto Passamani. II. Título.

2021-4197

CDD 346.07
CDU 347.7

Elaborado por Odilio Hilario Moreira Junior - CRB-8/9949

Informação bibliográfica deste livro, conforme a NBR 6023:2018 da Associação Brasileira de Normas Técnicas (ABNT):

BUFULIN, Augusto Passamani (Coord.). *Questões atuais de Direito Privado*. Belo Horizonte: Fórum, 2022. 225 p. ISBN 978-65-5518-301-6.

SUMÁRIO

PREFÁCIO
Fabio Caldas de Araújo 11

APRESENTAÇÃO 15

I
DIREITO CIVIL

A TUTELA DOS DIREITOS DA PERSONALIDADE NAS REDES SOCIAIS
Miryã Bregonci da Cunha Braz, Hiasmine Santiago 19
1   Introdução 19
2   Os direitos da personalidade e sua fragilidade no mundo digital 20
3   Panorama geral sobre as ofensas aos direitos da personalidade 22
4   As tutelas dos direitos da personalidade 24
4.1   A proteção dos direitos da personalidade no meio digital 26
4.2   Contornos da responsabilidade civil dos provedores de internet por conteúdo postado por usuários 28
5   Conclusão 31
Referências 32

O ABUSO PATRIMONIAL NA CRIAÇÃO DE NOVOS ARRANJOS SOCIETÁRIOS
Klauss Coutinho Barros 37
Introdução 37

1	Da responsabilidade patrimonial	37
2	Dos arranjos societários que caracterizam abuso patrimonial	40
3	Da desconsideração da personalidade jurídica	44
4	Do marco temporal da retirada dos ex-sócios, da fraude patrimonial. Do prazo prescricional	51

Conclusão 58
Referências 59

OS DESAFIOS DO DIREITO AO ESQUECIMENTO E A RÁPIDA VELOCIDADE DE TRANSMISSÃO DE INFORMAÇÕES NO ÂMBITO DA INTERNET

**Jaime Ferreira Abreu, Igor Gava Mareto Calil,
Lara Abreu Assef** 63

1	Introdução	63
2	Conceito e definições gerais do direito ao esquecimento	65
3	Desafios do direito ao esquecimento em um contexto de tecnologia e superinformacionismo	71
4	A Lei Geral de Proteção de Dados Pessoais (Lei nº 13.709/18) e suas contribuições para o direito ao esquecimento	79
5	Notas conclusivas	85

Referências 87

A PROTEÇÃO DOS DIREITOS AUTORAIS NO AMBIENTE VIRTUAL

Augusto Passamani Bufulin, Vitor Amm Teixeira 91

1	Introdução	91
2	A proteção dos direitos autorais	92
3	A violação dos direitos autorais no ambiente virtual	96
4	A tutela dos direitos autorais nas mídias digitais	98
5	Considerações finais	99

Referências 100

LIBERDADE DE EXPRESSÃO E ABUSO DE DIREITO NA INTERNET

Renzo Gama Soares, Paulo Antonio Marques Motta 103
1   Introdução 103
2   Direitos fundamentais e seus limites 105
3   A liberdade de expressão como direito fundamental constitucionalmente positivado e sua previsão legal 106
4   Liberdade de expressão na internet 109
4.1   O Marco Civil da Internet e a Lei Geral de Proteção de Dados no contexto positivista da liberdade de expressão 112
5   O instituto do abuso de direito 115
6   A aplicabilidade do abuso de direito nas relações virtuais 117
6.1   Informação ofensiva 118
6.2   Informação falsa ou descontextualizada 120
7   Conclusão 124
Referências 126

II
DIREITO DO TRABALHO

O (NÃO) RECONHECIMENTO DE VÍNCULO EMPREGATÍCIO NAS NOVAS FORMAS DE PRESTAÇÃO DE SERVIÇOS (UBER, IFOOD)

Augusto Passamani Bufulin,
Luana Assunção de Araújo Albuquerk 131
1   Introdução 131
2   Relação de trabalho x relação de emprego 132
3   Das novas formas de prestação de serviços (casos de Uber, iFood) e a (não) caracterização do vínculo de emprego 135
4   Da jurisprudência do Tribunal Superior do Trabalho sobre o tema 138

5   Conclusão 140
Referências 141

O TELETRABALHO E A SOCIEDADE CONTEMPORÂNEA
Cláudio Iannotti da Rocha 143
1   Introdução 143
2   Da revolução digital 145
3   Da revolução cibernética 147
4   Do teletrabalho 151
5   Conclusão 157
Referências 158

III
DIREITO EMPRESARIAL

A PROTEÇÃO JURÍDICA DE *STARTUPS* NO DIREITO BRASILEIRO
Eduardo Silva Bitti 163
Introdução 163
1   A *startup* no direito brasileiro 163
2   A penhora de bens de capital em *startups* 170
3   O faturamento da *startup* como bem a ser penhorado 176
Conclusão 181
Referências 181

PRIMEIRAS LINHAS ACERCA DA INFLUÊNCIA DAS NOVAS TECNOLOGIAS NO DIREITO SOCIETÁRIO BRASILEIRO: ESTRUTURAS SOCIETÁRIAS TRADICIONAIS, O SURGIMENTO DE NOVAS FORMATAÇÕES E A AMPLIFICAÇÃO DAS FORMAS DE INVESTIMENTO E O ACESSO AO CRÉDITO
Caio de Sá Dal'Col 183
1   Introdução e objeto de estudo 183

2   A relação das novas tecnologias e inovação com o direito e sua função promocional de acordo com os comandos constitucionais e o atual contexto normativo pátrio 184

3   Das empresas *startups*, o seu marco legal (PLP nº 146/2019 – Marco Legal das *Startups* e do Empreendedorismo Inovador) e as medidas de simplificação adotadas em benefício do desenvolvimento das novas tecnologias e inovação 190

3.1   Os investidores-anjo, o conceito e requisitos para enquadramento de empresas como *startups* e as formas expressamente reconhecidas de investimento em empresas *startups* 191

3.2   Do regime simplificado especial instaurado pelo Inova Simples e pela LGPD em benefício das empresas *startups* e a previsão de regulamentação de ambiente regulatório experimental (*sandbox* regulatório) 195

3.3   Do fomento à transitoriedade societária das empresas *startups* e benefícios auferidos para os modelos de negócio tradicionais com a simplificação das formalidades atinentes às sociedades anônimas e demais entidades empresariais 198

4   Os impactos das novas tecnologias nas relações societárias e o impulsionamento da captação de investimentos e acesso ao crédito 201

4.1   A utilização da tecnologia em prol da facilitação do exercício dos direitos dos sócios e acionistas mediante a realização de assembleias gerais virtuais, videoconferências, possibilidade de voto digital, acesso aos dados relativos à empresa em sistema *on-line*, entre outros 201

4.2   A facilitação do acesso a investimentos pela existência de plataformas virtuais de investimentos (*crowdfunding* e fundos de investimentos) e *fintechs* de crédito 204

5   Breve fechamento 208

Referências 210

IV
DIREITO DO CONSUMIDOR

A RESPONSABILIDADE PELO VÍCIO E PELO FATO DO PRODUTO E O DIREITO DE ARREPENDIMENTO NO COMÉRCIO DIGITAL
Mariah Ferrari Pires 213
1   Introdução 213
2   A proteção do consumidor 214
3   A responsabilidade pelo vício e pelo fato do produto no comércio digital 215
4   O direito de arrependimento no comércio digital 217
5   Conclusão 220
Referências 221

SOBRE OS AUTORES 223

PREFÁCIO

O querido amigo e iminente civilista Prof. Dr. Augusto Passamani Bufulin formulou o gentil convite para elaborarmos a apresentação da obra *Questões atuais de direito privado*.

O título da obra não poderia ser mais atual. O direito 4.0 revela a transformação intensa que permeia todas as searas do sistema jurídico em face dos impactos gerados pelas transformações tecnológicas do século XXI. Essas mudanças não se circunscrevem apenas quanto à adaptação do direito ao mundo digital, mas quanto à própria estrutura da relação jurídica, tanto no direito material como no processual.

O século XX foi marcado, no que tange ao direito privado, pela constitucionalização do direito civil e sua coordenação com os direitos fundamentais (eficácia vertical e horizontal). O século XXI se deparou com um novo desafio. A necessidade do direito privado se adaptar às novas realidades como meio de fornecer resposta adequada ao antigo adágio romano *"ex facto oritur ius"*. Afinal, o descompasso entre a realidade e o direito pode gerar inúmeras distorções que comprometem a paz social e a segurança jurídica.

A obra divide-se em quatro partes, que podem ser examinadas sob a perspectiva da relação jurídica (sujeito, objeto e forma), a mesma concepção oriunda da genial criação de Savigny e da fantástica sistematização alemã do direito privado com base no sistema em cruz. A primeira parte centra-se na análise dos problemas inerentes ao período atual quanto à proteção dos direitos da personalidade do sujeito de direito. O ambiente virtual é propício a duas questões importantíssimas: a) proteção ao direito de privacidade e b) o direito ao esquecimento. Ambas as questões revelam pontos sensíveis e que, na fase atual, ainda precisam ser conjugadas com o MCI (Marco Civil da Internet) e a LGPB (Lei Geral de Proteção de Dados). A necessidade de mecanismos processuais avançados, especialmente pela tutela inibitória, revela a importância dessa discussão em face do CPC de 2015. Ainda merece menção nessa primeira parte a atualíssima discussão sobre a materialização da desconsideração, cuja definição envolve a interpenetração entre a pessoa física e jurídica, bem como a culta digressão sobre os direitos autorais em face da nova realidade virtual.

A segunda parte retrata a discussão sobre o objeto da relação jurídica relacionada à natureza do contrato do potencial contrato de trabalho gerado pelas novas tecnologias, que desafiam os ambientes naturais de regulação. Neste ponto, destacam-se o fenômeno da globalização e a importância cada vez maior das normas supranacionais.

A terceira desenvolve dois pontos que são essenciais para o moderno direito empresarial e o adequado enquadramento da relação societária que visa formar empresas inovadoras. A proteção das *startups*, marcada pela LC nº 182/2021, inaugurou um novo marco no direito societário brasileiro, representado pela proteção ao empreendedor e investidor, o qual, agora, pode contribuir para o nascimento de um novo negócio sem a obrigatoriedade de sua inclusão como sócio. Da mesma forma, o tratamento do direito societário e a valorização dos valores mobiliários demonstram que os conceitos romanos de *res mancipi* e *nec mancipi* estão ultrapassados. As novas realidades demonstram que os bens móveis assumem maior projeção (ações, debêntures, títulos soberanos) e a necessidade de mecanismos diferenciados de proteção. A atomização do direito de propriedade, a possibilidade de migração instantânea do capital e o surgimento das moedas digitais não permitem mais o tratamento conferido anteriormente pelo direito privado.

Por fim, a última parte deste interessante trabalho aborda a temática do consumidor em face do comércio digital. Se até o século XX ainda poderíamos discutir as relações contratuais com base no *pacta sunt servanda*, a fase atual não permite mais essa abordagem na seara consumerista. O denominado contrato de adesão é considerado uma situação há muito consolidada, contudo, no ambiente virtual seus contornos são mais delicados. A relação virtual exige a correta compreensão do que é oferecido ao consumidor, sendo vedado o *dolus bônus*, que era até então um exemplo comum nos manuais de direito civil. A temática do direito ao arrependimento revela importante capítulo do direito eletrônico, que recebeu abordagem atual sobre seu tratamento no comércio virtual.

Como se percebe, todos os temas tratados nesta coletânea revelam o comprometimento do organizador da obra em oferecer aos leitores as discussões mais atuais sobre as transformações tecnológicas e seus impactos na transformação do direito privado. Sem maiores delongas, convido o leitor para a leitura integral deste belo trabalho, que revela a dinamicidade das relações jurídicas atuais e a necessidade de atualização constante do jurista do século XXI.

Curitiba, 22 de julho de 2021.

Fabio Caldas de Araújo
Pós-Doutor pela Universidade de Lisboa e orientando do Professor Menezes Cordeiro. Mestre e Doutor pela Pontifícia Universidade Católica de São Paulo (PUC-SP). Professor do Mestrado da Universidade Paranaense (UNIPAR). Professor da Escola da Magistratura do Estado do Paraná, do Curso de Especialização da PUC-COGEAE, da PUC-SP e do Curso de Especialização da Universidade de Londrina (UEL). Membro da *Deutsch-Brasilianischen Juristenvereiningung*. Juiz de Direito (TJPR).

APRESENTAÇÃO

O direito, como área das ciências sociais aplicadas, tem como objetivo compreender as necessidades de um corpo social, suas consequências e finalidades.

A presente obra teve o cuidado e o objetivo de trazer à academia, através dos estudos desenvolvidos no Programa de Pós-Graduação em Direito Processual da Universidade Federal do Espírito Santo e da valiosa contribuição de professores e profissionais renomados do universo jurídico, temas que enfrentam e debatem essas questões. Quais as necessidades presentes a serem resolvidas no campo do direito privado? Quais questões que estão sendo objeto de discussão e conflitos não resolvidos na sociedade que precisam de uma resposta jurídica que nos traga respostas ou ao menos balizas que possam moldar os comportamentos a serem praticados no mundo jurídico-comercial?

Optamos por dividir a obra em eixos estruturantes, iniciando-se a partir da ótica da relação jurídica, criação alemã do direito privado, enfocando os direitos da personalidade na sociedade pós-moderna e os diversos problemas a eles atinentes, tais como os derivados da utilização das redes sociais, a rápida disseminação da transmissão no âmbito da internet, a proteção dos direitos autorais no ambiente virtual, a liberdade de expressão e o abuso do direito na internet, todos eles vistos e analisados através da Lei Geral de Proteção de Dados.

No campo do direito empresarial, passamos à análise da desconsideração da personalidade jurídica diante dos novos arranjos societários, bem como pela proteção jurídica das *startups* no direito brasileiro, importante mecanismo de desenvolvimento de novas tecnologias, com transferência e investimentos nacionais e internacionais cada vez mais consideráveis.

Preocupamo-nos com as questões surgidas com o desenvolvimento das novas relações de trabalho, estudando o cada vez mais atual e controverso reconhecimento ou não de vínculo empregatício nas novas formas de prestação de serviços e o teletrabalho, modalidade que se acentuou e atingiu níveis impensáveis com a pandemia ocasionada pela COVID-19.

Por fim, enfocamos o comércio eletrônico, motivo pelo qual estudamos a responsabilidade pelo fato do produto e do serviço e do direito ao arrependimento no comércio digital.

Esperamos que esta obra traga algumas ideias e soluções para os inúmeros desafios que enfrentamos em nosso estágio de desenvolvimento, cumprindo a vocação do direito como fenômeno que interpreta e compreende as necessidades de nossa sociedade.

I

DIREITO CIVIL

A TUTELA DOS DIREITOS DA PERSONALIDADE NAS REDES SOCIAIS

MIRYÃ BREGONCI DA CUNHA BRAZ
HIASMINE SANTIAGO

1 Introdução

Nos últimos anos, viu-se uma grande expansão da internet em todo o mundo que, posteriormente, veio acompanhada de um avanço das chamadas "redes sociais", instrumentos de comunicação por meio dos quais as pessoas interagem a partir de valores e interesses comuns.

Se, por um lado, a introdução dessas ferramentas representou um significativo progresso para aproximação das pessoas e diminuição de distâncias, também se tornou um meio com falsa percepção de liberdade para que os seus usuários possam se expressar de forma ampla sem que, a princípio, tenham noção da responsabilidade sobre os atos praticados.

Com isso, é comum que usuários se utilizem das facilidades de um aparente anonimato nas redes sociais para propagarem conteúdos potencialmente lesivos a direitos da personalidade de terceiros. A repercussão dessas questões na rede mundial de computadores ainda é mais perigosa, dada a rápida transmissão de informações que se difundem nesses canais de comunicação.

Entretanto, é sabido que a liberdade para propagação de conteúdos e informações não é ilimitada, devendo sempre ser respeitados direitos alheios, sobretudo aqueles voltados à dignidade humana, como os direitos da personalidade. Nesse sentido, questiona-se quais são as formas de tutelas desses direitos capazes de inibirem ou ao menos amenizarem atos ilícitos praticados nas redes sociais, cujos danos muitas vezes são permanentes.

Para tanto, por meio de uma abordagem de caráter qualiquantitativo e método indutivo, o presente artigo objetiva analisar os principais aspectos dos direitos da personalidade no ordenamento brasileiro sob a perspectiva das redes sociais e as formas de tutela jurisdicional para sua proteção.

Apresentam-se, brevemente, linhas gerais sobre os direitos da personalidade, sua fragilidade no mundo digital e indicam-se formas e exemplos da violação desses direitos nas redes sociais. Posteriormente, indicam-se as formas de tutelas especificamente dos direitos da personalidade, identificando aquelas que melhor atendem à proteção eficaz contra danos e lesões, sobretudo de natureza extrapatrimonial.

Por fim, expõem-se deveres das empresas que administram as redes sociais (os provedores de internet) extraídos do Marco Civil da Internet atrelados à jurisprudência do Superior Tribunal, com o condão de proteger ou repreender atos que violem direitos da personalidade.

2 Os direitos da personalidade e sua fragilidade no mundo digital

Os direitos da personalidade são inerentes à pessoa humana e possuem características próprias que os distinguem dos demais direitos previstos no sistema jurídico brasileiro. São direitos inalienáveis, intransmissíveis, irrenunciáveis, imprescritíveis e não possuem conteúdo patrimonial.

Isso significa dizer que são partes constitutivas de um todo, que é a tutela da dignidade da pessoa humana e, sendo indissociáveis à natureza humana, devem ser respeitadas e protegidas como condição indispensável à própria existência da pessoa.[1] Nas lições de Francisco Amaral, "são direitos subjetivos que têm por objeto os bens e valores essenciais da pessoa, no seu aspecto físico, moral e intelectual".[2]

Não obstante o rol apenas exemplificativo da tipificação dos direitos da personalidade no Código Civil (artigos 11 a 21), importante registrar que a codificação civil trata, basicamente, de cinco elementos relacionados aos direitos da personalidade, quais sejam: a) vida e integridade físico-psíquica; b) nome da pessoa natural ou jurídica; c) imagem; d) honra; e) intimidade e vida privada.

---

[1] MURITIBA, Sérgio Silva. Tutela inibitória e os direitos da personalidade. *Revista de Processo*, São Paulo, n. 122, p. 22-40, abr. 2005, p. 28.

[2] AMARAL, Francisco. *Direito civil*. Introdução. 5. ed. Rio de Janeiro: Renovar, 2003. p. 249.

Vê-se que o mundo atual é extremamente influenciado por elementos tecnológicos, que ditam todo o ritmo de vida de grande parte da população e trouxeram grandes inovações nas relações sociais. Nesse contexto, aliadas às novas tecnologias, as redes sociais trouxeram um grande protagonismo no âmbito da internet e se replicaram cada vez mais por aplicativos e *smartphones*, alcançando hoje níveis de efetiva participação mundial que atingem as comunicações, as formas dos contratos em geral, os aspectos psicológicos do ser humano, suas interações sociais, relacionamentos, que culminaram em uma nova forma de comportamento da sociedade.

Para se ter ideia, mais de um bilhão de usuários mensais enviaram 50 bilhões de fotos ao Instagram,[3] onde são carregadas 995 fotos por segundo.[4] Somente no Facebook, 350 milhões de fotos são enviadas todos os dias, com 14,58 milhões de *uploads* de fotos por hora, 243.000 *uploads* por minuto e 4.000 *uploads* por segundo.[5] Em outubro de 2020, o Brasil possuía cerca de 130 milhões de usuários no Facebook[6] e 95 milhões no Instagram.[7]

Os avanços desses novos tempos são muito significativos pela possibilidade da propagação de dados e informações de maneira quase que imediata. Não obstante esse fato, as redes sociais trazem não apenas o dinamismo normal das relações sociais, como também infortúnios aos usuários, notadamente no tocante aos direitos da personalidade, que, muitas vezes, ultrapassam até mesmos os usuários das redes e os aplicativos, transcendendo para diversos outros locais, dado o influxo de velocidade com que as informações são transmitidas.

Uma suposta sensação de anonimato por parte dos usuários, ao se manifestarem por meio dos seus aparelhos eletrônicos, permite um uso indiscriminado e irresponsável das ferramentas e pode conter abusos. Nessa perspectiva, o direito, fenômeno que regula as relações sociais, não pode ficar alheio a essas novas tecnologias

---

[3] APPLE, Charles. How Instagram hit one billion users. *The Spokesman-Review*, 24 jun. 2020.
[4] PHOTOS uploaded on Instagram. *Would you have thought?*, [s.d.].
[5] THE LATEST Facebook Statistics (2018). *Social Report*, 25 jan. 2018.
[6] CLEMENT, J. Leading countries based on Facebook audience size as of October 2020. *Statista*, 24 nov. 2020.
[7] CLEMENT, J. Leading countries based on Instagram audience size as of October 2020. *Statista*, 30 nov. 2020.

e, dada a popularização das redes, também há um grande número de casos que chega ao Judiciário para solucionar essas questões.

Se, por um lado, antes se via apenas uma ofensa por uma questão específica entre os sujeitos de uma relação jurídica, uma afronta nas redes sociais causa proporções ainda maiores, dada a grande velocidade e amplitude na propagação das informações inseridas nesses meios digitais.

Diante disso, é necessário pensar em formas de inibir, suspender e até compensar eventuais violações a direitos da personalidade que se utilizam das redes sociais, traçando, inclusive, os contornos da responsabilidade não somente do ofensor, mas também do provedor de internet "por trás" da rede social.

3 Panorama geral sobre as ofensas aos direitos da personalidade

A ofensa aos direitos da personalidade no âmbito da internet, em especial nas redes sociais, está desdobrada em vários aspectos e, muitas vezes, uma atitude específica do usuário desencadeia numerosas violações. O uso indevido da imagem de uma pessoa, por exemplo, também pode culminar com a ofensa reflexa – ou direta – à sua intimidade e à vida privada, a depender do conteúdo da divulgação.

De forma geral, a ofensa aos direitos da personalidade pode ser vislumbrada sob três aspectos: o direito à integridade física, consubstanciada no corpo humano; o direito à integridade psíquica, que abrange a liberdade, as criações intelectuais, a privacidade e o sigilo pessoal; e, por fim, o direito à integridade moral, que nele se incluem a honra, a imagem e a identidade.

Para análise das redes sociais, a integridade física, assim considerada como o direito ao próprio corpo e à incolumidade corpórea, em uma análise superficial, não pode ser vislumbrada como aspecto relevante que possa ser objeto de violação nas redes sociais, pois eventuais ultrajes, geralmente, destinam-se a aspectos não corpóreos, como se verá a seguir.

Em relação à integridade psíquica, merecem destaque as criações intelectuais, a privacidade e o sigilo pessoal. Quanto às primeiras, ressaltam-se os direitos autorais, em especial as criações artísticas, literárias e científicas, que em muito podem ser replicadas com ampla velocidade, sem se atribuir o conteúdo ao verdadeiro autor. A título exemplificativo e para ilustrar a tutela nesse âmbito, destaca-se o posicionamento do Superior Tribunal de Justiça, nos autos do REsp nº 1.822.619,[8] que determinou que o direito autoral de um fotógrafo deva ser respeitado, mesmo que a imagem por ele fotografada esteja facilmente disponível nos sítios de buscas pela internet.

A privacidade e o sigilo pessoal, por seu turno, possuem relação com a tutela constitucional da intimidade[9] e representam verdadeiro direito de não se expor a público e da proteção à sua vida particular, sua convivência íntima e, por certo, a proteção de seus dados. No âmbito das redes sociais, tem-se, além da divulgação inapropriada de imagens das pessoas em seu íntimo – em especial de famosos e os chamados *paparazzi* –, destacam-se também as vítimas dos vazamentos de imagens e/ou vídeos íntimos e as próprias invasões das contas das redes sociais.

O direito à imagem, que, inclusive, é constitucionalmente tutelado, pode ser visualizado sob dois enfoques, conforme lecionam Pablo Stolze Gagliano e Rodolfo Pamplona Filho,[10] quais sejam, a "imagem-retrato", correspondente ao próprio aspecto físico da pessoa, e a "imagem-atributo", referente à exteriorização da personalidade do indivíduo, ou seja, à forma como ele é visto socialmente.

No âmbito das redes sociais, a veiculação de imagem de forma não autorizada é um exemplo clássico e, ainda que no âmbito profissional, o abuso também gera o correspondente dever de indenizar, conforme já pacificado na jurisprudência do Superior Tribunal de Justiça, o qual entendeu, em seu Enunciado Sumular nº 403, que a obrigação da reparação decorre do próprio uso indevido do direito personalíssimo.

---

[8] BRASIL. Superior Tribunal de Justiça (3ª Turma). *Recurso Especial nº 1.822.619/SP*. Direito Civil. [...] Recurso Especial. Propriedade Intelectual. Direitos Autorais. Prequestionamento. Súmula 282/STF. Fotografia. Uso não autorizado. Ausência de indicação da autoria. Danos morais configurados. [...] Rel. Min. Nancy Andrighi, 3ª Turma, julgado em 18.02.2020, publicado em 20.02.2020. Decisão por unanimidade.
[9] Destaca-se, ainda, a proteção do direito ao esquecimento, direito que possui fundamento na dignidade humana e, consequentemente, na personalidade do indivíduo. Neste sentido: "A tutela da dignidade da pessoa humana na sociedade da informação inclui o direito ao esquecimento" (Enunciado nº 531, CJF).
[10] GAGLIANO, Pablo Stolze; PAMPLONA FILHO, Rodolfo. *Novo curso de direito civil*, volume 1: parte geral. 21. ed. São Paulo: Saraiva Educação, 2019. Livro digital.

Recentemente, repercutiu a notícia de uma condenação judicial de um dono de perfil humorístico em uma rede social, que utilizava indevidamente a imagem de uma pessoa para ilustrar o seu perfil e fabricar imagens humorísticas.[11] Sem adentrar às nuances do caso, que estão adstritas às provas dos autos, trata-se de condenação por uso de imagem não autorizada.

O direito ao nome, por sua vez, trata-se de um aspecto único do sujeito, pois o individualiza e o identifica na sociedade e, aliado ao direito à imagem, por vezes se observa a ofensa ao nome em criações de perfis falsos nas redes sociais.

4 As tutelas dos direitos da personalidade

Em se tratando da busca pela proteção dos direitos da personalidade, Davi Amaral Hibner, em sua dissertação de mestrado intitulada *As tutelas dos direitos da personalidade no Código de Processo Civil*, destaca a existência de sete tipos de tutelas (classificadas pelo critério da finalidade ou função):

Tabela 1 – Espécies de tutelas dos direitos da personalidade

(i) Tutela ressarcitória-compensatória do prejuízo extrapatrimonial	
(ii) Tutela ressarcitória-indenizatória do prejuízo patrimonial	Tutelas ressarcitórias
(iii) Tutela restauratória (ou ressarcitória na forma específica)	
(iv) Tutela de exclusão do lucro da intervenção	
(v) Tutela inibitória propriamente dita	
(vi) Tutela cessatória	Tutelas inibitórias
(vii) Tutela reintegratória (ou de remoção do ilícito)	

Fonte: Elaboração própria a partir das informações obtidas em: HIBNER, Davi Amaral. *As tutelas dos direitos da personalidade no Código de Processo Civil*. 2019. Dissertação (Mestrado em Direito Processual) – Universidade Federal do Espírito Santo, Centro de Ciências Jurídicas e Econômicas, Espírito Santo, 2019, p. 70.

---

[11] VALENTE, Fernanda. Juiz condena administrador de página a indenizar idoso por memes. *Revista Consultor Jurídico*, 19 ago. 2019.

A *tutela ressarcitória* diz respeito ao pagamento de pecúnia para recomposição do patrimônio (*tutela ressarcitória-indenizatória de prejuízos patrimoniais*) ou para amenização dos prejuízos (*tutela ressarcitória-compensatória de prejuízos extrapatrimoniais*) causados à vítima. Pode ainda ser caracterizada pela aplicação de medidas não pecuniárias com intuito de reparar o prejuízo (*tutela restauratória ou ressarcitória na forma específica*),[12] como, por exemplo, a imposição de retratação pública[13] e o direito de resposta.

A *tutela de exclusão do lucro da intervenção* visa remover do patrimônio do ofensor "[...] os lucros que foram obtidos a partir da violação dos direitos da personalidade da vítima".[14] Ou seja: enquanto a tutela ressarcitória visa ressarcir, compensar ou amenizar o dano propriamente dito, a exclusão do lucro da intervenção retira do patrimônio do ofensor a quantia que adveio de um enriquecimento ilícito,[15] transferindo-a para a vítima, titular do direito da personalidade lesado.

A *tutela inibitória*, também prevista no art. 12 do Código Civil[16] e no parágrafo único do art. 497 do Código de Processo Civil,[17] [18] busca evitar a prática do ilícito (*tutela inibitória propriamente dita*) ou evitar a repetição ou continuação da conduta ilícita (tutela

---

[12] HIBNER, Davi Amaral. *As tutelas dos direitos da personalidade no Código de Processo Civil*. 2019. Dissertação (Mestrado em Direito Processual) – Universidade Federal do Espírito Santo, Centro de Ciências Jurídicas e Econômicas, Espírito Santo, 2019, p. 72.

[13] Nesse sentido: "A compensação pecuniária não é o único modo de reparar o dano extrapatrimonial, sendo admitida a reparação in natura, na forma de retratação pública ou outro meio" (Enunciado nº 589, CJF).

[14] HIBNER, Davi Amaral. *As tutelas dos direitos da personalidade no Código de Processo Civil*. 2019. Dissertação (Mestrado em Direito Processual) – Universidade Federal do Espírito Santo, Centro de Ciências Jurídicas e Econômicas, Espírito Santo, 2019, p. 120.

[15] Vedado expressamente pelos artigos 884 a 886 do Código Civil.

[16] *In verbis*: "Pode-se exigir que cesse a ameaça, ou a lesão, a direito da personalidade, e reclamar perdas e danos, sem prejuízo de outras sanções previstas em lei".

[17] "Na ação que tenha por objeto a prestação de fazer ou de não fazer, o juiz, se procedente o pedido, concederá a tutela específica ou determinará providências que assegurem a obtenção de tutela pelo resultado prático equivalente" (art. 497, CPC).

[18] Convém destacar que, para a concessão da tutela inibitória, é desnecessária a constatação de dano ou culpa, nos termos do art. 497, parágrafo único, do CPC: "Para a concessão da tutela específica destinada a inibir a prática, a reiteração ou a continuação de um ilícito, ou a sua remoção, é irrelevante a demonstração da ocorrência de dano ou da existência de culpa ou dolo".

cessatória), enquanto a *tutela reintegratória* (ou de remoção do ilícito) busca eliminar o ilícito já existente.[19]

Considerando a extrapatrimonialidade intrínseca dos direitos da personalidade, a utilização de tutela compensatória para protegê-los, "[...] por si só, não concretiza a prestação de tutela específica, revelando-se insuficiente para se garantir integral proteção aos atributos fundamentais da pessoa humana",[20] vez que uma quantia monetária, isoladamente, não consegue reparar plenamente a violação do direito à personalidade.[21]

Assim, em se tratando da proteção dos direitos da personalidade, nota-se uma "despatrimonialização da responsabilidade civil".[22] Embora seja frequente e necessária a reparação por perdas e danos ocasionados pela lesão a direitos da personalidade, a aplicação de medidas "não pecuniárias", sobretudo no meio digital, é essencial para o alcance de maior proteção desses direitos.

4.1 A proteção dos direitos da personalidade no meio digital

Dada a relevância dos direitos da personalidade e a irreversibilidade de sua violação, a violação a eles reclama uma atuação imediata e, como tal, o artigo 12[23] do Código Civil traz os princípios da prevenção e da reparação integral nos casos de lesão a direitos da personalidade e disciplina sobre as tutelas preventiva e repressiva a fim de evitar a violação do direito ou impedir a sua continuação.

---

[19] HIBNER, Davi Amaral. *As tutelas dos direitos da personalidade no Código de Processo Civil.* 2019. Dissertação (Mestrado em Direito Processual) – Universidade Federal do Espírito Santo, Centro de Ciências Jurídicas e Econômicas, Espírito Santo, 2019, p. 144-145.

[20] HIBNER, Davi Amaral. *As tutelas dos direitos da personalidade no Código de Processo Civil.* 2019. Dissertação (Mestrado em Direito Processual) – Universidade Federal do Espírito Santo, Centro de Ciências Jurídicas e Econômicas, Espírito Santo, 2019, p. 78.

[21] HIBNER, Davi Amaral. *As tutelas dos direitos da personalidade no Código de Processo Civil.* 2019. Dissertação (Mestrado em Direito Processual) – Universidade Federal do Espírito Santo, Centro de Ciências Jurídicas e Econômicas, Espírito Santo, 2019, p. 144.

[22] HIBNER, Davi Amaral. *As tutelas dos direitos da personalidade no Código de Processo Civil.* 2019. Dissertação (Mestrado em Direito Processual) – Universidade Federal do Espírito Santo, Centro de Ciências Jurídicas e Econômicas, Espírito Santo, 2019, p. 143.

[23] Ressalta-se que: "A primeira parte do art. 12 do Código Civil refere-se às técnicas de tutela específica, aplicáveis de ofício, enunciadas no art. 461 do Código de Processo Civil [1973], devendo ser interpretada com resultado extensivo" (Enunciado nº 140, CJF).

Para se adequar à realidade social, o legislador brasileiro também criou a Lei nº 12.965/2014, conhecida como Marco Civil da Internet ou Constituição da Internet, que traz disciplinas específicas sobre as responsabilidades quanto à utilização da internet, dos prestadores de serviços de internet e pelas empresas de conexão de usuários, denominados provedores de internet, como é o caso das redes sociais.

Muito embora a legislação discipline que os provedores de conteúdo da internet não são responsáveis pelos conteúdos publicados por seus usuários, o seu artigo 19 do Marco Civil faz a ressalva de que o descumprimento da ordem judicial para excluir o conteúdo ofensivo pode ser fato gerador da responsabilidade civil.[24]

No aspecto processual, existe a possibilidade de uma tutela inibitória, espécie de tutela diferenciada para remoção de um ilícito futuro e, conforme lições de Luiz Guilherme Marinoni, "trata-se de 'ação de conhecimento' de natureza preventiva, destinada a impedir a prática, a repetição ou a continuação do ilícito".[25]

A legislação processual civil, por seu turno, trata da tutela inibitória no art. 497, voltada contra a prática, a repetição ou a continuação de um ilícito e a tutela de remoção do ilícito, direcionada à remoção dos efeitos concretos da conduta ilícita.

Nas lições de Luiz Guilherme Marinoni, "se várias situações de direito substancial, diante de sua natureza, são absolutamente invioláveis, é evidente a necessidade de admitir uma ação de conhecimento preventiva".[26]

Portanto, os diplomas jurídicos aliados fornecem mecanismos importantes para proteção dos direitos da personalidade nas redes sociais: a tutela preventiva, para impedir que haja a violação expressa aos direitos da personalidade; a tutela repressiva para

---

[24] "Com o intuito de assegurar a liberdade de expressão e impedir a censura, o provedor de aplicações de internet somente poderá ser responsabilizado civilmente por danos decorrentes de conteúdo gerado por terceiros se, após ordem judicial específica, não tomar as providências para, no âmbito e nos limites técnicos do seu serviço e dentro do prazo assinalado, tornar indisponível o conteúdo apontado como infringente, ressalvadas as disposições legais em contrário" (art. 19, Marco Civil da Internet).

[25] MARINONI, Luiz Guilherme. Tutela inibitória e tutela de remoção do ilícito. *Revista Jus Navigandi*, ano 9, n. 272, 5 abr. 2004.

[26] MARINONI, Luiz Guilherme. *Técnica processual e tutela dos direitos*. 3. ed. rev. e atual. São Paulo: Revista dos Tribunais, 2010. p. 194.

remoção do ilícito; e, em complemento, a tutela ressarcitória, a fim de compensar a vítima que sofreu o dano.

4.2 Contornos da responsabilidade civil dos provedores de internet por conteúdo postado por usuários

O Marco Civil da Internet, aliado à jurisprudência do Superior Tribunal de Justiça, traça algumas linhas e premissas para a tutela dos direitos da personalidade no meio digital. É possível identificar contornos para a prestação de uma tutela específica visando prevenir, obstar ou amenizar a lesão a esses direitos e até mesmo a ressarcir o dano causado, ou seja, contornos para efetivação da tutela dos direitos da personalidade nas redes sociais.

Quando o ato ilícito se consubstancia em conteúdo lesivo divulgado por usuários nas redes sociais, é certo que o ofensor (aquele que inseriu o conteúdo) deve ser identificado e responsabilizado. Entretanto, muitos se valem do anonimato para propagar informações, de modo que é necessária a cooperação das empresas que administram os meios onde o conteúdo foi inserido. Para tanto, a lei,[27] aliada à jurisprudência,[28] indica como dever do provedor de

---

[27] "O provedor responsável pela guarda somente será obrigado a disponibilizar os registros mencionados no *caput*, de forma autônoma ou associados a dados pessoais ou a outras informações que possam contribuir para a identificação do usuário ou do terminal, mediante ordem judicial, na forma do disposto na Seção IV deste Capítulo, respeitado o disposto no art. 7º" (art. 10, §1º, Marco Civil da Internet).

[28] BRASIL. Superior Tribunal de Justiça (3ª Turma). *Recurso Especial nº 1.308.830/RS*. [...] Provedor de conteúdo. Fiscalização prévia do teor das informações postadas no site pelos usuários. Desnecessidade. Mensagem de conteúdo ofensivo. Dano moral. Risco inerente ao negócio. Inexistência. Ciência da existência de conteúdo ilícito. Retirada imediata do ar. Dever. Disponibilização de meios para identificação de cada usuário. Dever. Registro do número de IP. Suficiência. Rel. Min. Nancy Andrighi, 3ª Turma, julgado em 08.05.2012, publicado em 19.06.2012; e BRASIL. Superior Tribunal de Justiça (2ª Seção). *Recurso Especial nº 1.512.647/MG*. Direito Civil e Processual Civil. Violação de direitos autorais. Rede social. Orkut. Responsabilidade civil do provedor (administrador). Inexistência, no caso concreto. Estrutura da rede e comportamento do provedor que não contribuíram para a violação de direitos autorais. Responsabilidades contributiva e vicária. Não aplicação. Inexistência de danos que possam ser extraídos da causa de pedir. Obrigação de fazer. Indicação de URL'S. Necessidade. Apontamento dos IP'S. Obrigação do provedor. Astreintes. Valor. Ajuste. Rel. Min. Luis Felipe Salomão, 2ª Seção, julgado em 13.05.2015, publicado em 05.08.2015.

aplicação de internet o fornecimento do endereço de IP do ofensor, informação considerada suficiente para identificá-lo.

Assim, embora haja um dever legal do provedor de guarda e segurança das informações privadas dos seus usuários, sobretudo das informações pessoais (art. 10 do Marco Civil),[29] também é seu dever o fornecimento da informação capaz de identificar usuários que se valem do meio digital para prática de ilicitudes. Portanto, "[...] não se pode exigir que o provedor disponibilize dados pessoais do usuário, como nome completo, endereços ou números de documentos pessoais, mas somente o número do IP do ofensor".[30]

Além desses, é possível traçar outros deveres impostos ao provedor da rede social na tutela dos direitos da personalidade, o qual possui responsabilidade subjetiva pelos atos lesivos praticados por seus usuários. Por oportuno, registra-se que não é dever da rede social obstar unilateralmente e automaticamente a divulgação de conteúdo. Isto porque é desnecessária a existência de um controle editorial prévio dos dados disponibilizados em suas páginas.[31]

Entretanto, após recebimento de ordem judicial específica determinando a remoção do material (art. 19 do Marco Civil), surge o dever da indisponibilização do conteúdo, sob pena de o provedor ser solidariamente responsabilizado com o infrator.[32] Desse modo, além de estar condicionada à inércia/omissão do provedor, a responsabilização do provedor pelo conteúdo ilícito divulgado por

---

[29] *In verbis*: "A guarda e a disponibilização dos registros de conexão e de acesso a aplicações de internet de que trata esta Lei, bem como de dados pessoais e do conteúdo de comunicações privadas, devem atender à preservação da intimidade, da vida privada, da honra e da imagem das partes direta ou indiretamente envolvidas".

[30] BUFULIN, Augusto Passamani; BRAZ, Miryã Bregonci da Cunha; BACELLAR, Anna Luíza Sartorio. *Contornos da responsabilidade civil dos provedores de aplicação de internet por danos decorrentes de conteúdo gerado por terceiros segundo o Superior Tribunal de Justiça*. 2020. Submetido à publicação.

[31] BRASIL. Superior Tribunal de Justiça (3ª Turma). *Recurso Especial nº 1.193.764/SP*. [...]. Provedor de conteúdo. Fiscalização prévia do teor das informações postadas no site pelos usuários. Desnecessidade. Mensagem de conteúdo ofensivo. Dano moral. Risco inerente ao negócio. Inexistência. Ciência da existência de conteúdo ilícito. Retirada imediata do ar. Dever. Disponibilização de meios para identificação de cada usuário. Dever. Registro do número de IP. Suficiência. Rel. Min. Nancy Andrighi, 3ª Turma, julgado em 14.12.2010, publicado em 08.08.2011.

[32] BUFULIN, Augusto Passamani; BRAZ, Miryã Bregonci da Cunha; BACELLAR, Anna Luíza Sartorio. *Contornos da responsabilidade civil dos provedores de aplicação de internet por danos decorrentes de conteúdo gerado por terceiros segundo o Superior Tribunal de Justiça*. 2020. Submetido à publicação.

terceiros usuários tem seu termo inicial prorrogado, "iniciando-se tão somente após a notificação judicial do provedor de aplicação".[33] Exceção a essa regra refere-se a conteúdo com cenas de nudez ou de atos sexuais de caráter privado. Nesses casos, a indisponibilização do material deve ser realizada pelo provedor independentemente de ordem judicial, nos termos do art. 21 do Marco Civil,[34] sob pena de responsabilização solidária.

Atualmente, não há um entendimento fixado pelo Superior Tribunal de Justiça quanto ao prazo para exclusão do conteúdo lesivo.[35] Entretanto, é possível identificar julgados que determinem que o provedor deve agir de forma enérgica,[36] ágil e diligente[37] de modo a remover o conteúdo em prazo razoável,[38] sob pena de responsabilidade solidária com o ofensor.

---

[33] BRASIL. Superior Tribunal de Justiça (3ª Turma). *Recurso Especial nº 1.694.405/RJ*. Civil e Processual Civil. Recursos Especiais. Ação de obrigação de fazer. Retirada de conteúdo infringente. Provedor de pesquisa. Filtragem prévia das buscas. Exclusão de links. Impossibilidade. Dano moral caracterizado. Valor de reparação. Não alterado [...]. Rel. Min. Nancy Andrighi, 3ª Turma, julgado em 19.06.2018, publicado em 29.06.2018.

[34] *In verbis*: "O provedor de aplicações de internet que disponibilize conteúdo gerado por terceiros será responsabilizado subsidiariamente pela violação da intimidade decorrente da divulgação, sem autorização de seus participantes, de imagens, de vídeos ou de outros materiais contendo cenas de nudez ou de atos sexuais de caráter privado quando, após o recebimento de notificação pelo participante ou seu representante legal, deixar de promover, de forma diligente, no âmbito e nos limites técnicos do seu serviço, a indisponibilização desse conteúdo".

[35] BUFULIN, Augusto Passamani; BRAZ, Miryã Bregonci da Cunha; BACELLAR, Anna Luíza Sartorio. *Contornos da responsabilidade civil dos provedores de aplicação de internet por danos decorrentes de conteúdo gerado por terceiros segundo o Superior Tribunal de Justiça*. 2020. Submetido à publicação.

[36] BRASIL. Superior Tribunal de Justiça (3ª Turma). *Recurso Especial nº 1.193.764/SP*. [...]. Provedor de conteúdo. Fiscalização prévia do teor das informações postadas no site pelos usuários. Desnecessidade. Mensagem de conteúdo ofensivo. Dano moral. Risco inerente ao negócio. Inexistência. Ciência da existência de conteúdo ilícito. Retirada imediata do ar. Dever. Disponibilização de meios para identificação de cada usuário. Dever. Registro do número de IP. Suficiência. Rel. Min. Nancy Andrighi, 3ª Turma, julgado em 14.12.2010, publicado em 08/08.2011.

[37] BRASIL. Superior Tribunal de Justiça (3ª Turma). *Recurso Especial nº 1.738.628/SE*. Recurso Especial. Ação de obrigação de fazer com pedido de reparação por danos morais. Conteúdo ofensivo na internet. Responsabilidade subjetiva do provedor. Omissão do acórdão recorrido. Inexistência. Suficiente identificação da URL do conteúdo ofensivo. Indenização por danos morais. Cabimento. Redução do valor da multa pelo descumprimento de ordem judicial. Possibilidade no caso concreto. Recurso especial desprovido. Rel. Min. Marco Aurélio Bellizze, 3ª Turma, julgado em 19.02.2019, publicado em 25.02.2019, republicado em 26.02.2019.

[38] BRASIL. Superior Tribunal de Justiça (3ª Turma). *Agravo Interno no Agravo em Recurso Especial nº 1.403.893/BA*. Civil. Processual civil. Agravo interno no agravo em recurso especial. Recurso manejado sob a égide do NCPC. Ação cominatória de obrigação de fazer com pedido indenizatório. Retirada de conteúdo ofensivo. YouTube. Fato anterior à entrada em

Outro ponto que merece destaque é que, para exigir a remoção do conteúdo lesivo, é necessário que o requerente indique especificamente e de forma clara o conteúdo a ser indisponibilizado (art. 19, §1º, do Marco Civil da Internet), não podendo ser feito de modo genérico ou indiscriminado. Nesse sentido, o STJ fixou o entendimento de que a identificação clara é realizada por meio da indicação do URL,[39] sem a qual não é possível conceder tutelas para remoção do conteúdo.[40]

5 Conclusão

A rápida transmissão de informações e o amplo espaço de manifestação das pessoas constroem um campo fértil de violação dos direitos da personalidade nas redes sociais, especialmente pela falsa percepção de que não há regras no âmbito da internet. Além disso, os dados são quase que instantaneamente propagados, atingido proporções que não se limitam no tempo e no espaço.

---

vigor do marco civil da internet. Negativa de prestação jurisdicional. Alegação genérica. Ausência de prequestionamento. Presença dos pressupostos do dever de indenizar no caso concreto. Reexame dos elementos de convicção dos autos. Súmulas nºs 7, 83 e 211 do STJ. Agravo interno não provido [...]. Rel. Min. Moura Ribeiro, 3ª Turma, julgado em 04.05.2020, publicado em 07.05.2020; BRASIL. Superior Tribunal de Justiça (3ª Turma). *Agravo Interno no Agravo em Recurso Especial nº 1.177.619/SP*. Ação de indenização por danos morais cumulada com obrigação de fazer. Art. 535 do CPC/1973. Violação. Não ocorrência. Prequestionamento. Ausência. Súmula nº 211/STJ. Fundamentos suficientes. Impugnação específica. Necessidade. Súmula nº 283/STF. Internet. Conteúdo ofensivo. Remoção. Responsabilidade civil do provedor. Caracterização. Culpa. Revisão. Impossibilidade. Súmula nº 7/STJ. Rel. Min. Ricardo Villas Bôas Cueva, 3ª Turma, julgado em 29.10.2018, publicado em 08.11.2018; BRASIL. Superior Tribunal de Justiça (3ª Turma). *Recurso Especial nº 1.694.405/RJ*. Civil e Processual Civil. Recursos Especiais. Ação de obrigação de fazer. Retirada de conteúdo infringente. Provedor de pesquisa. Filtragem prévia das buscas. Exclusão de links. Impossibilidade. Dano moral caracterizado. Valor de reparação. Não alterado. Rel. Min. Nancy Andrighi, 3ª Turma, julgado em 19.06.2018, publicado em 29.06.2018.

[39] BRASIL. Superior Tribunal de Justiça (3ª Turma). *Recurso Especial nº 1.698.647/SP*. Civil e Processual Civil. Responsabilidade civil do provedor de aplicação. YouTube. Obrigação de fazer. Remoção de conteúdo. Fornecimento de localizador URL da página ou recurso da internet. Comando judicial específico. Necessidade. Rel. Min. Nancy Andrighi, 3ª Turma, julgado em 06.02.2018, publicado em 15.02.2018.

[40] Não havendo a indicação do URL, o STJ entende que determinar a remoção do conteúdo é imputar ao provedor uma "obrigação impossível": BRASIL. Superior Tribunal de Justiça (3ª Turma). *Recurso Especial nº 1.642.560/SP*. Civil e processual civil. Rede social. Responsabilidade civil do provedor de aplicação. Rede social. Facebook. Obrigação de fazer. Remoção de conteúdo. Fornecimento de localizador URL da página ou recurso da internet. Comando judicial específico. Necessidade. Obrigação do requerente. Multa diária. Obrigação impossível. Descabimento. Rel. Min. Marco Aurélio Bellizze, Rel. p/ Acórdão Min. Nancy Andrighi, 3ª Turma, julgado em 12.09.2017, publicado em 29.11.2017.

As violações que vêm cada vez mais se difundindo nesses canais de comunicação reclamam a proteção jurídica, tendo em vista que o direito se mostra como o solucionador dos conflitos que surgem na sociedade, seja ela corpórea, seja ela virtual. Nesse contexto, existem várias formas de tutelas do direito da personalidade, sendo muito comum a aplicação de indenização ou compensação financeira pelo dano causado.

Os danos causados por violação a direitos da personalidade podem ser permanentes, não sendo capaz de serem corrigidos por uma mera aplicação pecuniária; assim, é mais importante agir energicamente para remoção, proibição ou cessação do conteúdo ilícito do que impor uma quantia pecuniária posteriormente.

O Marco Civil da Internet e a jurisprudência do STJ traçam contornos para efetivação da tutela dos direitos da personalidade, de modo que não somente o ofensor, mas, também, o provedor da rede social seja responsabilizado pelo conteúdo, na modalidade responsabilidade subjetiva, ampliando a proteção e as formas de proteção dos direitos violados.

Embora não seja seu dever realizar controle prévio das publicações disponibilizadas em suas páginas, após a identificação específica do material lesivo (indicação do URL), o provedor deve cooperar na remoção do conteúdo lesivo de forma enérgica, bem como na identificação do ofensor (fornecimento do IP), sob pena de responsabilidade solidária, nos termos da legislação de regência.

De todo modo, como se pôde perceber, ressarcir dano não é a melhor forma de tutelar os direitos da personalidade, de modo que o ordenamento jurídico possui meios para se tutelarem os direitos da personalidade, com a aplicação das tutelas inibitória, cessatória e restauratória, que são aquelas que melhor atingem ao fim específico de proteção dos direitos da personalidade.

Referências

AMARAL, Francisco. *Direito civil*. Introdução. 5. ed. Rio de Janeiro: Renovar, 2003. p. 249.

APPLE, Charles. How Instagram hit one billion users. *The Spokesman-Review*, 24 jun. 2020. Disponível em: https://www.spokesman.com/stories/2020/jun/24/how-instagram-hit-one-billion-users/. Acesso em: 20 dez. 2020.

BRASIL. Superior Tribunal de Justiça (2ª Seção). *Recurso Especial nº 1.512.647/MG*. Direito Civil e Processual Civil. Violação de direitos autorais. Rede social. Orkut. Responsabilidade civil do provedor (administrador). Inexistência, no caso concreto. Estrutura da rede e comportamento do provedor que não contribuíram para a violação de direitos autorais. Responsabilidades contributiva e vicária. Não aplicação. Inexistência de danos que possam ser extraídos da causa de pedir. Obrigação de fazer. Indicação de URL'S. Necessidade. Apontamento dos IP'S. Obrigação do provedor. Astreintes. Valor. Ajuste [...]. Rel. Min. Luis Felipe Salomão, 2ª Seção, julgado em 13.05.2015, publicado em 05.08.2015. Decisão por unanimidade.

BRASIL. Superior Tribunal de Justiça (3ª Turma). *Agravo Interno no Agravo em Recurso Especial nº 1.403.893/BA*. Civil. Processual civil. Agravo interno no agravo em recurso especial. Recurso manejado sob a égide do NCPC. Ação cominatória de obrigação de fazer com pedido indenizatório. Retirada de conteúdo ofensivo. YouTube. Fato anterior à entrada em vigor do marco civil da internet. Negativa de prestação jurisdicional. Alegação genérica. Ausência de prequestionamento. Presença dos pressupostos do dever de indenizar no caso concreto. Reexame dos elementos de convicção dos autos. Súmulas nºs 7, 83 e 211 do STJ. Agravo interno não provido [...]. Rel. Min. Moura Ribeiro, 3ª Turma, julgado em 04.05.2020, publicado em 07.05.2020. Decisão por unanimidade.

BRASIL. Superior Tribunal de Justiça (3ª Turma). *Agravo Interno no Agravo em Recurso Especial nº 1.177.619/SP*. Ação de indenização por danos morais cumulada com obrigação de fazer. Art. 535 do CPC/1973. Violação. Não ocorrência. Prequestionamento. Ausência. Súmula nº 211/STJ. Fundamentos suficientes. Impugnação específica. Necessidade. Súmula nº 283/STF. Internet. Conteúdo ofensivo. Remoção. Responsabilidade civil do provedor. Caracterização. Culpa. Revisão. Impossibilidade. Súmula nº 7/STJ[...]. Rel. Min. Ricardo Villas Bôas Cueva, 3ª Turma, julgado em 29.10.2018, publicado em 08.11.2018. Decisão por unanimidade.

BRASIL. Superior Tribunal de Justiça (3ª Turma). *Recurso Especial nº 1.822.619/SP*. Direito Civil. [...] Recurso Especial. Propriedade Intelectual. Direitos Autorais. Prequestionamento. Súmula 282/STF. Fotografia. Uso não autorizado. Ausência de indicação da autoria. Danos morais configurados. [...] Rel. Min. Nancy Andrighi, 3ª Turma, julgado em 18.02.2020, publicado em 20.02.2020. Decisão por unanimidade.

BRASIL. Superior Tribunal de Justiça (3ª Turma). *Recurso Especial nº 1.308.830/RS*. [...] Provedor de conteúdo. Fiscalização prévia do teor das informações postadas no site pelos usuários. Desnecessidade. Mensagem de conteúdo ofensivo. Dano moral. Risco inerente ao negócio. Inexistência. Ciência da existência de conteúdo ilícito. Retirada imediata do ar. Dever. Disponibilização de meios para identificação de cada usuário. Dever. Registro do número de IP. Suficiência. [...]. Rel. Min. Nancy Andrighi, 3ª Turma, julgado em 08.05.2012, publicado em 19.06.2012. Decisão por unanimidade.

BRASIL. Superior Tribunal de Justiça (3ª Turma). *Recurso Especial nº 1.193.764/SP*. [...]. Provedor de conteúdo. Fiscalização prévia do teor das informações postadas no site pelos usuários. Desnecessidade. Mensagem de conteúdo ofensivo. Dano moral. Risco inerente ao negócio. Inexistência. Ciência da existência de conteúdo ilícito. Retirada imediata do ar. Dever. Disponibilização de meios para identificação de cada usuário. Dever. Registro do número de IP. Suficiência. [...]. Rel. Min. Nancy Andrighi, 3ª Turma, julgado em 14.12.2010, publicado em 08.08.2011. Decisão por unanimidade.

BRASIL. Superior Tribunal de Justiça (3ª Turma). *Recurso Especial nº 1.694.405/RJ*. Civil e Processual Civil. Recursos Especiais. Ação de obrigação de fazer. Retirada de conteúdo infringente. Provedor de pesquisa. Filtragem prévia das buscas. Exclusão de links. Impossibilidade. Dano moral caracterizado. Valor de reparação. Não alterado [...]. Rel. Min. Nancy Andrighi, 3ª Turma, julgado em 19.06.2018, publicado em 29.06.2018. Decisão por unanimidade.

BRASIL. Superior Tribunal de Justiça (3ª Turma). *Recurso Especial nº 1.738.628/SE.* Recurso Especial. Ação de obrigação de fazer com pedido de reparação por danos morais. Conteúdo ofensivo na internet. Responsabilidade subjetiva do provedor. Omissão do acórdão recorrido. Inexistência. Suficiente identificação da URL do conteúdo ofensivo. Indenização por danos morais. Cabimento. Redução do valor da multa pelo descumprimento de ordem judicial. Possibilidade no caso concreto. Recurso especial desprovido. Rel. Min. Marco Aurélio Bellizze, 3ª Turma, julgado em 19.02.2019, publicado em 25.02.2019, republicado em 26.02.2019.

BRASIL. Superior Tribunal de Justiça (3ª Turma). *Recurso Especial nº 1.698.647/SP.* Civil e Processual Civil. Responsabilidade civil do provedor de aplicação. YouTube. Obrigação de fazer. Remoção de conteúdo. Fornecimento de localizador URL da página ou recurso da internet. Comando judicial específico. Necessidade. Rel. Min. Nancy Andrighi, 3ª Turma, julgado em 06.02.2018, publicado em 15.02.2018. Decisão por unanimidade.

BRASIL. Superior Tribunal de Justiça (3ª Turma). *Recurso Especial nº 1.642.560/SP.* Civil e processual civil. Rede social. Responsabilidade civil do provedor de aplicação. Rede social. Facebook. Obrigação de fazer. Remoção de conteúdo. Fornecimento de localizador URL da página ou recurso da internet. Comando judicial específico. Necessidade. Obrigação do requerente. Multa diária. Obrigação impossível. Descabimento. [...]. Rel. Min. Marco Aurélio Bellizze, Rel. p/ Acórdão Min. Nancy Andrighi, 3ª Turma, julgado em 12.09.2017, publicado em 29.11.2017. Decisão por maioria.

BUFULIN, Augusto Passamani; BRAZ, Miryã Bregonci da Cunha; BACELLAR, Anna Luíza Sartorio. *Contornos da responsabilidade civil dos provedores de aplicação de internet por danos decorrentes de conteúdo gerado por terceiros segundo o Superior Tribunal de Justiça.* 2020. Submetido à publicação.

CLEMENT, J. Leading countries based on Facebook audience size as of October 2020. *Statista*, 24 nov. 2020. Disponível em: https://www.statista.com/statistics/268136/top-15-countries-based-on-number-of-facebook-users/. Acesso em: 20 dez. 2020.

CLEMENT, J. Leading countries based on Instagram audience size as of October 2020. *Statista*, 30 nov. 2020. Disponível em: https://www.statista.com/statistics/578364/countries-with-most-instagram-users/. Acesso em: 20 dez. 2020.

GAGLIANO, Pablo Stolze; PAMPLONA FILHO, Rodolfo. *Novo curso de direito civil*, volume 1: parte geral. 21. ed. São Paulo: Saraiva Educação, 2019. Livro digital.

HIBNER, Davi Amaral. *As tutelas dos direitos da personalidade no Código de Processo Civil.* 2019. Dissertação (Mestrado em Direito Processual) – Universidade Federal do Espírito Santo, Centro de Ciências Jurídicas e Econômicas, Espírito Santo, 2019.

MARINONI, Luiz Guilherme. *Técnica processual e tutela dos direitos.* 3. ed. rev. e atual. São Paulo: Revista dos Tribunais, 2010. p. 194.

MARINONI, Luiz Guilherme. Tutela inibitória e tutela de remoção do ilícito. *Revista Jus Navigandi*, ano 9, n. 272, 5 abr. 2004. Disponível em: https://jus.com.br/artigos/5041. Acesso em: 20 dez. 2020.

MURITIBA, Sérgio Silva. Tutela inibitória e os direitos da personalidade. *Revista de processo*, São Paulo, n. 122, p. 22-40, abr. 2005, p. 28.

PHOTOS uploaded on Instagram. *Would you have thought?* [s.d.]. Disponível em: https://wouldyouhavethought.com/live-stats/photos-uploaded-on-instagram. Acesso em: 20 dez. 2020.

THE LATEST Facebook Statistics (2018). *Social Report*, 25 jan. 2018. Disponível em: https://www.socialreport.com/insights/article/360000094166-The-Latest-Facebook-Statistics-2018. Acesso em: 20 dez. 2020.

VALENTE, Fernanda. Juiz condena administrador de página a indenizar idoso por memes. *Revista Consultor Jurídico*, 19 ago. 2019. Disponível em: https://www.conjur.com.br/2019-ago-19/juiz-condena-administrador-pagina-indenizar-idoso-memes. Acesso: 25 dez. 2020.

Informação bibliográfica deste texto, conforme a NBR 6023:2018 da Associação Brasileira de Normas Técnicas (ABNT):

BRAZ, Miryã Bregonci da Cunha; SANTIAGO, Hiasmine. A tutela dos direitos da personalidade nas redes sociais. *In*: BUFULIN, Augusto Passamani (Coord.). *Questões atuais de Direito Privado*. Belo Horizonte: Fórum, 2022. p. 19-35. ISBN 978-65-5518-301-6.

O ABUSO PATRIMONIAL NA CRIAÇÃO DE NOVOS ARRANJOS SOCIETÁRIOS

KLAUSS COUTINHO BARROS

Introdução

A pessoa jurídica é uma construção do ordenamento, com personalidade própria para assunção de direitos e obrigações desagregadas da pessoa de seu sócio. No entanto, na prática, há uma linha tênue que separa as responsabilidades dos sócios e da empresa e, muitas vezes, os abusos e os desvio de finalidade maculam o regular funcionamento da pessoa jurídica, a qual é utilizada como proteção para locupletamento daqueles que a regem.

O presente artigo destina-se ao estudo desse fenômeno jurídico. Em primeiro lugar, analisar-se-á a responsabilidade patrimonial no ordenamento jurídico; após, a desconsideração da personalidade jurídica e suas vertentes. Por fim, adentrando ao tema com mais especificidade, far-se-á um exame da responsabilização do ex-sócio em atos fraudulentos e seu respectivo prazo prescricional, em cotejo com os ditames previstos pelo Código Civil.

Para estudo do tema e de suas repercussões práticas, buscaram-se o suporte doutrinário e o exame jurisprudencial, tanto dos tribunais de segunda instância quanto dos tribunais superiores.

1 Da responsabilidade patrimonial

É curial que as obrigações contraídas por qualquer devedor estão umbilicalmente interligadas e coincidem com a responsabilidade que recaem sobre seu patrimônio. Mister, portanto, haver identidade e coexistência entre as obrigações assumidas pelo devedor e a responsabilidade patrimonial, sendo certo que seu acervo de bens é a garantia de seus credores.

A responsabilidade patrimonial é um estado meramente potencial de sujeição à sanção executiva. Em regra, os sujeitos passivos da execução, em caráter primário, respondem originalmente pelo débito, o qual se denomina responsabilidade patrimonial primária, prevista no artigo 391 do Código Civil e nos artigos 789 e 790 do Código de Processo Civil. Entretanto, a busca do credor pela satisfação de seu crédito pode alcançar bens de terceiro, o que se nomeia responsabilidade patrimonial secundária.

Rememorando a lição clássica, temos a distinção entre o débito (*schuld*), decorrente e vinculado ao direito material, e a responsabilidade (*haftung*), que está atrelada ao direito processual. Como dito, a regra é o devedor originário responder diretamente pelo débito (responsabilidade primária) e, de forma excepcional, responderão os terceiros vinculados à obrigação assumida (responsabilidade secundária).

Nessa linha, para se atribuir responsabilidade (*haftung*) àquele que, originalmente, não consta do título executivo, é preciso, por óbvio, aquilatar sua participação na gênese da obrigação.

A ampliação dessa responsabilidade decorre da impossibilidade de adimplemento da obrigação assumida pelo devedor, sendo inseridos nessa dinâmica novos personagens, os quais contribuíram, dificultaram ou impediram a integral entrega daquilo que foi compactuado, engendrando novos atores da própria empresa, terceiros ou a criação de novas personalidades jurídicas (*intra* ou *extrapessoa* jurídica) com intuito de criar arranjos societários para ludibriar o credor.

A doutrina e, principalmente, a jurisprudência detectam e identificam arranjos jurídicos *intra* e *extrapessoa* jurídica que podem gerar vínculo entre o devedor originário (responsabilidade patrimonial primária) e aqueles que, a princípio, não foram atores na formação da obrigação assumida, de forma a trazê-los para dentro da relação jurídica processual, com o objetivo de responsabilizá-los e envolvê-los.

O método para atingir o patrimônio daquele que participou e/ou colaborou com arranjo indevido e ilegal, cujo escopo foi o não pagamento da obrigação assumida, encontra-se insculpido no artigo 133 e seguintes do Código de Processo Civil, cuja abordagem se dará em tópico próprio.

Na seara privada, é obrigatória a utilização do Incidente de Desconsideração da Personalidade Jurídica (IDPJ). Já na esfera pública, notadamente nas entidades de direito público interno, existe uma divergência no Superior Tribunal de Justiça.[1] A Primeira Turma assevera a necessidade de instauração do IDPJ de modo a possibilitar o exercício de defesa prévia antes do redirecionamento da execução fiscal.[2] A Segunda Turma, por sua vez, asseverou a desnecessidade de instaurar o incidente, sob o pálio de que há incompatibilidade entre o regime geral do Códex Processual e a Lei de Execução Fiscal.[3]

Essa discrepância jurisprudencial foi levada ao Plenário através de embargos de divergência, não se obtendo êxito, até o momento, de se uniformizar o entendimento, posto que o órgão colegiado considerou o julgamento incompatível por ausência de similitude fática.[4]

No Tribunal de Justiça do Estado do Espírito Santo, essa divergência jurisprudencial é notada de forma mais acentuada, constatando-se uma tendência em acompanhar o entendimento da Primeira Turma da Corte Cidadã, no sentido de ser imprescindível a instauração do IDPJ, havendo dissidência em sentido diametralmente oposto, capitaneado pelo eminente desembargador Arthur José Neiva de Almeida.[5]

---

[1] VITAL, Danilo. *STJ reforça divergência sobre defesa prévia em redirecionamento de execução fiscal*. Disponível em: https://www.conjur.com.br/2020-set-03/cabe-desconsideracao-pessoa-juridica-execucao-fiscal. Acesso em: 10 dez. 2020.

[2] BRASIL. Superior Tribunal de Justiça. Recurso Especial nº 1804913, 1ª Turma. Rel. Ministra REGINA HELENA COSTA, Brasília, DF, 02.10.2020. *Diário da Justiça Eletrônico*. Brasília, 02.10.2020. Disponível em: https://scon.stj.jus.br/SCON/GetInteiroTeorDoAcordao?num_registro=201802809059&dt_publicacao=01/03/2019. Acesso em: 10 dez. 2020.

[3] BRASIL. Superior Tribunal de Justiça. Agravo Interno no Recurso Especial nº 1.866.901, 2ª Turma. Agravante: MR Global Participações e Empreendimentos Ltda. Agravado: Fazenda Nacional. Relator: Ministro Mauro Campbell Marques, Brasília, DF, 24 de agosto de 2020. *Diário da Justiça Eletrônico*. Brasília, 27 ago. 2020. Disponível em: https://scon.stj.jus.br/SCON/GetInteiroTeorDoAcordao?num_registro=202000616645&dt_publicacao=27/08/2020. Acesso em: 10 dez. 2020.

[4] BRASIL. Superior Tribunal de Justiça. Agravo Interno nos Embargos de Divergência em Recurso Especial nº 1.786.311, 1ª Seção. Agravante: CCD Transporte Coletivo S.A. Agravado: Fazenda Nacional. Relatora: Ministra Regina Helena Costa, Brasília, DF, 15 de outubro de 2019. *Diário da Justiça Eletrônico*. Brasília, 18 out. 2019. Disponível em: https://scon.stj.jus.br/SCON/GetInteiroTeorDoAcordao?num_registro=201803305364&dt_publicacao=18/10/2019. Acesso em: 10 dez. 2020.

[5] ESPÍRITO SANTO. Tribunal de Justiça do Estado do Espírito Santo. Agravo de Instrumento n. 100190041333, 4ª Câmara Cível. Agravantes: Prime Rock Burguer Eirelli Epp, Gracirlei Domingos Pereira e Kharam Habib Carlos. Agravado: Estado Do Espirito Santo. Relator: Desembargador Arthur José Neiva de Almeida. Vitória, ES, 23 de novembro de 2020.

2 Dos arranjos societários que caracterizam abuso patrimonial

As pessoas jurídicas são uma ficção jurídica sem vontade própria, pois vontade é algo que só a pessoa natural possui, criadas por lei que lhes concede capacidade de serem sujeitos de direito e obrigações nascidas do querer de seus instituidores, buscando efetivar sua vontade.

Dentre as suas características e os seus atributos, o mais relevante é a autonomia patrimonial, que estabelece a separação subjetiva entre a pessoa jurídica e seus integrantes, oferecendo a estes, como é o caso das sociedade limitadas (artigo 1.052 e seguintes do Código Civil) e anônimas (artigo 1º da Lei nº 6.404), salvaguarda quanto aos seus patrimônios pessoais, podendo ainda, quanto às cooperativas, os estatutos disciplinarem a responsabilidade subsidiária dos cooperados de acordo com o artigo 1.095 do Código Civil.

Não há dúvidas de que a consolidação dos princípios da autonomia patrimonial e da limitação da responsabilidade dos sócios é fator que impacta diretamente na segurança jurídica de empreender e representa um incremento das atividades econômicas, as quais encontram terreno fértil para se desenvolverem com base em relações negociais livres de fraudes e embustes.

Não se pode conceber o desenvolvimento das atividades econômicas de forma plena e sustentável em um ambiente permissivo e promíscuo, o qual possibilita ao empreendedor e negociante desvirtuar e manipular a autonomia patrimonial da sociedade em seu favor, dos sócios ou de terceiros.

Nessa linha, as excepcionais invasão e ultrapassagem dos limites da garantia de independência patrimonial da pessoa jurídica para tangenciar a pessoa física dos sócios exigem a presença do pressuposto específico do abuso da personalidade jurídica, cuja consequência é a lesão do direito de terceiros, infração à lei e, ainda, o descumprimento de contrato.

A relativização da autonomia patrimonial foi concebida e erigida em virtude de reiterada e recalcitrante prática de abusos e

---

Diário da Justiça Eletrônico. Vitória, 01 dez. 2020. Disponível em: http://aplicativos.tjes.jus.br/sistemaspublicos/consulta_jurisprudencia/temp_pdf_jurisp/14251692390.pdf?CFID=181209408&CFTOKEN=11907408. Acesso em: 10 dez. 2020.

fraudes que desvirtuaram os efeitos da personificação da sociedade empresária, ou seja, a atualização sistemática e deliberada da pessoa jurídica para dissimular situação de desvio de finalidade ou patrimonial (fraude) em desacordo com o verdadeiro e o lídimo escopo socioeconômico atribuído à pessoa jurídica foi que conduziu os operadores do direito a desenvolverem um antídoto legal para alcançar os bens dos sócios ou daqueles que auferiram proveito do estratagema por eles concebido e articulado.

Em verdade, a liberdade para constituir uma pessoa jurídica, que deriva do direito de liberdade de associação, está expressamente consolidada no artigo 5º, inciso XVII, da Constituição Federal de 1988. O direito de constituir pessoa jurídica, próprio do nosso sistema econômico, não é absoluto, posto que, sendo a personalidade jurídica uma ficção, criada pelo ordenamento jurídico, pode e deve o legislador, a qualquer tempo, mitigar seus efeitos, aplicando e acatando o que está disposto no artigo 187 do Código Civil[6] em vigor.

João Pedro de Souza Scalzilli[7] nos ensina que:

> [...] a promiscuidade patrimonial societária pode se apresentar tanto em relação à sociedade isolada (quando, então, a mistura de patrimônios se dará entre o patrimônio desta e o de seus sócios, administradores ou terceiros), quanto em relação à sociedade integrante de um grupo societário (Situação em que os patrimônios das sociedades componentes do grupo é que estarão misturados) [...].

Vejamos alguns casos típicos de utilização indevida da pessoa jurídica:

a) Sucessão operacional de empresas (dissolução irregular): consiste na constituição de uma ou mais novas empresas,

---

[6] Art. 187. Também comete ato ilícito o titular de um direito que, ao exercê-lo, excede manifestamente os limites impostos pelo seu fim econômico ou social, pela boa-fé ou pelos bons costumes (BRASIL. Lei nº 10.406, de 10 de janeiro de 2002. Institui o Código Civil. *Diário Oficial da União*. Brasília, DF, 11 jan. 2002. Disponível em: http://www.planalto.gov.br/ccivil_03/leis/2002/l10406compilada.htm. Acesso em: 30 dez. 2020).

[7] SCALZILLI, João Pedro de Souza. *Confusão Patrimonial nas Sociedades Isoladas e nos Grupos Societários: caracterização, constatação e tutela dos credores*. 2014. 109 f. Tese. (Doutorado em Direito Comercial) – Universidade de São Paulo, São Paulo, 2014. Disponível em: https://teses.usp.br/teses/disponiveis/2/2132/tde-27022015-115536/publico/Tese_Joao_Pedro_de_Souza_Scalzilli.pdf. Acesso em: 10 dez. 2020.

para as quais são transferidos os clientes, os direitos e as operações. Geralmente, essas novas empresas são constituídas em nome de familiares ou pessoas próximas, mantendo o mesmo ramo de atividade e dissolvendo irregularmente a empresa endividada.

O fato de os sócios da empresa executada possuírem outras empresas no mesmo ramo de atividade e com reconhecido poderio econômico, sem que a anterior tenha encerrado suas atividades regularmente, autoriza a medida excepcional de desconsideração da personalidade jurídica, uma vez que caracterizada a confusão patrimonial prevista no art. 50 do Código Civil Brasileiro.[8]

b) Transferência de patrimônio através de integralização de capital social de *holding* de participações de propriedades familiares e terceiros:

> As cópias dos contratos sociais e suas respectivas alterações revelam o risco de dilapidação do patrimônio da agravante em detrimento do crédito perseguido pelas agravadas.
> 3. Em aproximadamente 02 (dois) anos os imóveis de propriedade da Empreendimentos Imobiliários Movelar Imob. Ltda. foram transferidos para a Loux Brasil Holding e Participações Ltda., mediante a sua utilização para integralizar o capital social e, em seguida, a extinção da sociedade empresária.[9]

c) Separação matrimonial, vertendo para o cônjuge o acervo patrimonial do casal ou alteração do regime de bens para separação total.

---

[8] ESPÍRITO SANTO. Tribunal de Justiça do Espírito Santo. Agravo de Instrumento n. 024199011362, 1ª Câmara Cível. Agravante: Ortovit Comércio de Produtos Hospitalares Ltda. Agravados: Adroaldo Nobrega Fonseca, Fabio Pimentel Pereira e Geraldo Nogueira De Oliveira. Relator: Desembargador Fabio Clem De Oliveira, Vitória, ES, 18 de fevereiro de 2020. *Diário da Justiça Eletrônico*. Vitória, 11 mar. 2020. Disponível em: http://aplicativos. tjes.jus.br/sistemaspublicos/consulta_jurisprudencia/temp_pdf_jurisp/13929687960.pdf?C FID=181209408&CFTOKEN=11907408. Acesso em: 10 dez. 2020.

[9] ESPÍRITO SANTO. Tribunal de Justiça do Espírito Santo. Agravo de Instrumento n. 030199001378, 2ª Câmara Cível. Agravante: Indústria De Móveis Movelar LTDA. Agravadas: Cristiane Mendonça e Rowena Ferreira Tovar. Relator: Desembargador Fernando Estevam Bravin Ruy, Vitória, ES, 01 de outubro de 2019. *Diário da Justiça Eletrônico*. Vitória, 10 out. 2019. Disponível em: http://aplicativos.tjes.jus.br/sistemaspublicos/ consulta_jurisprudencia/temp_pdf_jurisp/13805669907.pdf?CFID=181209408&CFTOK EN=11907408. Acesso em: 10 dez. 2020.

d) Doação ou transferência de bens para familiares e empresas do grupo econômico.

e) Transferência de bens ou cotas sociais a terceiros (laranjas) de forma a evitar penhora.

[...] Permaneceram auferindo benefícios econômicos decorrentes de sua participação na empresa executada em período posterior à data em questão, de forma a caracterizar atuação destes na qualidade de administradores de fato, sendo os verdadeiros beneficiários dos negócios jurídicos entabulados após sua fictícia retirada dos quadros sociais. Portanto, sua retirada dos quadros societários por certo não se deu de forma regular, mas simulada e com intuito fraudulento [...].
[...] "os referidos integrantes da família CONSTANTINO e os sucessivos adquirentes da empresa executada, VIAÇÃO SANTA CATARINA LTDA., engendraram negócio jurídico com a única finalidade de esvaziar o patrimônio da empresa, cuja extinção fática já vislumbravam em futuro próximo, sem no entanto, impedir que continuassem a receber as verbas da municipalidade decorrentes do contrato de prestação do serviço público de transporte coletivo, que ainda perdurou por, ao menos, mais dois anos, inclusive durante o período dos fatos geradores das contribuições em cobrança."; restando caracterizado o abuso de personalidade jurídica e fraude na alteração do quadro societário da devedora originária[10] [...].

f) Alienação fiduciária e hipoteca de bens em fraude à execução. Na iminência de penhora de bens, o devedor cria ônus real junto à instituição financeira, impossibilitando a penhora prioritária de outros credores.

g) Criação de *offshore* para esvaziar o patrimônio da empresa envidada, remetendo dinheiro ao exterior e/ou "paraísos fiscais".

h) Distribuição disfarçada de lucros (RIR – Regulamento do Imposto de Renda): não é difícil perceber que, no rol exemplificativo acima exposto, os arranjos societários desvirtuam os objetivos sociais da pessoa jurídica, comprometendo a razão de ser da sociedade.

---

[10] BRASIL. Tribunal Regional Federal da 3ª Região. Agravo de Instrumento n. 0005452-44.2015.4.03.0000, 6ª Turma. Agravante: União Federal (Fazenda Nacional). Agravada: Viação Santa Catarina LTDA. Relatora Desembargadora Diva Malerbi, São Paulo, SP, 05 de abril de 2018. *Diário da Justiça Eletrônico*. São Paulo, 13 abr. 2018. Disponível em: http://web.trf3.jus.br/acordaos/Acordao/BuscarDocumentoGedpro/6744696. Acesso em: 10 dez. 2020.

Com efeito, os arranjos societários declinados evidenciam o abuso da personalidade jurídica, que pode ser *intra* ou *extrapessoa* jurídica, circunstância que vincula inexoravelmente os participantes que contribuíram para a formação do débito derivado de desvio de finalidade ou confusão patrimonial, cenário que possibilita a desconsideração da personalidade jurídica.

3 Da desconsideração da personalidade jurídica

Não é demais rememorarmos que, antes da vigência do novo Código de Processo Civil, a desconsideração da personalidade jurídica tinha o tratamento de medida excepcional que reclamava para a sua concessão o atendimento de pressupostos específicos relacionados com a fraude ou abuso de direito em prejuízo de terceiros, sendo um vetor facilitador fundamental para se obter o redirecionamento da execução fiscal para o sócio (artigo 135, III, do Código Tributário Nacional), quando estava configurada a hipótese de dissolução irregular da sociedade (Súmula nº 435/STJ), visando carrear para dentro da relação jurídica o responsável pela dívida em cobrança.

O novo Código de Processo Civil acolheu, de forma inovadora, o incidente de desconsideração da personalidade jurídica. Apesar do códex processual anterior não discorrer sobre o tema, o enfretamento da questão pelos tribunais pátrios era constante, de modo que o incidente extinguiu, ainda que em parte, a lacuna jurídica que perdurou por anos.

A teoria da desconsideração da personalidade jurídica permite que, em casos excepcionais, sejam suavizados os efeitos da personificação ou da autonomia jurídica da sociedade para atingir e vincular a esfera patrimonial dos seus sócios, de modo a impedir a ocorrência de fraudes e abusos de direitos cometidos em desfavor do credor para "blindar" o acervo patrimonial do devedor, prejudicando terceiros.[11]

---

[11] BRASIL. Superior Tribunal de Justiça. Recurso Especial nº 1.726.564-MG (2017/0116419-6). Recorrente: H G M H B. Recorrido: Via Participações S/A – Massa Falida; PROBANK Participações S/A – Massa Falida; Via Telecom S/A – Massa Falida e PROBANK S/A – Massa Falida. Relatora: Nancy Andrighi. Brasília, 15 de maio de 2018. Disponível em:

No Código Civil de 2002, sua previsão está insculpida no artigo 50,[12] que prevê expressamente a viabilidade de afastar a insígnia da separação patrimonial existente entre sócio e sociedade quando houver desvio de finalidade ou confusão patrimonial (abuso patrimonial).

Restará caracterizado o desvio de finalidade quando os sócios agirem com o intuito de fraudar ou causar danos a terceiros por intermédio de utilização abusiva da personalidade jurídica. Já a confusão patrimonial é evidenciada, no campo dos fatos, quando não for possível vislumbrar a separação do patrimônio da sociedade e de seus sócios.[13]

Em síntese, a teoria maior da desconsideração da personalidade jurídica exige a comprovação de abuso, caracterizado pelo desvio de finalidade (ato intencional dos sócios com intuito de fraudar terceiros) ou confusão patrimonial, requisitos que não se presumem.

No julgamento do Recurso Especial nº 1.729.554, o ministro relator Luis Felipe Salomão[14] salientou que "desconsideração da personalidade jurídica pode ser decretada ainda que não configurada a insolvência, desde que verificados o desvio de

---

https://www.stj.jus.br/websecstj/cgi/revista/REJ.cgi/ITA?seq=1705347&tipo=0&nreg=201701164196&SeqCgrmaSessao=&CodOrgaoJgdr=&dt=20180608&formato=PDF&salvar=false. Acesso em: 10 dez. 2020.

[12] Art. 50. Em caso de abuso da personalidade jurídica, caracterizado pelo desvio de finalidade ou pela confusão patrimonial, pode o juiz, a requerimento da parte, ou do Ministério Público quando lhe couber intervir no processo, desconsiderá-la para que os efeitos de certas e determinadas relações de obrigações sejam estendidos aos bens particulares de administradores ou de sócios da pessoa jurídica beneficiados direta ou indiretamente pelo abuso. (Redação dada pela Lei nº 13.874, de 2019) (BRASIL. Lei nº 10.406, de 10 de janeiro de 2002. Institui o Código Civil. *Diário Oficial da União*. Brasília, DF, 11 jan. 2002. Disponível em: http://www.planalto.gov.br/ccivil_03/leis/2002/l10406compilada.htm. Acesso em: 30 dez. 2020).

[13] BRASIL, Superior Tribunal de Justiça. Recurso Especial nº 1.726.564-MG (2017/0116419-6). Recorrente: H G M H B. Recorrido: Via Participações S/A – Massa Falida; PROBANK Participações S/A – Massa Falida; Via Telecom S/A – Massa Falida e PROBANK S/A – Massa Falida. Relatora: Nancy Andrighi. Brasília, 15 de maio de 2018. Disponível em: https://www.stj.jus.br/websecstj/cgi/revista/REJ.cgi/ITA?seq=1705347&tipo=0&nreg=201701164196&SeqCgrmaSessao=&CodOrgaoJgdr=&dt=20180608&formato=PDF&salvar=false. Acesso em: 10 dez. 2020.

[14] BRASIL. Superior Tribunal de Justiça. Recurso Especial nº 1.729.554, 4ª Turma. Recorrente: Banco Sofisa S/A. Recorridos: RRT Industria e Comercio de Confecções LTDA e Ana Maria Castelo Trajano. Relator: Ministro Luis Felipe Salomão. Brasília, DF, 05 de maio de 2018. *Diário da Justiça Eletrônico*. Brasília, 06 jun. 2018. Disponível em: https://processo.stj.jus.br/processo/revista/documento/mediado/?componente=ITA&sequencial=1706279&num_registro=201703068310&data=20180606&peticao_numero=1&formato=PDF. Acesso em: 10 dez. 2020.

finalidade ou a confusão patrimonial, caracterizadores do abuso de personalidade" e que a insolvência "não é pressuposto para decretação da desconsideração da personalidade jurídica, não pode ser considerada, por óbvio, pressuposto de instauração do incidente ou condição de seu regular processamento".[15]

Nessa ordem de ideias, temos que a Lei nº 13.874/2019, denominada de Lei da Liberdade Econômica, veio para consolidar conceitos que vinham sendo mitigados por alguns órgãos julgadores – em especial, a justiça laboral –, que, em nome do princípio da efetividade da execução trabalhista, promoveram uma indiscriminada utilização do instituto, resgatando suas características como "medida excepcional no novo modelo liberalista".[16]

A rigor, não se pode conceber, como já dito, a proteção à livre iniciativa e ao livre exercício da atividade econômica sem o amparo das atividades mercantis em uma legislação que reprima e estirpe qualquer tentativa de fraude. Nessa senda, a liberdade econômica está amplamente salvaguardada pelo instituto da desconsideração da personalidade jurídica, que funciona como um verdadeiro protetor do empreendedor que trabalha licitamente dentro de padrões éticos. Ao reprimir o uso indevido da personalidade jurídica, estar-se-á, a toda evidência, contribuindo para o êxito da norma posta na Lei nº 13.874/2019.

Marina Venzzone, sobre o tema, leciona que:

> O inciso II do art. 2º da LLE é uma verdadeira clausula geral a ser suprida pelo aplicador do direito, no sentido de determinar especificamente no que concerne à boa-fé no caso concreto a ser decidido, tendo em vista o desenvolvimento e a sociedade no momento da aplicação da norma. Sendo assim, o texto estará sempre atual, possibilitando novas interpretações ao longo do tempo.

---

[15] BRASIL. Superior Tribunal de Justiça. Recurso Especial nº 1.729.554, 4ª Turma. Recorrente: Banco Sofisa S/A. Recorridos: RRT Industria e Comercio de Confecções LTDA e Ana Maria Castelo Trajano. Relator: Ministro Luis Felipe Salomão. Brasília, DF, 05 de maio de 2018. *Diário da Justiça Eletrônico.* Brasília, 06 jun. 2018. Disponível em: https://processo.stj.jus.br/processo/revista/documento/mediado/?componente=ITA&sequencial=1706279&num_registro=201703068310&data=20180606&peticao_numero=-1&formato=PDF. Acesso em: 10 dez. 2020.

[16] VENZZONE, Marina. Desconsideração da Personalidade Jurídica em Face da Sistemática da Liberdade Econômica (Lei 13.874/2019). *Revista de Direito Bancário e Mercados de Capitais,* v. 88/2020, abr./jun. 2020, p. 208.

Sabe-se que, como regra de conduta, a boa-fé objetiva determina que o destinatário da norma paute seus atos pela probidade, lealdade, correção e boa-fé objetiva, que deve ser respeitada por todos, em toda e qualquer ralação jurídica, seja de cunho negocial e econômico ou não.[17]

De qualquer sorte, temos que a gênese do instituto da desconsideração da personalidade jurídica não é nova, sendo que seus primeiros precedentes foram observados nos Estados Unidos e na Inglaterra, nos casos *Bank of United States x Deveaux* (1809) e *Solomom x Solomom & Co. Ltda.* (1897).[18] No Brasil, a teoria da *disregard doctrine* foi trazida à tona por Rubens Requião, no ano de 1969, através de artigo publicado em revista especializada.[19]

Antônio Pereira Gaio Júnior, de forma profética, em artigo de junho de 2013, faz considerações acerca do Instituto da Desconsideração da Personalidade Jurídica à luz do então projeto do Código de Processo Civil, PLS nº 166/2010, comentando o comando legal que incluía o terceiro como parte a ser citada, e asseverou que:

> Por outro lado, sustenta o art. 78 que, uma vez requerida a desconsideração da personalidade jurídica, "o sócio ou o terceiro e a pessoa jurídica serão citados para, no prazo comum de 15 dias, se manifestar e requerer as provas cabíveis".
> Aponta-se aí a participação de ditas pessoas – o sócio ou o terceiro e a pessoa jurídica – que não compondo qualquer dos polos da demanda quando, por exemplo, de seu nascedouro e mediante o requerimento da desconsideração da personalidade jurídica, terão seus interesses jurídicos (neste caso, patrimoniais) possivelmente atingidos, caso venha o magistrado, convencido pela força probante acostada pelo requerente, julgar procedente o já digitado requerimento.[20]

---

[17] VENZZONE, Marina. Desconsideração da Personalidade Jurídica em Face da Sistemática da Liberdade Econômica (Lei 13.874/2019). *Revista de Direito Bancário e Mercados de Capitais*, v. 88/2020, abr./jun. 2020, p. 208.

[18] VENZZONE, Marina. Desconsideração da Personalidade Jurídica em Face da Sistemática da Liberdade Econômica (Lei 13.874/2019). *Revista de Direito Bancário e Mercados de Capitais*, v. 88/2020, abr./jun. 2020, p. 208.

[19] REQUIÃO, Rubens. Abuso de Direito e Fraude através da Personalidade Jurídica. *Revista dos Tribunais*, São Paulo: RT, v. 410, dez. 1969.

[20] GAIO, Antonio Pereira Júnior. Desconsideração da Personalidade Jurídica: Considerações sobre o "incidente" à luz do Novo CPC – PLS 166/2010. *Revista de Processo*, v. 220/2013, p. 279, jun. 2013, DTR 2013/3170.

O terceiro não foi mantido na redação consolidada do artigo 135 do Código de Processo Civil em vigor, mas sua exclusão não impediu uma sólida construção jurisprudencial, no sentido de que a "inclusão do terceiro que não figurou no polo passivo que deve se dar por meio de incidente de desconsideração da personalidade jurídica. Inviabilidade de redirecionamento da execução para o patrimônio do devedor solidário sem observância do contraditório prévio exigido pela lei processual".[21]

A doutrina acompanha a jurisprudência no que toca à posição do terceiro, potencial responsável patrimonial no pedido de desconsideração da personalidade jurídica. Vejamos:

> A lei inseriu o novo instituto como espécie do gênero *intervenção de terceiros*, ao mesmo tempo em que o qualificou como *incidente*. De fato, o conceito de *terceiro* encaixa-se na situação, conquanto isso não tenha sido usual perante a ordem precedente: o responsável patrimonial de que aqui se cogita (e que não seja devedor) não está presente na relação jurídica processual. Se e quando for trazido para o processo, ele perderá a qualidade de terceiro e tecnicamente passará a ser qualificado como *parte* (sujeito em contraditório perante o juiz). Além disso, esse terceiro é titular de relação jurídica que não é exatamente o objeto do processo em que originado seu ingresso. Ele (terceiro) é titular de relação conexa àquela posta em juízo, relação essa passível de ser atingida pela eficácia da sentença ou decisão proferida entre outras pessoas. Neste caso, a relação jurídica de que é titular o terceiro implica (potencial) sujeição de seu patrimônio aos meios executivos, por força de débito ostentando por outra pessoa (devedor).[22]

Plenamente viável, portanto, o redirecionamento do foco executório para o patrimônio do devedor solidário (terceiro), desde que garantido o contraditório prévio exigido pela Carta Magna e disposto no artigo 133 e seguintes da lei processual brasileira.

---

[21] SÃO PAULO (Estado). Tribunal de Justiça do Estado de São Paulo. Agravo de Instrumento nº 2136447-68.2017.8.26.0000, 25ª Câmara de Direito Privado. Agravante: Heitor Moreno. Agravados: Tiquatira Veículos LTDA e outros. Relator: Desembargador Eduardo Azima Nishi. São Paulo (cidade), SP, 17 de agosto de 2017. *Diário da Justiça Eletrônico*. São Paulo (cidade), 17 ago. 2017. Disponível em: http://esaj.tjsp.jus.br/cjsg/getArquivo.do?cdAcordao=10709305&cdForo=0. Acesso em: 10 dez. 2020.

[22] YARSHELL, Flavio Luiz. O Incidente de desconsideração da personalidade jurídica no CPC 2015. *In*: YARSHELL, Flávio Luiz; PEREIRA, Guilherme Setoguti J. (Org.). *Processo Societário II*. 1. ed. v. 1. São Paulo: São Paulo, 2015. p. 213-224.

Abordando a questão sob o prisma da legitimidade passiva, ou seja, quem pode ser demandado no incidente, temos que, a princípio, é o sócio ou a sociedade, a depender da situação fática apresentada no caso. Entretanto, não é difícil concluir que todos aqueles que colaboraram e participaram do arranjo com abuso da pessoa jurídica ou ilegalidade podem ser carreados para dentro do incidente, de sorte a esgrimir sua conduta e a consequente afetação de seu patrimônio.

Sob essa ótica, também podem se imiscuir na relação jurídica todos aqueles que atuaram de fato na sociedade, sem vínculo no contrato social, como o ex-sócio, ex-acionista, ex-administrador, ex-procurador, desde que se demonstre o abuso da personalidade jurídica, estabelecendo o liame fático no qual se revelará que o terceiro foi elemento que, de forma deliberada, praticou atos que conduziram ao desvio de finalidade ou implicaram em confusão patrimonial.

Se o administrador fez o arranjo societário indevido, de forma a ocultar bens ou se eximir da obrigação de recolher tributos ou pagamento de dívida cível, por óbvio, pode e deve ser demandado no incidente. Não se pode dar às costas às situações que ocorrem dentro do meio jurídico, nas quais terceiros desempenham papel fundamental na fraude e saem incólumes, longe do alcance do credor. É preciso ampliar o leque patrimonial à disposição do credor de forma a alcançar bens de terceiro e do sócio remisso.

Na mesma linha, se o sócio-administrador ou administrador sem vínculo societário (terceiro) engendra um método que imaginava ser benéfico para a sociedade e, posteriormente, este procedimento revela-se prejudicial e fraudulento, a desconsideração da personalidade jurídica pode ser manejada pelos sócios ou acionistas, sem poderes de administração, que desconheciam a situação e se sentiram lesados.

Essa hipótese pode ser encontrada nos chamados planejamentos tributários fraudulentos, os quais concebem conduta dolosa, ardilosa e antiética contra a legislação posta, "contornando" a norma imperativa, fugindo da incidência tributária.

Se a pessoa jurídica foi lesada por ato de administrador incauto que gera abuso da personalidade jurídica, fazendo arranjos societários ou manobras desvirtuadas da persecução dos respectivos objetivos sociais e lesivos a terceiros, os quais, a princípio, foram concebidos para proteger seus interesses, mas que, na verdade, estão lesando o credor e a própria entidade, a lei civil instrumentalizada pelo Código de Processo Civil não pode desassistir os prejudicados.

Vinícius José Marques Gondijo, dissertando sobre a *Responsabilização no direito societário de terceiro por obrigação da sociedade*, nos ensina que são pessoalmente responsáveis os membros regulares dos órgãos sociais que procederem de maneira ilícita e causarem dano não apenas em relação a terceiros, mas também em relação à própria sociedade, estabelecendo matizes autorizadoras de imputação. Vejamos:

> Com efeito, para que haja responsabilização do membro que componha um órgão social, a legislação admite que, verificada a ação ou omissão ilícita, o dano, o nexo causal e, conforme o órgão, o dolo ou a culpa, surge o direito à reparação, a reponsabilidade civil. Nesse sentido, é a precisa lição que se extrai de Orlando Gomes:
> "Se o dever de indenizar o prejuízo causado é a sanção imposta pela lei a quem comente *ato ilícito*, necessário se torna que o dano seja consequência da conduta de quem o produziu".
> Não se exige, porém, que o ato do responsável seja a causa exclusiva do *dano*. Basta que entre as suas causas responda pela que determinou o prejuízo imediato. Não é preciso, do mesmo modo, que o agente tenha previsto suas consequências.
> Indispensável é a *conexão causal*.[23]

Arremata o eminente professor:

> A despeito disso, constatando-se o conluio do terceiro que contratou com a sociedade, por seu administrador, em subtração dos interesses sociais, o negócio jurídico é ineficaz em relação à sociedade, vinculando apenas a pessoa do administrador; da mesma maneira, há ineficácia se o negócio é *evidentemente* estranho aos negócios da sociedade.[24]

Esse entendimento deriva das lições iniciais de Rubens Requião, que, acerca da natureza jurídica da desconsideração da personalidade jurídica, lecionava:

---

[23] GONDIJO, Vinicius José Marques. Responsabilização no Direito Societário de Terceiro por Obrigação da Sociedade. *Revista dos Tribunais*, v. 854/2006, p. 38-51, dez. 2006. DTR 2006 – 789.

[24] GONDIJO, Vinicius José Marques. Responsabilização no Direito Societário de Terceiro por Obrigação da Sociedade. *Revista dos Tribunais*, v. 854/2006, p. 38-51, dez. 2006. DTR 2006 – 789.

[...] a *disregard doctrine* não visa anular a personalidade jurídica, mas somente objetiva desconsiderar, no caso concreto, dentro de seus limites, a pessoa jurídica, em relação às pessoas ou bens que atrás dela se escondem. É o caso de declaração de ineficácia especial da personalidade jurídica para determinados efeitos, prosseguindo, todavia, a mesma incólume para seus outros fins legítimos.[25]

Assim, se o sócio ou gestor praticar ato fraudulento, contrário às finalidades para as quais deveria ter sido criada a empresa e tendente a provocar prejuízo a terceiros, cabe ao Judiciário repelir essas condutas contaminadas pelo dolo e pela malícia, privilegiando as relações pautadas na boa-fé.

4 Do marco temporal da retirada dos ex-sócios, da fraude patrimonial. Do prazo prescricional

Caminhando ainda sob a tênue linha que divide e separa o patrimônio do sócio e da pessoa jurídica, temos inserido na norma consignada no artigo 1.032 do Código Civil de 2002 que a retirada do sócio extirpa a responsabilidade pelas dívidas sociais constituídas ao tempo em que este compunha os quadros sociais, permanecendo responsável pelos débitos contraídos até dois anos após seu afastamento.

Em sintonia com o artigo 1.032, na parte que disciplina os direitos e obrigações dos sócios, o Código Civil de 2002, em seu artigo 1.003, parágrafo único, disciplina que o ex-sócio responde perante a sociedade e terceiros pelas obrigações incorridas enquanto sócio pelo prazo de até 2 (dois) anos a partir da averbação do contrato social. Ou seja, a norma vincula ao preenchimento de duas condições: a primeira é que a obrigação deve ser anterior à averbação de retirada dos sócios; a segunda é que a pretensão em face da sociedade deve se dar em até 2 (dois) anos após a alteração contratual.

As normas acima transcritas estão de acordo com a concepção moderna do direito na qual a responsabilização do ex-sócio não

---

[25] REQUIÃO, Rubens. Abuso de Direito e Fraude através da Personalidade Jurídica. *Revista dos Tribunais*, São Paulo: RT, v. 410, dez. 1969.

pode ser por prazo indeterminado[26] e nem pode instituir um direito à responsabilização eterna.

Com efeito, quando os sócios ou terceiros vinculados à administração da sociedade cometem os maiores absurdos, engendrando arranjos societários com o escopo único de se eximir de suas obrigações, o prazo fixado nos artigos 1.032 e 1.003, parágrafo único, ambos do Código Civil de 2002, passa a funcionar como um verdadeiro salvo-conduto para os devedores que agem com má-fé e com objetivo de frustrar o recebimento da obrigação inadimplida.

As vicissitudes da Constituição e a efetiva execução das obrigações no sistema jurídico brasileiro tornam, sob o prisma do credor, 2 (dois) anos um prazo por demais exíguo para desvincular o ex-sócio da sociedade. Essa circunstância foi notada por Flavio Luiz Yarshell, em especial quando a desconsideração da personalidade jurídica é manejada na fase de cumprimento de sentença:

> Se a desconsideração for requerida apenas na fase de cumprimento, é bem possível que, entre a data da citação do réu (devedor) e a data da citação do terceiro (responsável) tenham decorrido anos. Se, durante esse tempo, sócios tiverem alienado patrimônio, não se afigura razoável que a eficácia da desconsideração ocorra de forma retroativa. Além disso, é preciso levar em conta que nem sempre a desconsideração será determinada com base na premissa de ter havido fraude ou confusão patrimonial.[27]

Conforme se extrai da jurisprudência em caso típico exemplificativo de abuso patrimonial,[28] temos o episódio de um acidente

---

[26] SÃO PAULO (Estado). Tribunal de Justiça do Estado de São Paulo. Agravo de Instrumento nº 2046352-26.2016.8.26.0000, 36ª Câmara de Direito Privado. Agravante: Renato Ivo Amaral Cardoso. Agravada: Transtur Voyager Transportadora Turística Ltda. Relator: Desembargador Jayme Queiroz Lopes. São Paulo (cidade), SP, 27 de abril de 2016. *Diário da Justiça Eletrônico*. São Paulo (cidade), 27 abr. 2016. Disponível em: http://esaj.tjsp.jus.br/cjsg/getArquivo.do?cdAcordao=9384049&cdForo=0. Acesso em: 10 dez. 2020.

[27] YARSHELL, Flavio Luiz. Art. 136. In: CABRAL, Antonio do Passo; CRAMER, Ronaldo (Org.). *Comentários ao Novo Código de Processo Civil*. Rio de Janeiro: Forense, 2016. p. 249.

[28] SÃO PAULO (Estado). Tribunal de Justiça do Estado de São Paulo. Agravo de Instrumento nº 2222748-13.2020.8.26.0000, 25ª Câmara de Direito Privado. Agravante: Tatiana Maria Cid de Campos (JG), Marco Antônio Cid Monteiro da Silva (JG) e Pedro Henrique Cid Monteiro da Silva (JG). Agravados: ABJ Transportes e Locações de Máquinas e Implementos Rodoviários Limitada, Anésio Bovolon Junior, Anésio Bovolon, Francisco Maurilio de Oliveira e José Eduardo de Lima. Relator: Desembargador Vicente Antonio Marcondes D'Angelo. São Paulo (cidade), SP, 03 de dezembro de 2020. *Diário da Justiça*

automobilístico no qual a empresa, quando do ajuizamento da ação e da citação, tinha sustentação patrimonial. Logo após a citação, os sócios se retiraram da sociedade e o processo foi julgado procedente com a condenação da empresa ao pagamento de indenização, iniciando-se a fase do cumprimento de sentença na qual se constatou inexistência de bens da pessoa jurídica e seus sócios hodiernos.

O credor manejou desconsideração da personalidade jurídica, argumentando que os sócios retirados eram os únicos responsáveis pela empresa na data do fato causador da responsabilidade, estando presentes indícios de blindagem patrimonial, reintroduzindo os ex-sócios na relação processual. Ao conhecer a questão posta em 2º grau, o desembargador relator, em seu voto, asseverou de forma categórica o seguinte:

> Acrescente-se, ademais, como fundamento para maior cautela na análise do caso, que até mesmo a demora na entrega da prestação jurisdicional pode ter sido intencionalmente provocada no curso do processo, para que o marco temporal da retirada dos ex-sócios fosse cada vez mais extenso, a dar ares de legalidade à retirada (note-se, a esse respeito, que a troca de Município pela empresa já era o bastante para atrasar a marcha processual com a remessa de cartas precatórias).
>
> Tudo, porém, deve ser analisado com a máxima cautela, tanto para não exonerar previamente os ex-sócios, caso tenham cometido fraude patrimonial, como para garantir o direito de os exequentes buscarem a satisfação do crédito de natureza alimentar caso evidenciada a fraude.
>
> Destarte, o recurso deve ser provido em parte, apenas para não excluir os ex-sócios da pessoa jurídica imediatamente da lide, devendo ser aberto o incidente de desconsideração da personalidade jurídica para se verificar a ocorrência, ou não de fraude patrimonial (transferência de bens, clientela, pagamento pela cessão das quotas empresariais e outros).
>
> Percorrido o iter procedimento do incidente de desconsideração da personalidade jurídica, com o exercício do amplo direito de prova e da ampla defesa, aí, sim, poderá o Magistrado singular proferir decisão certeira mantendo ou excluindo os ex-sócios do polo passivo da execução.
>
> Ante o exposto, rejeitada a matéria preliminar de falta de cabimento do recurso, vez que cabível, dá-se parcial provimento ao recurso de agravo de instrumento interposto pelos exequentes para que os ex-sócios da

---

Eletrônico. São Paulo, 03 dez. 2020. Disponível em: http://esaj.tjsp.jus.br/cjsg/getArquivo.do?cdAcordao=14207856&cdForo=0. Acesso em: 10 dez. 2020.

pessoa jurídica executada sejam mantidos no polo passivo da execução, enquanto se instaura e processa o devido incidente de desconsideração da personalidade jurídica, nos moldes desta decisão.

O caso acima citado utilizado como paradigma guarda similitude com tantos outros conhecidos e decididos pelos diversos tribunais da federação, e a área de interseção entre eles é exatamente o abuso patrimonial articulado para frustrar a pretensão executória do credor.

Supondo que os mencionados sócios tenham desfeito os vínculos societários há vários anos de forma a estarem acobertados pelas normas dos artigos 1.003 e 1.032 do Código Civil, seria possível ao credor alcançá-los? Penso que sim. E a jurisprudência vem pavimentando um caminho nesse sentido.

Ao conhecer de tema desse naipe, o Tribunal de Justiça do Estado de São Paulo equacionou a questão, tendo o relator utilizado o seguinte fundamento:

> O longo tempo decorrido desde a saída dos ex-sócios da sociedade executada, por sua vez, não obsta o pedido de desconsideração da personalidade jurídica para incluí-los no polo passivo da execução, seja porque eles integravam a sociedade executada no curso do processo, seja porque não há prazo legal (decadencial ou prescricional) fixado para o exercício desse direito potestativo, tanto que o incidente pode ser instaurado a qualquer tempo e em qualquer fase do processo (art.134 do CPC).
> Saliente-se que não aplicam "*in casu*" os artigos 1003 e 1032 do Código Civil, pois estes referem-se às obrigações dos sócios em relação à sociedade, ao passo que a desconsideração da personalidade jurídica está relacionada à conduta abusiva dos sócios, ou ex-sócios, que enseja sua responsabilização.[29]

O Tribunal de Justiça do Estado do Paraná se posiciona em sentido similar ao Tribunal de Justiça do Estado de São Paulo, deixando claro e vinculando a circunstância de que o ajuizamento da ação na qual se utilizou o incidente de desconsideração da

---

[29] SÃO PAULO (Estado). Tribunal de Justiça do Estado de São Paulo. Agravo de Instrumento nº 2253610-98.2019.8.26.0000, 25ª Câmara de Direito Privado. Agravante: D.F.B. Importação e Exportação Ltda. Agravados: Gráfica Bolsoni Ltda, Francisco Bolsoni e Leandro Henrique Bolsoni. Relator: Desembargador Vicente Antonio Marcondes D'Angelo. São Paulo (cidade), SP, 31 de março de 2020. *Diário da Justiça Eletrônico*. São Paulo, 31 mar. 2020. Disponível em: http://esaj.tjsp.jus.br/cjsg/getArquivo.do?cdAcordao=13444573&cdForo=0. Acesso em: 10 dez. 2020.

personalidade jurídica se deu no interregno de 2 (dois) anos, a contar da averbação da alteração do contrato social. Vejamos:

> No caso, os agravantes eram administradores na época do pacto de administração de imóvel de propriedade do autor/agravado, firmado em 03.10.2006 (mov. 1.6), conforme a alteração contratual de (mov. 1.32). Isto é, a relação obrigacional que deu origem à cobrança de valores nesta ação foi firmada antes da saída voluntária dos agravantes.
> Outrossim, o arquivamento da saída dos agravantes perante a Junta Comercial se deu em 13.11.2007 (mov. 1.35), enquanto a ação monitória foi ajuizada em 04.09.2008 (mov. 1.1), menos de um ano depois.
> Logo, restam preenchidos os requisitos para que os agravantes sejam responsabilizados pela presente dívida.
> Ressalta-se que, diferentemente do defendido, não é necessária que a desconsideração da personalidade jurídica se dê no prazo de dois anos, mas faz-se necessário que o ajuizamento da ação em face da sociedade ocorra neste lapso temporal a contar da averbação da alteração contratual.
> Isso porque, conforme acertadamente elucidado pelo juízo de origem, a desconsideração da personalidade jurídica se trata de direito potestativo o qual não se extingue pelo não uso ante a ausência de previsão legal para tanto. Já o prazo bienal a contar do registro da retirada dos sócios é prescricional e diz respeito à responsabilização da sociedade neste ínterim por obrigações anteriores à averbação de alteração contratual. Ademais, cabe observar que a legislação não prevê a extensão da responsabilidade apenas aos sócios diretamente responsáveis pela má-administração da sociedade, devendo ser abrangidos todos os atingíveis pela desconsideração da personalidade jurídica, até mesmo dos retirantes.[30]

O Superior Tribunal de Justiça, na linha dos arestos transcritos, entende que a desconsideração da personalidade jurídica gera uma responsabilidade extraordinária, de modo que o prazo previsto nos artigos 1.003 e 1.032 do Código Civil não se aplica. A saber:

> AGRAVO INTERNO NO AGRAVO EM RECURSO ESPECIAL. EMBARGOS À EXECUÇÃO. 1. DESCONSIDERAÇÃO DA

---

[30] PARANÁ. Tribunal de Justiça do Estado do Paraná. Agravo de Instrumento nº 0044921-96.2018.8.16.0000, 18ª Câmara Cível. Agravantes: Fabio Baptista Machado e Simone Podolan Marochi Machado. Agravado: Adilson Kopp. Relator: Desembargador Péricles Bellusci de Batista Pereira. Curitiba, PR, 30 de janeiro de 2019. *Diário da Justiça Eletrônico.* São Paulo, 30 jan. 2019. Disponível em: https://portal.tjpr.jus.br/jurisprudencia/j/4100000007748021/Ac%C3%B3rd%C3%A3o-0044921-96.2018.8.16.0000. Acesso em: 10 dez. 2020.

PERSONALIDADE JURÍDICA. SÓCIO MINORITÁRIO. INDIFERENÇA. PREENCHIMENTO DOS REQUISITOS. REEXAME DE PROVAS. SÚMULA 7/STJ. 2. EX-SÓCIO. INAPLICÁVEIS AS REGRAS DOS ARTS. 1.003 E 1.032 DO CC. SÚMULA 83/STJ. 3. AGRAVO DESPROVIDO.
1. Nos termos da jurisprudência desta Corte Superior, não há distinção entre os sócios da sociedade empresária no que diz respeito à disregard doctrine, de forma que todos eles serão alcançados. Assim, tendo o acórdão a quo asseverado estarem preenchidos os requisitos para a desconsideração da personalidade jurídica, torna-se inviável infirmar tais conclusões sem que se esbarre no óbice da Súmula 7/STJ.
2. Não se aplicam os arts. 1.003 e 1.032 do CC para os casos de desconsideração da personalidade jurídica, a qual tem como fundamento o abuso de direito efetivado quando a parte ainda integrava o quadro societário da pessoa jurídica alvo da execução.
Acórdão recorrido em harmonia com a jurisprudência desta Corte Superior, atraindo a incidência da Súmula 83/STJ.
3. Agravo interno desprovido.[31]

Nesse passo, dois comandos decisórios merecem destaque: o primeiro é que irrelevante é a qualidade do sócio (administrador ou não); uma vez preenchidos os requisitos da desconsideração da personalidade jurídica, todos serão atingidos, até mesmo os retirantes, não fazendo a legislação qualquer distinção quanto a esse aspecto. O segundo, no que diz respeito à *disregard doctrine*, não se aplica às normas dos artigos 1.003 e 1.032 quando a questão de fundo envolver abuso patrimonial.

A desconsideração da personalidade jurídica gera uma responsabilidade extraordinária se tratando de um direito potestativo o qual não se extingue pela não utilização ante a ausência de previsão legal para tal. Significa dizer que, como o artigo 134 do Código de Processo Civil não fixa prazo para o manejo do IDPJ, sendo cabível em todas as fases do processo de conhecimento, no cumprimento de sentença e na execução, prevalece até hoje o entendimento firmado em 11.06.2013 pelo ministro Luis Felipe

---

[31] BRASIL. Superior Tribunal de Justiça. Agravo Interno no Agravo em Recurso Especial nº 1.347.243, 3ª Turma. Agravante: Fernando Martins Clemente. Agravada: Carrefour Comércio e Indústria LTDA. Relator: Ministro Marco Aurélio Bellizze, Brasília, DF, 18 de março de 2019. *Diário da Justiça Eletrônico*. Brasília, 22 mar. 2019. Disponível em: https://scon.stj.jus.br/SCON/GetInteiroTeorDoAcordao?num_registro=201802098080&dt_publicacao=22/03/2019. Acesso em: 10 dez. 2020.

Salomão, que qualifica o instituto como "direito potestativo que não se extingue".[32]

Por derradeiro, à luz de tudo o que foi dito neste artigo, está consolidado que a prescrição tem por cerne a necessidade de extirpar das relações intersubjetivas dos jurisdicionados as incertezas em torno da existência e eficácia do direito existente entre as partes, por meio de um lapso temporal determinado.

Nesse ínterim, Gustavo Tepedino, de forma direta, leciona que "a redação do artigo 189 explica que para a ocorrência da prescrição deverá existir um direito e que, em sendo ele violado, surgirá uma pretensão para o seu titular, a qual, não sendo exercida dentro de um prazo determinado, desencadeará o fenômeno da prescrição".[33]

Quanto ao termo *a quo* da contagem do lapso prescricional, Marco José Santos Meira leciona que:

> É ponto pacífico que a ação só surge com a lesão a um direito exercitável. O questionamento que se põe é o de saber se o prazo prescricional tem início na data da lesão, ou no momento em que o titular do direito lesado toma conhecimento da violação ao seu patrimônio jurídico.
> Sobre a questão, estruturam-se duas correntes: a objetiva, que adota como marco inicial do prazo a data da lesão ao direito; e a subjetiva, que aponta como termo *a quo* o momento em que o titular do direito toma ciência da lesão imposta ao seu patrimônio jurídico.[34]

Defendo o entendimento de que, para os casos de desconsideração da personalidade jurídica, aplica-se a corrente subjetiva, devendo ser afastadas por completo as normas dos artigos 1.003 e

---

[32] BRASIL. Superior Tribunal de Justiça. Recurso Especial nº 1.312.591, 4ª Turma. Recorrente: Eaton Holding S/A. Recorrido: Raysul Comércio e Serviços Tecnológicos LTDA. Relator: Ministro Luis Felipe Salomão, Brasília, DF, 11 de junho de 2013. *Diário da Justiça Eletrônico*. Brasília, 01 jul. 2013. Disponível em: https://scon.stj.jus.br/SCON/GetInteiroTeorDoAcordao?num_registro=201200462260&dt_publicacao=01/07/2013. Acesso em: 10 dez. 2020.

[33] TEPEDINO, Gustavo; BARBOZA, Heloisa; MORAES, Maria Clina Bodin de. *Código Civil interpretado conforme a Constituição da República*. 2 ed. Rio de Janeiro: Renovar, 2007. p. 354.

[34] MEIRA, Marcos José Santos. A responsabilidade tributária dos sócios-gerentes pela dissolução irregular da sociedade empresária-termo inicial da prescrição para o redirecionamento da execução fiscal e elemento pessoal de imputação. *Revista dos Tribunais*, v. 114/2014, p. 191-219, jan./fev. 2014. Doutrinas Essenciais de Direito Tributário, v. 9, p. 1.289-1.320, jul. 2014. DTR 2014/40.

1.032 do Código Civil, que indicam como imprescindível o manejo da ação de fundo no prazo de 2 (dois) anos a contar do registro da alteração contratual.

Esse entendimento assume relevância ímpar quando nos debruçamos sobre casos em que a relação entre a violação do direito e o resultado nocivo não se revela de forma clara e aquilatável *prima facie*.

Assim, visando conceder aplicabilidade à regra prescricional com o escopo de evitar a eternização de litígios e promover a segurança jurídica e estabilização nas relações sociais, entendo que não há que se falar em contagem de prazo prescricional a partir do desligamento do sócio ou terceiro vinculados ao abuso patrimonial, mas, sim, a partir do momento em que se constatou a inexistência de patrimônio para pagar o débito.

O sócio ou terceiro ligados umbilicalmente ao abuso patrimonial não se desvinculam da responsabilidade do ato que praticaram de forma fraudulenta, aplicando-se a regra dos artigos 1.003 e 1.032 do Código Civil em vigor *somente após a comprovação de que a sociedade não tem meios para saldar a dívida por si contraída*, estabelecendo um liame jurídico que une os personagens envolvidos na fraude praticada até o efetivo pagamento.

Conclusão

Diante do exposto, viu-se que a responsabilidade patrimonial passa pelos conceitos de débito (*schuld*) e responsabilidade (*haftung*), os quais estão relacionados, respectivamente, aos direitos material e processual. Em regra, o devedor originário responde diretamente pelo débito e, excepcionalmente, responderão os terceiros vinculados à obrigação assumida.

No caso da pessoa jurídica, ficção jurídica criada pelo direito para exercício de direitos patrimoniais, vigora o princípio da autonomia patrimonial, com a separação subjetiva entre a pessoa jurídica e seus integrantes, de forma que o patrimônio particular dos sócios não se confunde com o da sociedade, a qual responde pelas obrigações que aqueles assumirem em nome dela.

Não obstante a separação entre direitos e obrigações citada acima, existem situações na prática em que ocorrem desvios de finalidade na utilização da pessoa jurídica e atuações fraudulentas; assim, o princípio da autonomia patrimonial não pode ser tido como absoluto.

Nesse sentido, a teoria da desconsideração da personalidade jurídica foi incorporada ao ordenamento jurídico brasileiro para reprimir as situações em que sócios e administradores utilizam a pessoa jurídica como escudo para não responsabilização e manutenção de seu patrimônio.

Para tanto, para além da concepção tradicional da teoria da desconsideração, necessário analisar a responsabilidade do ex-sócio perante a sociedade e os terceiros pelas obrigações incorridas enquanto sócio, o qual responde pelo prazo de até 2 (dois) anos a partir da averbação do contrato social.

Por fim, este artigo também analisou a prescrição do sócio que já se retirou da empresa, concluindo-se que, aos casos de desconsideração da personalidade jurídica, aplica-se a corrente subjetiva, devendo ser afastada a disciplina do Código Civil, que indica como imprescindível o manejo da ação de fundo no prazo de 2 (dois) anos a contar do registro da alteração contratual.

Referências

BRASIL. Lei nº 10.406, de 10 de janeiro de 2002. Institui o Código Civil. *Diário Oficial da União*. Brasília, DF, 11 jan. 2002. Disponível em: http://www.planalto.gov.br/ccivil_03/leis/2002/l10406compilada.htm. Acesso em: 30 dez. 2020.

BRASIL. Superior Tribunal de Justiça. Agravo Interno no Agravo em Recurso Especial nº 1.347.243, 3ª Turma. Agravante: Fernando Martins Clemente. Agravada: Carrefour Comércio e Indústria LTDA. Relator: Ministro Marco Aurélio Bellizze, Brasília, DF, 18 de março de 2019. *Diário da Justiça Eletrônico*. Brasília, 22 mar. 2019. Disponível em: https://scon.stj.jus.br/SCON/GetInteiroTeorDoAcordao?num_registro=201802098080&dt_publicacao=22/03/2019. Acesso em: 10 dez. 2020.

BRASIL. Superior Tribunal de Justiça. Agravo Interno no Recurso Especial nº 1.866.901, 2ª Turma. Agravante: MR Global Participações e Empreendimentos Ltda. Agravado: Fazenda Nacional. Relator: Ministro Mauro Campbell Marques, Brasília, DF, 24 de agosto de 2020. *Diário da Justiça Eletrônico*. Brasília, 27 ago. 2020. Disponível em: https://scon.stj.jus.br/SCON/GetInteiroTeorDoAcordao?num_registro=202000616645&dt_publicacao=27/08/2020. Acesso em: 10 dez. 2020.

BRASIL. Superior Tribunal de Justiça. Agravo Interno nos Embargos de Divergência em Recurso Especial nº 1.786.311, 1ª Seção. Agravante: CCD Transporte Coletivo S.A. Agravado: Fazenda Nacional. Relatora: Ministra Regina Helena Costa, Brasília, DF, 15 de outubro de 2019. *Diário da Justiça Eletrônico*. Brasília, 18 out. 2019. Disponível em: https://scon.stj.jus.br/SCON/GetInteiroTeorDoAcordao?num_registro=201803305364&dt_publicacao=18/10/2019. Acesso em: 10 dez. 2020.

BRASIL. Superior Tribunal de Justiça. Recurso Especial nº 1.726.564/MG, 3ª Turma. Recorrente: H G M H B. Recorridos: Via Participações S/A – Massa Falida e outros. Relator: Ministro Marco Aurélio Bellizze. Brasília, DF, 15 de maio de 2018. *Diário da Justiça Eletrônico*. Brasília, 08 jun. 2018. Disponível em: https://scon.stj.jus.br/SCON/GetInteiroTeorDoAcordao?num_registro=201701164196&dt_publicacao=08/06/2018. Acesso em: 10 dez. 2020.

BRASIL. Superior Tribunal de Justiça. Recurso Especial nº 1.729.554, 4ª Turma. Recorrente: Banco Sofisa S/A. Recorridos: RRT Industria e Comercio de Confecções LTDA e Ana Maria Castelo Trajano. Relator: Ministro Luis Felipe Salomão. Brasília, DF, 05 de maio de 2018. *Diário da Justiça Eletrônico*. Brasília, 06 jun. 2018. Disponível em: https://processo.stj.jus.br/processo/revista/documento/mediado/?componente=ITA&sequencial=1706279&num_registro=201703068310&data=20180606&peticao_numero=-1&formato=PDF. Acesso em: 10 dez. 2020.

BRASIL. Superior Tribunal de Justiça. Recurso Especial nº 1.775.269, 1ª Turma. Recorrente: Agroindustrial Irmãos Dalla Costa Ltda. Recorrido: Fazenda Nacional. Relator: Ministro Gurgel de Faria, Brasília, DF, 21 de fevereiro de 2019. *Diário da Justiça Eletrônico*. Brasília, 01 mar. 2019. Disponível em: https://scon.stj.jus.br/SCON/GetInteiroTeorDoAcordao?num_registro=201802809059&dt_publicacao=01/03/2019. Acesso em: 10 dez. 2020.

BRASIL. Superior Tribunal de Justiça. Recurso Especial nº 1.312.591, 4ª Turma. Recorrente: Eaton Holding S/A. Recorrido: Raysul Comércio e Serviços Tecnológicos LTDA. Relator: Ministro Luis Felipe Salomão, Brasília, DF, 11 de junho de 2013. *Diário da Justiça Eletrônico*. Brasília, 01 jul. 2013. Disponível em: https://scon.stj.jus.br/SCON/GetInteiroTeorDoAcordao?num_registro=201200462260&dt_publicacao=01/07/2013. Acesso em: 10 dez. 2020.

BRASIL. Tribunal Regional Federal da 3ª Região. Agravo de Instrumento n. 0005452-44.2015.4.03.0000, 6ª Turma. Agravante: União Federal (Fazenda Nacional). Agravada: Viação Santa Catarina LTDA. Relatora Desembargadora Diva Malerbi, São Paulo, SP, 05 de abril de 2018. *Diário da Justiça Eletrônico*. São Paulo, 13 abr. 2018. Disponível em: http://web.trf3.jus.br/acordaos/Acordao/BuscarDocumentoGedpro/6744696. Acesso em: 10 dez. 2020.

ESPÍRITO SANTO. Tribunal de Justiça do Espírito Santo. Agravo de Instrumento n. 035199007499, 3ª Câmara Cível. Agravante: José Matheus Azevedo Filho. Agravados: AB Soluções Ambientais Ltda, Valéria Aparecida da Fonseca Meneghel e Amarildo Carvalho Ceccheto. Relator: Desembargador Ronaldo Gonçalves de Sousa, Vitória, ES, 10 de novembro de 2020. *Diário da Justiça Eletrônico*. Vitória, 18 dez. 2020. Disponível em: http://aplicativos.tjes.jus.br/sistemaspublicos/consulta_jurisprudencia/temp_pdf_jurisp/14239695048.pdf?CFID=181209408&CFTOKEN=11907408. Acesso em: 10 dez. 2020.

ESPÍRITO SANTO. Tribunal de Justiça do Espírito Santo. Agravo de Instrumento n. 024199011362, 1ª Câmara Cível. Agravante: Ortovit Comércio de Produtos Hospitalares Ltda. Agravados: Adroaldo Nobrega Fonseca, Fabio Pimentel Pereira e Geraldo Nogueira De Oliveira. Relator: Desembargador Fabio Clem De Oliveira, Vitória, ES, 18 de fevereiro de 2020. *Diário da Justiça Eletrônico*. Vitória, 11 mar. 2020. Disponível em: http://aplicativos.tjes.jus.br/sistemaspublicos/consulta_jurisprudencia/temp_pdf_jurisp/13929687960.pdf?CFID=181209408&CFTOKEN=11907408. Acesso em: 10 dez. 2020.

ESPÍRITO SANTO. Tribunal de Justiça do Espírito Santo. Agravo de Instrumento n. 030199001378, 2ª Câmara Cível. Agravante: Indústria De Móveis Movelar LTDA. Agravadas: Cristiane Mendonça e Rowena Ferreira Tovar. Relator: Desembargador Fernando Estevam Bravin Ruy, Vitória, ES, 01 de outubro de 2019. *Diário da Justiça Eletrônico*. Vitória, 10 out. 2019. Disponível em: http://aplicativos.tjes.jus.br/sistemaspublicos/consulta_jurisprudencia/temp_pdf_jurisp/13805669907.pdf?CFID=181209408&CFTOKEN=11907408. Acesso em: 10 dez. 2020.

ESPÍRITO SANTO. Tribunal de Justiça do Estado do Espírito Santo. Agravo de Instrumento n. 100190041333, 4ª Câmara Cível. Agravantes: Prime Rock Burguer Eirelli Epp, Gracirlei Domingos Pereira e Kharam Habib Carlos. Agravado: Estado Do Espirito Santo. Relator: Desembargador Arthur José Neiva de Almeida. Vitória, ES, 23 de novembro de 2020. *Diário da Justiça Eletrônico*. Vitória, 01 dez. 2020. Disponível em: http://aplicativos. tjes.jus.br/sistemaspublicos/consulta_jurisprudencia/temp_pdf_jurisp/14251692390.pdf?CFID=181209408&CFTOKEN=11907408. Acesso em: 10 dez. 2020.

GAIO, Antonio Pereira Júnior. Desconsideração da Personalidade Jurídica: Considerações sobre o "incidente" à luz do Novo CPC – PLS 166/2010. *Revista de Processo*, v. 220/2013, p. 279, jun. 2013, DTR 2013/3170.

GONDIJO, Vinicius José Marques. Responsabilização no Direito Societário de Terceiro por Obrigação da Sociedade. *Revista dos Tribunais*, v. 854/2006, p. 38-51, dez. 2006. DTR 2006 – 789.

MEIRA, Marcos José Santos. A responsabilidade tributária dos sócios-gerentes pela dissolução irregular da sociedade empresária-termo inicial da prescrição para o redirecionamento da execução fiscal e elemento pessoal de imputação. *Revista dos Tribunais*, v. 114/2014, p. 191-219, jan./fev. 2014. Doutrinas Essenciais de Direito Tributário, v. 9, p. 1.289-1.320, jul. 2014. DTR 2014/40.

PARANÁ. Tribunal de Justiça do Estado do Paraná. Agravo de Instrumento nº 0044921-96.2018.8.16.0000, 18ª Câmara Cível. Agravantes: Fabio Baptista Machado e Simone Podolan Marochi Machado. Agravado: Adilson Kopp. Relator: Desembargador Péricles Bellusci de Batista Pereira. Curitiba, PR, 30 de janeiro de 2019. *Diário da Justiça Eletrônico*. São Paulo, 30 jan. 2019. Disponível em: https://portal.tjpr.jus.br/jurisprudenc ia/j/4100000007748021/Ac%C3%B3rd%C3%A3o-0044921-96.2018.8.16.0000. Acesso em: 10 dez. 2020.

REQUIÃO, Rubens. Abuso de Direito e Fraude através da Personalidade Jurídica. *Revista dos Tribunais*, São Paulo: RT, v. 410, dez. 1969.

SÃO PAULO (Estado). Tribunal de Justiça do Estado de São Paulo. Agravo de Instrumento nº 2046352-26.2016.8.26.0000, 36ª Câmara de Direito Privado. Agravante: Renato Ivo Amaral Cardoso. Agravada: Transtur Voyager Transportadora Turística Ltda. Relator: Desembargador Jayme Queiroz Lopes. São Paulo (cidade), SP, 27 de abril de 2016. *Diário da Justiça Eletrônico*. São Paulo (cidade), 27 abr. 2016. Disponível em: http://esaj.tjsp.jus.br/cjsg/getArquivo.do?cdAcordao=9384049&cdForo=0. Acesso em: 10 dez. 2020.

SÃO PAULO (Estado). Tribunal de Justiça do Estado de São Paulo. Agravo de Instrumento nº 2222748-13.2020.8.26.0000, 25ª Câmara de Direito Privado. Agravante: Tatiana Maria Cid de Campos (JG), Marco Antônio Cid Monteiro da Silva (JG) e Pedro Henrique Cid Monteiro da Silva (JG). Agravados: ABJ Transportes e Locações de Máquinas e Implementos Rodoviários Limitada, Anésio Bovolon Junior, Anésio Bovolon, Francisco Maurilio de Oliveira e José Eduardo de Lima. Relator: Desembargador Vicente Antonio Marcondes D'Angelo. São Paulo (cidade), SP, 03 de dezembro de 2020. *Diário da Justiça Eletrônico*. São Paulo, 03 dez. 2020. Disponível em: http://esaj.tjsp.jus.br/cjsg/getArquivo. do?cdAcordao=14207856&cdForo=0. Acesso em: 10 dez. 2020.

SÃO PAULO (Estado). Tribunal de Justiça do Estado de São Paulo. Agravo de Instrumento nº 2136447-68.2017.8.26.0000, 25ª Câmara de Direito Privado. Agravante: Heitor Moreno. Agravados: Tiquatira Veículos LTDA e outros. Relator: Desembargador Eduardo Azima Nishi. São Paulo (cidade), SP, 17 de agosto de 2017. *Diário da Justiça Eletrônico*. São Paulo (cidade), 17 ago. 2017. Disponível em: http://esaj.tjsp.jus.br/cjsg/getArquivo. do?cdAcordao=10709305&cdForo=0. Acesso em: 10 dez. 2020.

SÃO PAULO (Estado). Tribunal de Justiça do Estado de São Paulo. Agravo de Instrumento nº 2253610-98.2019.8.26.0000, 25ª Câmara de Direito Privado. Agravante: D.F.B. Importação e Exportação Ltda. Agravados: Gráfica Bolsoni Ltda, Francisco Bolsoni e Leandro Henrique Bolsoni. Relator: Desembargador Vicente Antonio Marcondes D'Angelo. São Paulo (cidade), SP, 31 de março de 2020. *Diário da Justiça Eletrônico*. São Paulo, 31 mar. 2020. Disponível em: http://esaj.tjsp.jus.br/cjsg/getArquivo.do?cdAcordao=13444573&cdForo=0. Acesso em: 10 dez. 2020.

SCALZILLI, João Pedro de Souza. *Confusão Patrimonial nas Sociedades Isoladas e nos Grupos Societários: caracterização, constatação e tutela dos credores*. 2014. 109 f. Tese. (Doutorado em Direito Comercial) – Universidade de São Paulo, São Paulo, 2014. Disponível em: https://teses.usp.br/teses/disponiveis/2/2132/tde-27022015-115536/publico/Tese_Joao_Pedro_de_Souza_Scalzilli.pdf. Acesso em: 10 dez. 2020

TEPEDINO, Gustavo; BARBOZA, Heloisa; MORAES, Maria Clina Bodin de. *Código Civil interpretado conforme a Constituição da República*. 2. ed. Rio de Janeiro: Renovar, 2007. p. 354.

VENZZONE, Marina. Desconsideração da Personalidade Jurídica em Face da Sistemática da Liberdade Econômica (Lei 13.874/2019). *Revista de Direito Bancário e Mercados de Capitais*, v. 88/2020, abr./jun. 2020, p. 208.

VITAL, Danilo. *STJ reforça divergência sobre defesa prévia em redirecionamento de execução fiscal*. Disponível em: https://www.conjur.com.br/2020-set-03/cabe-desconsideracao-pessoa-juridica-execucao-fiscal. Acesso em: 10 dez. 2020.

YARSHELL, Flavio Luiz. Art. 136. *In*: CABRAL, Antonio do Passo; CRAMER, Ronaldo (Org.). *Comentários ao Novo Código de Processo Civil*. Rio de Janeiro: Forense, 2016. p. 249.

YARSHELL, Flavio Luiz. O Incidente de desconsideração da personalidade jurídica no CPC 2015. *In*: YARSHELL, Flavio Luiz; PEREIRA, Guilherme Setoguti Julio (Org.). *Processo Societário II*. 1. ed. v. 1. São Paulo: São Paulo, 2015. p. 213-224.

Informação bibliográfica deste texto, conforme a NBR 6023:2018 da Associação Brasileira de Normas Técnicas (ABNT):

BARROS, Klauss Coutinho. O abuso patrimonial na criação de novos arranjos societários. *In*: BUFULIN, Augusto Passamani (Coord.). *Questões atuais de Direito Privado*. Belo Horizonte: Fórum, 2022. p. 37-62. ISBN 978-65-5518-301-6.

OS DESAFIOS DO DIREITO AO ESQUECIMENTO E A RÁPIDA VELOCIDADE DE TRANSMISSÃO DE INFORMAÇÕES NO ÂMBITO DA INTERNET

JAIME FERREIRA ABREU
IGOR GAVA MARETO CALIL
LARA ABREU ASSEF

1 Introdução

A Revolução Técnico-Científica-Informacional, terceira das três faces da Revolução Industrial, foi responsável por importantes avanços no cenário mundial, pautando-se em um olhar voltado às ciências e à tecnologia, as quais passam a dialogar em prol de um desenvolvimento mercadológico e produtivo. O desenvolvimento da internet e das tecnologias de informação trouxe consigo não apenas benesses, mas também prejudicialidades, as quais coexistem e se apresentam em constante tensão. Dessa maneira, percebe-se que conceitos tradicionais, como a autonomia e a privacidade, são relativizados ante a tendência contemporânea de hipervalorização da liberdade de imprensa e do amplo acesso à informação.

É assim que o chamado direito ao esquecimento surge como verdadeira reação aos efeitos destrutivos e predatórios do sistema de comunicação de massa, cuja expansão desenfreada importa, muitas vezes, na eternização de informações pretéritas, despidas de valia e desconexas à realidade atual. Acontece que a salvaguarda da dignidade, personalidade e do substrato biopsíquico das pessoas encontra, no meio virtual, uma série de desafios, aptos a inviabilizarem sua operabilidade, como o superinformacionismo, o anonimato, a perenidade virtual e a difusão irrestrita de *fake news*, os quais serão minuciosamente abordados ao longo deste capítulo.

Destarte, em um primeiro momento, debruçar-se-á sobre os conceitos cunhados pela literatura jurídica acerca do direito ao esquecimento, apurando os alicerces sobre os quais se funda e os efeitos advindos de sua concretização. A partir de uma análise do método de ponderação, pretende-se ainda apontar os caminhos que devem ser percorridos pelo intérprete constitucional na busca por uma solução adequada para o caso concreto, tendo em vista o conflito travado entre os direitos fundamentais da personalidade e o direito à liberdade de imprensa e à informação jornalística.

Em sequência, põem-se em xeque os desafios enfrentados pelo direito ao esquecimento no ambiente virtual hodierno, caracterizado pelo superinformacionismo e pela rápida velocidade de transmissão de tais informações. São aspectos que, somados à ilimitada capacidade de armazenamento disponível, importam em uma perda de controle de dados pessoais pelos seus reais titulares, reféns de um "capitalismo de vigilância", em que a violação da privacidade se torna um modelo negocial.

Por fim, o terceiro enfoque deste estudo recai sobre a existência de fundamentação jurídica suficiente para a efetivação do direito ao esquecimento no Brasil, tendo em vista o solo fértil inaugurado pela introdução da Lei Geral de Proteção de Dados Pessoais (Lei nº 13.709/18). Com isso, torna-se palpável ao leitor que a legislação ordinária nacional já provê, a contento, alicerce jurídico para se assentar o direito ao esquecimento, permitindo sua aplicação em plena harmonia com os ditames e balizas da Constituição da República – razão pela qual resta incoerente qualquer alegação em contrário.

Nesse sentido, a presente pesquisa utiliza-se do método dedutivo, partindo de premissas maiores, submetendo-as a premissas menores, para que, em um curso lógico descendente, se alcancem as conclusões desejadas. Portanto, a partir de uma revisão bibliográfica acerca das particularidades inerentes a um contexto superinformacionista, analisa-se o modo como o advento de novas tecnologias propiciou uma releitura de conceitos tradicionais, como as noções de privacidade e intimidade. Parte-se, não obstante, de metodologia qualitativa, que toma por sustentáculo o aprofundamento teórico, sistemático e categorizado do direito ao esquecimento enquanto espécie dos direitos da personalidade, apurando, assim, os desafios por ele enfrentados ante a rápida velocidade de transmissão de informações no âmbito da *internet*.

2 Conceito e definições gerais do direito ao esquecimento

A Constituição da República Federativa do Brasil de 1988, como amplamente cediço, consagrou logo em seu artigo 1º, inciso III, o princípio da dignidade da pessoa humana enquanto postulado de legitimação política do Estado Democrático de Direito e verdadeiro baluarte da ordem constitucional, termos em que a operacionalização do sistema jurídico – e também jurisdicional – deve, obrigatoriamente, visar à máxima efetivação desse mandado.

Muito embora não haja uma definição jurídica da dignidade humana no direito positivo, elucida-nos Ingo Sarlet que tamanha preocupação conceitual seria dispensável, haja vista que, em última análise, a expressão traduz um valor próprio da natureza do *ser humano como tal*. Trocando em miúdes, a dignidade pode ser entendida como uma qualidade não apenas intrínseca, mas também irrenunciável e inalienável do ser humano, constituindo elemento inerente a cada um dos indivíduos, e que, por via de mera consequência, não lhes pode ser retirado ou destacado.[1]

Sob essa ótica, amparado pela "cláusula geral" de proteção e promoção da personalidade em suas múltiplas dimensões, surge o chamado direito ao esquecimento, enquanto espécime de direito fundamental implícito, isto é, fruto de uma derivação hodierna dos direitos fundamentais à vida privada, intimidade, honra e imagem da pessoa,[2] todos estes sedimentados no Texto Constitucional por meio do inciso X do art. 5º da Lei Maior de 1988. Com efeito, em sua noção mais embrionária, o direito ao esquecimento traduz a

---

[1] SARLET, Ingo Wolfgang. *A eficácia dos direitos fundamentais*: uma teoria geral dos direitos fundamentais na perspectiva constitucional. 11. ed. rev. atual. Porto Alegre: Livraria do Advogado Editora, 2012. p. 77.

[2] SARLET, Ingo Wolfgang. Tema da moda, direito ao esquecimento é anterior à internet. *Consultor Jurídico*, 2015, p. 1. Disponível em: http://www.conjur.com.br/2015-mai-22/direitos-fundamentais-tema-moda-direito-esquecimento-anterior-internet. Acesso em: 25 dez. 2020.

faculdade que o indivíduo tem de pleitear a retirada de informações pretéritas da exposição atual nos meios de comunicação sempre que tais lembranças ostentarem potencial denegritório, com o objetivo de possibilitar ao sujeito o prosseguimento de uma vida digna, sem as sombras do passado e livre dos estigmas causados por tais informações reavivadas na atualidade.[3]

No mesmo sentido, afirma Mayer-Schönberger, em livre tradução nossa, que atualmente se percebe e se combate o fim do esquecimento – *"the demise of forgetting"* – e, consequentemente, uma virada fundamental no padrão de memória. Sem ignorar os indiscutíveis benefícios propiciados pela lembrança, o autor reforça que, quando em excesso, esse fenômeno conduz a terríveis consequências. Isso porque, segundo ele, *esquecer* não é apenas um comportamento individual, mas precipuamente um comportamento social, que tem o condão de proporcionar segundas chances aos indivíduos que uma vez falharam ou fracassaram.[4]

A ideia hodierna de privacidade parece, pois, inscrever-se numa trajetória reacionária ou de "legítima defesa" dos direitos fundamentais da personalidade em face de certas *práticas tecnocráticas escravizadoras* da liberdade humana,[5] que sofrem constante evolução e multiplicação no âmbito da comunicação social. Ora, tão múltiplas foram as diferenciações percebidas no discurso da privacidade que a doutrina e a jurisprudência internacional inauguraram a densificação de um direito específico ao esquecimento como verdadeira reação aos efeitos destrutivos do sistema de comunicação de massa, cuja expansão estaria avançando desenfreadamente, a ponto de causar graves danos de ordem material e imaterial às pessoas, especialmente no que diz respeito à sua dignidade, personalidade e seu substrato biopsíquico.[6]

---

[3] SILVA, Lucas Gonçalves da; CARVALHO, Mariana Amaral. Direito ao esquecimento na sociedade da informação: análise dos direitos fundamentais no meio ambiente digital. *Revista Brasileira de Direitos e Garantias Fundamentais*, v. 3, n. 2, Maranhão, 2017, p. 67.

[4] MAYER-SCHÖNBERGER, Viktor. *Delete*: the virtue of forgetting in the digital age. Princeton: Princeton University Press, 2009. p. 13.

[5] DOTTI, René Ariel. *Proteção da vida privada e liberdade de informação*: possibilidades e limites. São Paulo: Revista dos Tribunais, 1980. p. 54.

[6] CARVALHO, Igor Chagas de. *Direito ao esquecimento*: Reação à expansão sistêmica dos meios de comunicação de massa? Universidade de Brasília. Dissertação de Mestrado em Direito. Orientador: Prof. Dr. Marcelo da Costa Pinto Neves. Brasília, 2016, p. 5.

Justamente a esse entendimento é que se filiou o Conselho da Justiça Federal (CJF) ao aprovar, na VI Jornada de Direito Civil, o Enunciado de nº 531, cujo teor expressamente consigna que "a tutela da dignidade da pessoa humana na sociedade da informação inclui o direito ao esquecimento". Como justificativa, apontou-se que os danos provocados pelas novas tecnologias de informação, desenvolvidas nos dias atuais, fazem emergir o direito ao esquecimento, que não atribui a ninguém o direito de apagar fatos ou reescrever a própria história, mas tão somente a possibilidade de discutir o uso que é dado aos fatos pretéritos e, em especial, o modo e a finalidade com que são lembrados.[7]

Com efeito, não raras vezes os sujeitos sociais veem-se condenados a constantemente revisitar alguns *fatos incômodos* do passado, cujos desdobramentos insistem em produzir efeitos negativos até o momento presente, muito embora tais indivíduos já tenham cumprido com todas as eventuais sanções cíveis, administrativas ou mesmo penais que lhes foram imputadas em razão da referida conduta tortuosa. O direito ao esquecimento, assim, configura um mecanismo destinado por excelência à proteção dos aspectos mais íntimos e psíquicos da pessoa humana, assegurando-lhe um espaço comunicativo dotado de autonomia perante a coletividade e possibilitando o exercício efetivo da pretensão de questionamento do (re)uso de suas informações privadas, de maneira a evitar a ocorrência de eventuais *instrumentalizações da pessoa pelo sistema*.[8]

No ponto, é de grande relevância pontuar a atecnia da terminologia "direito ao esquecimento", eis que sugere um controle absoluto dos fatos ou um *apagar da história*, fenômenos impossíveis e até indesejáveis, que não se coadunam com o significado técnico por trás do instituto, qual seja, a tutela da identidade pessoal e o direito de toda pessoa humana de ser corretamente retratada em suas projeções públicas.[9] Portanto, o direito fundamental ao

---

[7] BRASIL. *VI Jornada de Direito Civil*. Brasília: Conselho da Justiça Federal, Centro de Estudos Judiciários, 11-12 mar. 2013.

[8] CARVALHO, Igor Chagas de. *Direito ao esquecimento*: Reação à expansão sistêmica dos meios de comunicação de massa? Universidade de Brasília. Dissertação de Mestrado em Direito. Orientador: Prof. Dr. Marcelo da Costa Pinto Neves. Brasília, 2016, p. 5.

[9] SCHREIBER, Anderson. As três correntes do direito ao esquecimento. *Revista JOTA*, 2017, p. 3. Disponível em: https://www.jota.info/opiniao-e-analise/artigos/as-tres-correntes-do-direito-ao-esquecimento-18062017. Acesso em: 28 dez. 2020.

esquecimento, se definido com correção, traduz também o direito dos indivíduos ao não processamento ou à remoção de dados e informes pretéritos das mídias, quando estes se revelarem desconexos com a realidade atual e/ou inúteis aos propósitos legítimos de memória social.[10]

Embora, em um primeiro momento, a salvaguarda da inviolabilidade da vida privada e da intimidade das pessoas pareça constituir verdadeiro óbice aos mandamentos de livre comunicação e manifestação do pensamento, cumpre evidenciar que a formulação aparentemente negativa do artigo 220, §1º, da CRFB, que veda qualquer restrição à liberdade de informação jornalística, constitui em verdade uma autorização para o sopesamento dos princípios conflitantes, eis que o constituinte menciona expressamente os diretos individuais da personalidade como baliza para o exercício da liberdade de imprensa – fenômeno que se pode denominar de *reserva legal qualificada*.[11]

De toda forma, como intuitivamente se constata, a aplicação do direito ao esquecimento deflagra um conflito entre direitos fundamentais: de um lado, a liberdade de expressão e de informação; de outro, os denominados direitos da personalidade, dentre os quais a imagem e a privacidade. Por outro enfoque, o direito ao esquecimento protagoniza duro embate com os direitos à memória e à verdade histórica.[12] Por óbvio e em razão de sua própria ontologia, tal conflito não se pode resolver de maneira apriorística, isso porque os direitos fundamentais são normas da modalidade deôntica de princípio; isto é, pela definição clássica de Robert Alexy, mandados de otimização, caracterizados por poderem ser cumpridos em diferentes graus, sendo que a medida

---

[10] FLORÊNCIO, J. Abrusio. Direito ao esquecimento na Internet. *In*: MESSA, A. F.; THEOPHILO NETO, N.; THEOPHILO JUNIOR, R. (Org.). *Sustentabilidade ambiental e os novos desafios na era digital*. São Paulo: Saraiva, 2011. p. 216.

[11] MENDES, Gilmar Ferreira. Colisão de direitos fundamentais: liberdade de expressão e de comunicação e direito à honra e à imagem. *Revista de Informação Legislativa*, a. 31, n. 122, Brasília, maio/jul. 1994, p. 298.

[12] CORDEIRO, Carlos José; PAULA NETO, Joaquim José de. A concretização de um novo direito da personalidade: o direito ao esquecimento. *Civilistica.com*, a. 4, n. 2, 2015, p. 17. Disponível em: http://civilistica.com/a-concretizacao-de-um-novo-direito-da-personalidade/. Acesso em: 28 dez. 2020.

de sua satisfação não só depende das possibilidades jurídicas, mas também das possibilidades fáticas.[13]

Nesse toar, é de fácil percepção que não há qualquer hierarquia abstrata entre princípios, de modo que uma eventual oposição interna não se resolverá suprimindo um em favor do outro. Com efeito, se ambos os direitos fundamentais protegem a dignidade da pessoa humana, é fato que merecem ser preservados em máximo grau possível, levando-se em conta o peso ou a importância relativa de cada princípio no caso concreto.[14] Aliás, como é sabido, é também por força do princípio da unidade da Constituição que inexiste qualquer hierarquia jurídica entre normas constitucionais.[15]

Portanto, em hipótese de conflito entre princípios, na qual um deles restringe as possibilidades jurídicas de realização do outro, o intérprete constitucional precisará socorrer-se da chamada *lei de colisão*, segundo a qual a medida permitida de não satisfação ou de afetação de um princípio será exatamente a mesma medida do grau de importância da satisfação do outro. Noutras palavras, significa que a solução para esse embate consiste no sopesamento dos princípios – que abstratamente estão no mesmo nível de hierarquia – mediante o estabelecimento de uma *relação de precedência condicionada* pelas circunstâncias do caso concreto, fixando-se as condições sob as quais um princípio terá maior peso relativo ou precedência em face do outro, devendo o julgador fundamentar racionalmente a adequação constitucional de sua decisão.[16]

Em se tratando da colisão entre os direitos fundamentais da personalidade e os direitos à liberdade de expressão e informação, tem-se que o direito ao esquecimento tende a ceder espaço ou, ao menos, ser modulado por soluções mais brandas quando verificados os seguintes elementos constitucionais de ponderação:

---

[13] ALEXY, Robert. *Theorie der Grundrechtes*. 5. ed. 2006. Tradução de Virgílio Afonso da Silva. São Paulo: Malheiros Editores, 2008. p. 90.

[14] FARIAS, Edilsom Pereira de. *Colisão de direitos. A honra, a intimidade, a vida privada e a imagem versus a liberdade de expressão e de informação*. Porto Alegre: 1996. p. 96.

[15] BARROSO, Luís Roberto; BARCELLOS, Ana Paula de. Colisão entre liberdade de expressão e direitos da personalidade. Critérios de ponderação. Interpretação constitucionalmente adequada do código civil e da lei de imprensa. *Revista de Direito Administrativo*, n. 235, Rio de Janeiro, 2004, p. 5.

[16] ALEXY, Robert. *Theorie der Grundrechtes*. 5. ed. 2006. Tradução de Virgílio Afonso da Silva. São Paulo: Malheiros Editores, 2008. p. 167.

(i) veracidade do fato divulgado; (ii) licitude do meio de obtenção da informação; (iii) personalidade pública da pessoa objeto da notícia; (iv) publicidade do local do fato; (v) natureza acidental ou criminológica do fato; (vi) existência de interesse público ou importância histórica, estatística ou científica na divulgação das informações, especialmente quando decorrem da atuação de órgãos ou entidades públicas; e (vii) possibilidade de cominação de sanções *a posteriori*, sem proibição da divulgação, como o direito de resposta e a retratação.[17]

No âmbito da jurisdição brasileira, destacam-se como paradigmáticos os recursos especiais REsp nº 1.334.097/RJ[18] e REsp 1.335.153/RJ,[19] em cujos julgamentos o Superior Tribunal de Justiça, pela primeira vez, reconheceu expressamente a existência do direito ao esquecimento, fundamentando-o na dignidade da pessoa humana e nas "múltiplices facetas do direito ao respeito da vida privada" e sopesando-o em face do direito à liberdade de imprensa. Justamente a importância desse sopesamento foi reforçada pelo Supremo Tribunal Federal em recente julgamento do Recurso Extraordinário nº 1.010.606/RJ (Tema nº 786),[20] oportunidade em que se fixou a tese de repercussão geral de que o direito ao esquecimento seria incompatível com a Constituição Federal, devendo eventuais excessos ou abusos no exercício da liberdade de expressão e de informação ser analisados caso a caso.

Embora, em tais oportunidades, a discussão tenha se limitado ao ambiente televisivo, é notório que os precedentes do STJ terminaram

---

[17] BARROSO, Luís Roberto; BARCELLOS, Ana Paula de. Colisão entre liberdade de expressão e direitos da personalidade. Critérios de ponderação. Interpretação constitucionalmente adequada do código civil e da lei de imprensa. *Revista de Direito Administrativo*, n. 235, Rio de Janeiro, 2004, p. 26-28.

[18] BRASIL. Superior Tribunal de Justiça. *Recurso Especial nº 1.334.097/RJ*. Caso Chacina da Candelária vs. Rede Globo de Televisão: Ministro Luis Felipe Salomão. 28 maio 2013.

[19] BRASIL. Superior Tribunal de Justiça. *Recurso Especial nº 1.335.153/RJ*. Caso Aída Curi vs. Rede Globo de Televisão: Ministro Luis Felipe Salomão. 28 maio 2013.

[20] Tese jurídica fixada: "É incompatível com a Constituição Federal a ideia de um direito ao esquecimento, assim entendido como o poder de obstar, em razão da passagem do tempo, a divulgação de fatos ou dados verídicos e licitamente obtidos e publicados em meios de comunicação social – analógicos ou digitais. Eventuais excessos ou abusos no exercício da liberdade de expressão e de informação devem ser analisados caso a caso, a partir dos parâmetros constitucionais, especialmente os relativos à proteção da honra, da imagem, da privacidade e da personalidade em geral, e as expressas e específicas previsões legais nos âmbitos penal e cível" (STF. RE nº 1.010.606/RJ, Relator: DIAS TOFFOLI, Data de Julgamento: 11.02.2021, Tribunal Pleno, Data de Publicação: 20.05.2021).

por catalisar no país a ampliação da discussão do direito ao esquecimento no meio jurídico, sendo o debate ainda mais aquecido com o advento dos novos meios de comunicação social: a rede mundial de computadores ou *internet*.

3 Desafios do direito ao esquecimento em um contexto de tecnologia e superinformacionismo

Como enunciado, o direito ao esquecimento sugere, em abstrato, a remoção integral e definitiva de todas as informações pretéritas que, embora sejam falsas ou tenham se tornado desconexas à realidade presente, continuam sendo disponibilizadas e revisitadas constantemente na atualidade por meio dos canais de comunicação de massa, ostentando elevado potencial danoso aos indivíduos. No entanto, infelizmente, essa ideia não é totalmente fática: a negativa de autorização de compartilhamento da informação não é suficiente para a sua retirada dos meios midiáticos. Noutras palavras, a simples revogação do consentimento do titular para o processamento de seus dados pessoais não necessariamente permite a remoção retroativa desses dados, especialmente quando se trata do ambiente digital. Ora, com razão, os provedores de conteúdo digital apresentam uma tendência crescente de retroalimentação, indexação e armazenamento ilimitado, salvando até mesmo os dados já descartados pelos usuários.[21]

Historicamente, a tentativa humana de significação da realidade e o consequente acesso ao conhecimento foram processos permeados, em regra, por análises linguísticas, as quais alçam a linguagem a um patamar de centralidade e absolutismo. O protagonismo é tamanho que se pode afirmar que o desenvolvimento de diversas sociedades, conhecidas como civilizações orais, só foi possível após o surgimento da habilidade comunicativa. Assim, marcadas pelo apego ao discurso, tais comunidades utilizavam-se do verbalismo como meio transmissor de testemunhos de geração em geração, reconhecendo a fala "não apenas como um meio de

---

[21] LIMA, Erik Noleta Kirk Palma. Direito ao esquecimento: discussão européia e sua repercussão no Brasil. *Revista de Informação Legislativa*, a. 50, n. 199, Brasília, jul./set. 2013, p. 275.

comunicação diária, mas também como um meio de preservação da sabedoria dos ancestrais".[22]

Há, nesse sentido, uma estrita relação entre a linguagem e a memória que acaba por evidenciar certos riscos e perigos inerentes a uma servidão oral. Afinal, é custosa a transmissão verbal da memória entre gerações, visto que, além de demandar tempo e esforço, requer repetição e atenção dos contadores e ouvintes, o que consubstancia uma alta probabilidade de não assimilação ou esquecimento.[23] De igual maneira, tem-se que a sobrevivência da tradição oral a partir da memória é restrita a determinado espaço físico, condicionando sua difusão à coincidência geográfica dos interlocutores.[24]

O advento da escrita, mais tarde, é responsável por dilatar os mecanismos de armazenamento e lembranças sociais, ampliando a quantidade de distinções simbólicas de que uma comunidade pode usufruir e, por consequência, possibilitando "um aumento das coisas ou aspectos do mundo que podem ser indicados".[25] Noutras palavras, tem-se um salto no que tange à capacidade de armazenamento de informações, funcionando a escrita como "apoio externo da memória humana", adquirindo o passado um poder sobre o presente outrora desconhecido.[26] Talvez por isso seja correto – nos parâmetros aqui delimitados – o provérbio chinês segundo o qual "a tinta mais fraca é preferível à palavra mais forte".

A despeito da evolução supra, o majoritário analfabetismo da população e o alto custo enredado na produção (manual) dos materiais escritos tornavam-nos acessíveis exclusivamente às camadas sociais mais altas, cenário este que somente seria

---

[22] VANSINA, Jan. A tradição oral e sua metodologia. In: KI-ZERBO, Joseph (editor). História Geral da África: Metodologia e pré-história da África. v. 1. 2. ed. Brasília: UNESCO, 2010. p. 158.

[23] CARVALHO, Igor Chagas de. Direito ao esquecimento: Reação à expansão sistêmica dos meios de comunicação de massa? Universidade de Brasília. Dissertação de Mestrado em Direito. Orientador: Prof. Dr. Marcelo da Costa Pinto Neves. Brasília, 2016. p. 41.

[24] PRIMO, Alex. Fases do desenvolvimento tecnológico e suas implicações nas formas de ser, conhecer e comunicar e produzir em sociedade. In: PRETTO, Nelson de Luca; SILVEIRA, Sérgio Amadeu. Além das redes de colaboração: internet, diversidade cultural e tecnologias do poder. Salvador: EDUFBA, 2008. p. 55.

[25] LUHMANN, Niklas. La sociedad de la sociedad. México: Herder/Universidad Iberoamericana, 2007. p. 196.

[26] CARVALHO, Igor Chagas de. Direito ao esquecimento: Reação à expansão sistêmica dos meios de comunicação de massa? Universidade de Brasília. Dissertação de Mestrado em Direito. Orientador: Prof. Dr. Marcelo da Costa Pinto Neves. Brasília, 2016, p. 42.

alterado com o surgimento das tecnologias de impressão por tipos móveis. Com efeito, os mecanismos de democratização desses materiais contribuíram para uma maior difusão da informação e uma consequente ampliação da memória social mediante a leitura em massa de livros, jornais e periódicos, e, posteriormente, com o surgimento do rádio e da televisão.[27]

Contudo, o esquecimento permanece como regra, visto que subsistia certa dificuldade quanto ao resgate de informações pretéritas: além de estarem sujeitas ao desgaste facilitado do seu suporte físico, perdendo-se as edições no tempo,[28] os livros, jornais e periódicos possuem limitações quantitativas, sendo restrito o número de informações neles contidas. Os materiais escritos são, dessa forma, marcados por certa obsolescência, no sentido de que, além de se deteriorarem facilmente, são periodicamente substituídos por novas edições, atualizadas e de maior valia informacional. Estes são aspectos que, em conjunto, caracterizam a propensão ao "esquecimento", obstaculizando o acesso às informações e dados pretéritos.

É apenas com o advento da rede mundial de computadores – a internet – e mormente com sua popularização na década de 1990 que o esquecimento se revela como, ao revés, uma exceção. Assim, conceitos antes tidos como tradicionais e indeléveis, a exemplo da autonomia e da privacidade, são postos em xeque pela agilidade na recuperação de informações e pela facilidade de transmissão e armazenamento destas, aspectos estes ínsitos ao ambiente virtual, cuja ascensão permite a ultrapassagem de barreiras geográficas e temporais.[29]

Com efeito, a internet não possui quaisquer limitações de ordem física, de modo que as informações podem ser infindavelmente lançadas e armazenadas no ambiente virtual, a

---

[27] CARVALHO, Igor Chagas de. *Direito ao esquecimento*: Reação à expansão sistêmica dos meios de comunicação de massa? Universidade de Brasília. Dissertação de Mestrado em Direito. Orientador: Prof. Dr. Marcelo da Costa Pinto Neves. Brasília, 2016, p. 44.
[28] SCHREIBER, Anderson. *Direitos da personalidade*. 3. ed. São Paulo: Atlas, 2014. p. 172.
[29] PRIMO, Alex. Fases do desenvolvimento tecnológico e suas implicações nas formas de ser, conhecer e comunicar e produzir em sociedade. *In*: PRETTO, Nelson de Luca; SILVEIRA, Sérgio Amadeu. *Além das redes de colaboração*: internet, diversidade cultural e tecnologias do poder. Salvador: EDUFBA, 2008. p. 59.

qualquer momento ou local. Assim é que são suprimidas todas as formas de esquecimento ou substituição de dados, tendo em vista que estes permanecem conservados e disponíveis para pronto acesso independentemente da introdução ou não de novos conteúdos na rede. Tem-se, pois, um fenômeno de superinformacionismo, que confere ao sujeito a possibilidade de consumir informações tanto presentes quanto pretéritas, ainda que estas já se afigurem antigas, obsoletas ou ultrapassadas.

Recorrendo-se a metáforas, pode-se dizer que, em uma "guerra" contra a internet, em busca de uma hegemonia comunicacional, os meios escritos – como jornais, livros e periódicos – guerreiam com arcos e flechas, enquanto o ambiente virtual dispõe de um sofisticado arsenal bélico. É, pois, uma competição injusta, que evidencia a obsolescência dos meios de comunicação escrita – aqui restritos ao papel – frente ao desenvolvimento e refinamento inaugurados pela internet.

Em suma, percebe-se uma relação inversa de proporcionalidade ao longo da história: à medida que os meios de comunicação de massa foram se desenvolvendo, a capacidade de esquecimento percorreu caminho contrário, minguando-se à proporção que novas tecnologias surgiam. Tanto é assim que, considerando a facilidade de acesso, a comodidade, os baixos custos e a quase que infinita capacidade de armazenamento e recuperação de dados no ambiente virtual, Mayer-Schönberger reconhece o já mencionado *demise of forgetting*, elencando quatro avanços tecnológicos motivadores dessa mudança paradigmática: *digitization, cheap storage, easy retrieval* e o *global reach*.[30]

De início, o autor ressalta ser cediço que o processamento, o armazenamento e a transmissão de uma informação por meio digital são envoltos por uma agregação de variações aleatórias ("ruídos"), apta a desnaturar e modificar a fidelidade do dado original.[31] A esse processo, dá-se o nome de *digitization* ou digitização, a partir do

---

[30] MAYER-SCHÖNBERGER, Viktor. *Delete*: the virtue of forgetting in the digital age. Princeton: Princeton University Press, 2009. Capítulo III.
[31] CARVALHO, Igor Chagas de. *Direito ao esquecimento*: Reação à expansão sistêmica dos meios de comunicação de massa? Universidade de Brasília. Dissertação de Mestrado em Direito. Orientador: Prof. Dr. Marcelo da Costa Pinto Neves. Brasília, 2016, p. 45.

qual dados são "convertidos em sequências numéricas ou de dígitos [...] interpretados por um processador capaz de realizar cálculos de extrema complexidade em frações de segundo".[32] À medida que a tecnologia evoluiu – neste caso, do analógico para o digital –, as deturpações de dados digitizados foram diminuindo, de modo que hoje, como resultado desse processo, tem-se uma réplica fidedigna do original, sem qualquer perda qualitativa.

Há, dessa forma, uma extrema facilidade em se resgatarem informações pretéritas, agora copiadas perfeitamente por meio da *digitization*. É um processo que promove, portanto, uma facilidade na distribuição de dados, permitindo um acesso irrestrito e veraz a dados que se encontravam "esquecidos". Como bem pontua Anderson Schreiber, na internet, ambiente que não esquece, "dados pretéritos vêm à tona com a mesma clareza dos dados mais recentes, criando um delicado conflito no campo do direito".[33]

O segundo tópico abordado por Mayer-Schönberger diz respeito ao armazenamento dos dados, sobre o qual tece uma análise quantitativa e qualitativa. Isto é, além de verificar o modo como o barateamento deste facilita a transmissão e resgate de dados, apura também a capacidade de armazenamento dos mecanismos atuais, que permitem o acesso irrestrito e atemporal a uma infinidade de dados e informações que nela estão contidos – em um verdadeiro processo de superinformacionismo.

Nessa senda, o desenvolvimento tecnológico contribuiu para uma redução dos custos de armazenamento de informação, a ponto que "guardar informação – mesmo *full screen* vídeos – em memória digital [tornou-se] mais barato do que nos correspondentes analógicos de armazenamento de informação (papel, película, fita)".[34] Somado ao barateamento, denota-se uma ampliação em massa da capacidade de armazenamento dos dispositivos. A título de exemplo, enquanto um RAMAC 250 – primeiro computador com sistema de armazenamento em disco rígido, surgido em 1956 –

---

[32] MARTINO, Luís Mauro Sá. *Teoria das mídias digitais*: linguagens, ambientes, redes. 2. ed. Petrópolis: Vozes, 2015. p. 11.
[33] SCHREIBER, Anderson. *Direitos da personalidade*. 3. ed. São Paulo: Atlas, 2014. p. 172.
[34] MAYER-SCHÖNBERGER, Viktor. *Delete*: the virtue of forgetting in the digital age. Princeton: Princeton University Press, 2009. p. 67-68.

tinha capacidade para armazenar três *megabytes*, encontram-se hoje no mercado modelos de *pen drive* com capacidade de até 64 gigabytes.[35] A discrepância se torna ainda mais evidente quando se colocam números à mesa: 1 *gigabyte* é composto por 1.024 *megabytes*.

Além do armazenamento tradicional, cumpre pontuar o surgimento de novas formas de conservação de dados, como o *pen drive*, o HD externo e a nuvem – mecanismos que arquivam informações em ambiente extrínseco, ampliando a capacidade de armazenamento dos computadores e, por consequência, as informações disponíveis aos seus usuários.

Assim, diante dos custos mínimos ou, até mesmo, inexistentes de memorização de dados, torna-se cômodo e conveniente ao internauta recorrer ao armazenamento virtual, "não havendo razão ou incentivo, economicamente falando, para ter de decidir entre lembrar ou esquecer".[36] Reitera-se, pois, o paradigma contemporâneo segundo o qual o esquecimento seria a exceção, enquanto a lembrança – oriunda do armazenamento ilimitado –, a regra. Por tais motivos, a introdução de novos instrumentos tecnológicos de armazenamento externo também figura como um desafio a ser enfrentado pelo direito ao esquecimento, na medida em que potencializa a influência do passado sobre o presente.

No ponto, releva mencionar, ainda que brevemente, a polêmica difusão das *fake news* no contexto do superinformacionismo virtual. Linhas gerais, afiguram-se como tendências contemporâneas a recepção acrítica e o subsequente compartilhamento em cadeia, *ad infinitum*, de informações falsas, fruto de distorções da realidade fática, com o objetivo precípuo de (i) provocar confusão mental; (ii) desviar para si apoio político; (iii) denegrir ou exaltar personalidade pública; e, até mesmo, (iv) por puro divertimento. Para tanto, os disseminadores de tais notícias costumam se valer de um exagerado sensacionalismo – recurso linguístico que funciona como *gatilho*

---

[35] COSTA, Israel Reis. *A evolução dos dispositivos de armazenamento de dados na perspectiva da história*. Universidade Federal do Maranhão. Trabalho de Conclusão de Curso de Licenciatura em Informática. Orientador: Profa. Dra. Liliane Faria Corrêa Pinto. Maranhão, 2017, p. 20.

[36] CARVALHO, Igor Chagas de. *Direito ao esquecimento*: Reação à expansão sistêmica dos meios de comunicação de massa? Universidade de Brasília. Dissertação de Mestrado em Direito. Orientador: Prof. Dr. Marcelo da Costa Pinto Neves. Brasília, 2016, p. 46.

de memória nos seus receptores. Dessa forma, pode-se facilmente concluir que o reavivamento fervoroso de situações inverossímeis, absolutamente desconexas à realidade, no imaginário popular e nas grandes redes de comunicação acarreta irreversíveis prejuízos ao sujeito noticiado, porquanto dificultam em muito a efetivação de seus direitos da personalidade, em especial, o direito ao esquecimento.

Em sequência, Mayer-Schönberger traz à baila o conceito de *easy retrieval* para descrever um fenômeno moderno de facilitação do resgate das informações pessoais já disponibilizadas no ambiente virtual, o que decorre justamente de um processo de superação gradual do modelo analógico pelo digital, bem como de um barateamento expressivo dos custos de armazenamento.[37]

Com efeito, se a recuperação de informações contidas nos materiais impressos (*v.g.* livros, jornais e periódicos) dependia invariavelmente de uma localização sequencial dos dados, a partir de pesquisas dentro dos próprios documentos, a saber, nos índices dos escritos; por outro lado, o desenvolvimento dos meios de armazenamento digital permitiu a utilização de critérios de busca inteligentes, muito mais rápidos e até exteriores ao documento específico, seguindo parâmetros não sequenciais e absolutamente flexíveis de localização da informação desejada.[38] Portanto, verifica-se uma completa superação do modelo lento, custoso e complexo que consubstanciava o resgate de informações no âmbito dos suportes físicos, valendo especial destaque para as refinadas ferramentas de busca existentes no contexto hodierno, como é o caso dos termos indexados e das palavras-chave, que possibilitam a instantânea remissão do leitor, em um "clique", ao local exato onde foi disponibilizado o conteúdo.

Por fim, cumpre salientar que o desenvolvimento de redes digitais mundiais de computadores propiciou um alcance global (*global reach*, na terminologia original de Mayer-Schönberger) às bases de dados disponíveis no ambiente virtual, uma vez que tais bases

---

[37] MAYER-SCHÖNBERGER, Viktor. *Delete*: the virtue of forgetting in the digital age. Princeton: Princeton University Press, 2009, pp. 72 e ss.
[38] CARVALHO, Igor Chagas de. *Direito ao esquecimento*: Reação à expansão sistêmica dos meios de comunicação de massa? Universidade de Brasília. Dissertação de Mestrado em Direito. Orientador: Prof. Dr. Marcelo da Costa Pinto Neves. Brasília, 2016, p. 47.

podem ser facilmente localizadas por usuários residentes em qualquer parte do globo, dispensando-se a presença física do interessado na mesma circunscrição territorial da informação desejada.[39] Em verdade, no contexto digital, é o bastante que se verifiquem as respectivas conexões (a) do sujeito à rede de comunicação; e (b) desta última à base de dados que se pretende acessar.

Por via de mera consequência, aponta-nos Nicklas Luhmann que as redes de interconexão de operabilidade mundial permitem aos seus usuários, globalmente dispersos, a liberdade de compilar, avaliar e tornar novamente disponíveis os dados que um dia foram disponibilizados no sistema de comunicação de massa.[40] Nesse diapasão, com as mudanças havidas no ambiente virtual, os indivíduos testemunham uma progressiva erosão ou perda de controle sobre suas próprias informações pessoais, o que corresponde ao correlato ganho de poder informacional por parte de outros agentes midiáticos.[41]

Destarte, é imperioso salientar que os fenômenos de *easy retrieval* e *global reach* traduzem uma grave ameaça ao direito ao esquecimento, considerando que, no mundo digital, deixar o passado para trás ficou muito mais difícil: "A pessoa pode até ter esquecido, mas os outros não esqueceram o passado dela – e podem 'acessá-lo' e 'usá-lo' das formas mais variadas, inclusive mediante a compilação de ocorrências e dados de diferentes fontes".[42]

Em síntese apertada, o simples ato de requisitar a exclusão de informações pessoais da rede mundial de computadores (internet) jamais será uma garantia de sua definitiva exclusão.[43] Inclusive, é curioso notar que os sistemas atuais de *backup* ou "restauração"

---

[39] CARVALHO, Igor Chagas de. *Direito ao esquecimento*: Reação à expansão sistêmica dos meios de comunicação de massa? Universidade de Brasília. Dissertação de Mestrado em Direito. Orientador: Prof. Dr. Marcelo da Costa Pinto Neves. Brasilia, 2016, p. 48.

[40] LUHMANN, Niklas. *La sociedad de la sociedad*. México: Herder/Universidad Iberoamericana, 2007. p. 236.

[41] MAYER-SCHÖNBERGER, Viktor. *Delete*: the virtue of forgetting in the digital age. Princeton: Princeton University Press, 2009. p. 97.

[42] CARVALHO, Igor Chagas de. *Direito ao esquecimento*: Reação à expansão sistêmica dos meios de comunicação de massa? Universidade de Brasília. Dissertação de Mestrado em Direito. Orientador: Prof. Dr. Marcelo da Costa Pinto Neves. Brasília, 2016, p. 50.

[43] LIMA, Erik Noleta Kirk Palma. Direito ao esquecimento: discussão européia e sua repercussão no Brasil. *Revista de Informação Legislativa*, a. 50, n. 199, Brasília, jul./set. 2013, p. 280.

são capazes de resgatar, em poucos instantes, até mesmo os dados que foram deletados por iniciativa positiva do usuário, tendo em vista a impossibilidade prática de se afirmar, com asserção, que os provedores de conteúdo virtual (por exemplo, o Google) também apagaram aquela informação, tampouco se pode garantir que estas não foram copiadas, replicadas e disponibilizadas por terceiros.

Inobstante a todo o exposto, identifica-se ainda o anonimato como verdadeiro óbice à concretização do direito ao esquecimento no âmbito da internet. Isso porque a tela do computador serve, não raras vezes, como espécie de "máscara" ou invólucro opaco para os usuários da rede, incitando o cometimento de crimes virtuais e atos danosos a terceiros. No que diz respeito à salvaguarda dos direitos fundamentais à honra e à intimidade (direitos da personalidade), percebe-se que um eventual reavivamento de situações pretéritas, com propósito manifestamente doloso, quando hábil a causar prejuízos irreversíveis aos sujeitos noticiados, pode ser acobertado pelo véu da impunidade, uma vez que é de grande magnitude o desafio de se descobrir o responsável pelo dano, furtando-se o agente ofensor do cumprimento das sanções legais devidas.

4 A Lei Geral de Proteção de Dados Pessoais (Lei nº 13.709/18) e suas contribuições para o direito ao esquecimento

Aprovada em 2018, a Lei nº 13.709 representa um paradigma no que diz respeito à proteção de dados pessoais, contribuindo para uma ampla tutela de direitos fundamentais que outrora se encontravam desamparados. A Lei Geral de Proteção de Dados Pessoais é, em verdade, uma lapidação do Marco Civil da Internet, partindo de suas balizas e premissas para adentrar a um campo mais amplo e abrangente. Afinal, apesar de inovador, o Marco Civil da Internet dispõe unicamente acerca das relações estabelecidas em ambiente virtual (*online*), bem como alija-se do modo como os dados fornecidos pelos usuários poderiam ser empregados pelas empresas.

De maneira inovadora, a Lei Geral de Proteção de Dados Pessoais transcende o campo *online*, sendo sua operabilidade ampliada a qualquer operação de tratamento realizada por pessoa natural ou por pessoa jurídica de direito público ou privado, independentemente do meio, do país de sua sede ou do país onde estejam localizados os dados (art. 3º). É uma busca por conferir "uma ampla proteção ao cidadão e às situações existenciais mais importantes que são afetadas pelo tratamento de dados", o que permite vislumbrar a proteção destes como um verdadeiro direito fundamental autônomo, capaz de expressar a liberdade e a dignidade humana a ele inerentes.[44] Nesse sentido, a Lei nº 13.709 desempenha um papel de suma importância no que tange ao reequilíbrio de forças e à atribuição de protagonismo ao titular de dados pessoais, visto que suscita um olhar voltado ao "capitalismo de vigilância" – em que a violação da privacidade se torna um modelo negocial –, estabelecendo limites às iniquidades e aos abusos de tal sistema.[45]

Dentre os alicerces em que se funda, os quais são taxativamente elencados pelo art. 2º da Lei Geral de Proteção de Dados, tem-se o respeito à privacidade – lembre-se disto – e o livre desenvolvimento da personalidade, bem como a inviolabilidade da intimidade, da honra e da imagem do cidadão. De igual maneira, o art. 6º elenca os princípios a serem observados durante as atividades de tratamento de dados, dentre os quais estão o livre acesso, a transparência, a segurança e a não discriminação. Tais dispositivos traduzem um permanente diálogo entre a LGPD e a Constituição da República, bem como para com as balizas que a envolvem, "concretizando diversos princípios que anteriormente estavam pulverizados no sistema, mas que agora encontram uma matriz unitária e coerente na nova lei, que tem relevante papel estrutural".[46]

A partir de uma perfunctória leitura da Lei nº 13.709, percebe-se o patamar de centralidade ao qual a "privacidade" fora alçada pelo

---

[44] FRAZÃO, Ana. Objetivos e alcance da Lei Geral de Proteção de Dados. *In: Lei Geral de Proteção de Dados Pessoais e suas repercussões no direito brasileiro.* São Paulo: Thomson Reuters, 2019. p. 103.

[45] MEDON, Filipe. Resenha à obra Lei Geral de Proteção de Dados Pessoais e suas repercussões no direito brasileiro, de TEPEDINO, Gustavo; FRAZÃO, Ana; OLIVA, Milena Donato (Coord.). São Paulo: Thomson Reuters Brasil, 2019. *Revista Brasileira de Direito Civil*, v. 23, Belo Horizonte, 2020, p. 196-198.

[46] MEDON, Filipe. Resenha à obra Lei Geral de Proteção de Dados Pessoais e suas repercussões no direito brasileiro, de TEPEDINO, Gustavo; FRAZÃO, Ana; OLIVA, Milena Donato (Coord.). São Paulo: Thomson Reuters Brasil, 2019. *Revista Brasileira de Direito Civil*, v. 23, Belo Horizonte, 2020, p. 196.

legislador, reiterando – a todo momento – seu caráter fundamental (art. 17). De igual maneira, verifica-se ao longo do dispositivo uma tendência corrente de ressignificação desse conceito, considerando as particularidades de um contexto superinformacionista e tecnológico, de sorte que passa a ser concebida como "o direito de manter o controle sobre as próprias informações".[47] Não há como tratar de tal temática sem que se remeta ao direito ao esquecimento, na medida em que este é compreendido, muitas vezes, como um reflexo do direito à privacidade, adquirindo concretude ante as disposições inauguradas pela legislação em tela.

Dentre as problemáticas que pairam sobre o direito ao esquecimento, tem-se o argumento de ausência de fundamento normativo específico, motim de questionamentos quanto à sua aplicabilidade na esfera civil.[48] Tanto é assim que, em parecer apresentado pela Procuradoria-Geral de República em 2016, Rodrigo Janot defendeu que – à época – um "suposto direito a esquecimento [...] não encontra na jurisprudência nem na doutrina parâmetros seguros de definição, sem atuação do legislador", sendo "desprovidas de suficiente densidade normativa as conceituações oferecidas nos casos mencionados e na doutrina brasileira".[49]

Contudo, percebe-se que tal alegação de insuficiência normativa não mais prospera no ordenamento jurídico brasileiro. Ao instituir um microssistema de proteção, a Lei de Proteção de Dados concedeu ao direito ao esquecimento suficientes subsídios normativos para a sua aplicação e reconhecimento como um bem jurídico autônomo. Assentou-lhe, assim, sobre uma base jurídica sólida, garantidora de certa concretude e notada facilmente a partir de uma atuação hermenêutica do operador.

Inobstante a ausência de referência expressa ao termo "direito ao esquecimento", é evidente que este é corporificado a partir de diversos dispositivos ao longo da Lei nº 13.709, os quais

---

[47] RODOTÀ, Stefano. *A vida na sociedade da vigilância*: a privacidade hoje. Organização, seleção e apresentação de Maria Celina Bodin de Moraes. Tradução de Danilo Doneda e Luciana Cabral Doneda. Rio de Janeiro: Renovar, 2008. p. 92.
[48] BERGSTEIN, Laís; MARTINI, Sandra Regina. Aproximações entre o direito ao esquecimento e a Lei Geral de Proteção de Dados Pessoas (LGPD). *Revista Científica Disruptiva*, v. 1, n. 1, 2019, p. 164.
[49] BARROS, Rodrigo Janot Monteiro de. *Parecer nº 156.104/2016, PGR-RJMB*. Brasília, 2016. p. 37.

compartilham de um olhar voltado à tutela da privacidade e ao livre desenvolvimento da personalidade humana. Ainda que não cite explicitamente a expressão, parece que o legislador preferiu por adotar o termo "eliminação", compreendido como a "exclusão de dado ou de conjunto de dados armazenados em banco de dados, independentemente do procedimento empregado" (art. 5º, XIV). Apesar de não haver uma relação de equivalência entre tais expressões, isto é, não sendo estas sinônimas, subsiste uma relação de causa e consequência; afinal, a eliminação é instrumento por meio do qual perpassa a efetivação do direito ao esquecimento. Parece, portanto, que a intenção do legislador foi permitir uma maior operabilidade de eliminação dos dados, conferindo-lhe uma aplicação extensiva, não restrita unicamente às demandas atinentes ao direito ao esquecimento.

Destarte, a relevância da Lei Geral de Proteção de Dados para o tema recai mormente sobre a possibilidade do titular obter do controlador, a qualquer momento, a eliminação de dados pessoais por ele tratados com o seu consentimento, mediante requisição (art. 18). Parece, assim, que a premissa adotada acima é verdadeira, visto que o dispositivo em questão reitera a ideia de que a eliminação é meio a partir do qual se concretiza a vontade consciente do titular de não ter reavivadas situações passadas prejudiciais. Dessa maneira, ao condicionar a legitimidade da coleta e difusão de dados ao consentimento do titular, a Lei nº 13.709 reserva-lhe certo protagonismo, conferindo-lhe poder de controle e, por consequência, alijando-o de uma posição de mero "fornecedor de dados".[50] É uma maneira encontrada pelo legislador de suscitar e conservar a autodeterminação informativa, estritamente associada ao direito ao esquecimento e apta a tolher as iniquidades inerentes ao sistema.

Cabe pontuar que o consentimento para o tratamento de dados pessoais adquire roupagem distinta da concepção tradicional do direito contratual, não sendo mais representado – nas arrais do recorte metodológico em tela – como elemento "por meio do qual os indivíduos exprimem a sua vontade de contratar, dando

---

[50] RODOTÀ, Stefano. *A vida na sociedade da vigilância*: a privacidade hoje. Organização, seleção e apresentação de Maria Celina Bodin de Moraes. Tradução de Danilo Doneda e Luciana Cabral Doneda. Rio de Janeiro: Renovar, 2008. p. 76.

ciência uma a outra da sua intenção negocial".[51] Destarte, passa a ser compreendido como uma "manifestação livre, informada e inequívoca pela qual o titular concorda com o tratamento de seus dados pessoais para uma finalidade determinada" – *ex*. inciso XII do art. 5º da Lei nº 13.709. É, assim, estudado por parte da literatura jurídica como um ato unilateral, cujo efeito "é o de autorizar um determinado tratamento para os dados pessoas, sem estar diretamente vinculado a uma estrutura contratual".[52] Portanto, a noção contemporânea de consentimento, em sede de tratamento de dados pessoais, traduz a cara ideia de autodeterminação informacional do usuário, bem como o consolida como um essencial instrumento de legitimação.[53]

Ademais, não obstante a ausência de referência explícita, percebe-se que a Lei Geral de Proteção de Dados suscita o exercício ponderativo nos casos em que há colisão entre direitos fundamentais, exercício este inerente à apuração de concretude do direito ao esquecimento. O inciso IX, art. 7º, condiciona o tratamento de dados às hipóteses em que este seja meio necessário para atender aos interesses legítimos do controlador ou de terceiro, elencando como exceção o caso de prevalência de direitos e liberdades fundamentais do titular que exijam a proteção dos dados pessoais. Traduz, portanto, um olhar às particularidades do caso concreto, em que se ponderem direitos e garantias fundamentais, conferindo ao seu resultado aptidão de inviabilizar a transmissão, reprodução, distribuição e difusão de dados pessoais, que figuram como operações abrangidas pelo tratamento (art. 5º, X).

Outra contribuição relevante inaugurada pela Lei Geral de Proteção de Dados consiste no direito do titular de peticionar, perante a Autoridade Nacional de Proteção de Dados, quanto aos seus dados contra o controlador, opondo-se ao tratamento realizado com base nas hipóteses de dispensa de consentimento, alegando

---

[51] SANTOS, Orlando Gomes dos. *Contratos*. 26. ed. São Paulo: Forense, 2008. p. 55.
[52] DONEDA, Danilo. *Da privacidade à proteção de dados pessoais*. Rio de Janeiro: Renovar, 2006. p. 378.
[53] KRIEGER, Maria Victoria Antunes. *A análise do instituto do consentimento frente à Lei Geral de Proteção de Dados do Brasil (Lei nº 13.709/18)*. Universidade Federal de Santa Catarina. Trabalho de Conclusão de Curso. Orientador: Prof. Dr. Mikhail Vieira de Lorenzi Canceler. Florianópolis, 2019, p. 38.

o descumprimento ao disposto na lei (art. 18, §§1º e 2º). É um tendência contrária ao movimento de judicialização que enfrenta o direito brasileiro, tendo por finalidade viabilizar a concreção dos direitos dos titulares de dados – dentre os quais tem-se o direito ao esquecimento –, esquivando-os da morosidade do Poder Judiciário.

Apesar dessa tendência, a lei também dispõe quanto às demandas judiciais provenientes de danos causados pelos operadores e controladores. O art. 42 determina que estes são responsabilizados em razão do exercício de atividade de tratamento de dados pessoais que causem a outrem dano patrimonial, moral, individual ou coletivo, em violação à legislação de proteção de dados pessoais. Há, nesse sentido, uma clara aproximação do direito ao esquecimento, de sorte que, caso o reavivamento de situações pretéritas cause prejuízos ao titular dos dados, este passa a ter resguardado seu direito ao ressarcimento dos danos causados.

Do mesmo modo, prevê o dispositivo sanções administrativas aplicadas pela autoridade nacional aos agentes de tratamento de dados. Assim, o art. 52 estabelece que o cometimento de infrações às normas previstas pode ensejar desde uma simples advertência até multas que compreendem o montante de cinquenta milhões de reais. Dentre tais sanções, importa destacar a elencada no inciso VI, qual seja, "eliminação dos dados pessoais a que se refere a infração", de modo que, mais uma vez, evidencia-se o amparo jurídico fornecido pela Lei Geral de Proteção de Dados ao direito ao esquecimento – demonstrando ser errônea qualquer alegação em contrário.

Estabelecidas tais premissas, verifica-se que a Lei Geral de Proteção de Dados desempenha um papel fundamental no que tange ao tratamento dessas informações pessoais, contribuindo com um olhar voltado ao protagonismo do titular e à efetivação de seus direitos. Aliás, é justamente a centralidade atribuída à privacidade e ao consentimento que demonstra que a legislação perpassa, em diversos momentos, pela temática do direito ao esquecimento, mesmo que não o trate de maneira explícita. Nesse sentido, torna-se palpável o alicerce jurídico sobre o qual este se assenta, razão pela qual se afiguraria inverídica uma eventual alegação de ausência de fundamento normativo específico para o direito ao esquecimento no ordenamento brasileiro. Ora, ao suscitar um respeito à privacidade e ao livre desenvolvimento da personalidade humana, a Lei Geral de Proteção de Dados constitui uma base concreta o bastante para a recepção e amparo ao direito ao esquecimento, permitindo sua aplicação e efetivação em plena harmonia com os ditames e balizas que permeiam a Constituição da República.

5 Notas conclusivas

Através do presente estudo, constatou-se que o direito à evolução da tecnologia e as novas relações sociais travadas nos meios de comunicação de massa exigem-nos uma releitura dos valores jurídicos mais tradicionais, como os direitos à privacidade, à honra e à boa imagem, no sentido de preservar integralmente a previsão constitucional de salvaguarda da dignidade da pessoa humana. Em especial, o ambiente virtual demanda um olhar cauteloso ao denominado direito ao esquecimento, uma vez que o novo formato da rede mundial tem prejudicado a possibilidade de as pessoas gradualmente abandonarem o passado, reabrindo com facilidade dores, estigmas e feridas já anteriormente superados.

A temática do direito ao esquecimento reveste-se de ainda maior delicadeza quando a notícia pretérita se encontra divulgada na internet, em razão da facilidade com que conteúdos podem ser transmitidos, armazenados e acessados por terceiros. Assim, nos casos em que a informação estiver desatualizada, equivocada ou fora de contexto, a identidade do sujeito e sua imagem poderão ser transmitidas de forma falsa ou mesmo deformada, por incompatibilidade com suas atuais ou verdadeiras características, podendo causar danos irreparáveis ao indivíduo.

Pretendeu-se, logo de início, tornar cristalino ao leitor que o direito ao esquecimento jamais poderia ser utilizado como pretexto para a defesa de uma *censura velada*. Com efeito, não há qualquer hierarquia abstrata entre os direitos fundamentais da personalidade e da liberdade de imprensa, razão pela qual a retirada de dados pretéritos da mídia virtual só tem lugar quando um juízo de ponderação entre os princípios conflitantes concluir pela necessidade de tutela das legítimas expectativas do indivíduo no sentido de viver em estado de pleno sossego e de não ser lembrado por seus (mal)feitos do passado.

Em suma, afirma-se o direito ao esquecimento como uma legítima requisição do sujeito para retomar o domínio e poder de manipulação sobre as suas próprias informações pessoais num contexto de superinformacionismo, isto é, cenário em que a autodeterminação do titular no tratamento de seus dados tende a ser mitigada pela capacidade infinita de armazenamento dos dispositivos eletrônicos, dos provedores de conteúdo digital e, inclusive, de terceiros, também usuários da rede mundial de computadores. Preocupou-se, ainda, em mencionar os desafios que representam os fenômenos de digitização (*digitization*), do anonimato, da fácil recuperação de dados (*easy retrieval*) e o alcance global das informações disponibilizadas na rede (*global reach*).

Inobstante os desafios que enfrenta, aptos a desestabilizarem sua concretização, o direito ao esquecimento tem suas balizas reafirmadas e sua operabilidade consumada no ordenamento jurídico brasileiro com a promulgação da Lei Geral de Proteção de Dados Pessoais. A teor do exposto, resta nítido que o microssistema de proteção individual inaugurado pela LGPD institui um arcabouço jurídico farto para amparar o direito ao esquecimento, concedendo-lhe suficientes subsídios normativos para a sua aplicação no Brasil. Apesar de uma ausência de referência explícita, uma simples atuação hermenêutica do operador do direito permite inferir a presença do direito em tela ao longo de toda a Lei nº 13.709/2018, cujas disposições partilham de um olhar voltado à tutela da privacidade e ao livre desenvolvimento da personalidade humana.

Dessa maneira, ao inaugurar a possibilidade do titular obter do controlador a eliminação de dados pessoais por ele tratados com o seu consentimento (art. 18), bem como ao recorrer ao método de ponderação (art. 7º, IX) e estabelecer sanções ao descumprimento legal (art. 52), a Lei Geral de Proteção de Dados Pessoais garante concretude jurídica ao direito ao esquecimento, amparando-o e amenizando os desafios por ele enfrentados no contexto virtual hodierno.

Nesse sentido, não há que se falar que o julgamento do Recurso Extraordinário nº 1.010.606/RJ negou aplicabilidade ao direito ao esquecimento, mas, em verdade, concluiu pela necessidade de o intérprete constitucional atuar no caso concreto de maneira incisiva para salvaguardá-lo, garantindo, assim, tanto a plena eficácia à cláusula geral de tutela da pessoa humana constante da Constituição da República quanto a aplicação de previsões específicas dispostas em leis especiais ordinárias, como a Lei Geral de Proteção de Dados Pessoais (Lei nº 13.709/2018) – tudo isso a partir de provimento jurisdicional devidamente fundamentado, valendo-se da Lei de Ponderação para dirimir os eventuais conflitos entre, de um lado, a liberdade de imprensa e o direito à informação jornalística e, de outro, os direitos fundamentais à privacidade e à promoção da personalidade.

Referências

ALEXY, Robert. *Theorie der Grundrechtes*. 5. ed. 2006. Tradução de Virgílio Afonso Da Silva. São Paulo: Malheiros Editores, 2008.

BARROS, Rodrigo Janot Monteiro de. *Parecer nº 156.104/2016, PGR-RJMB*. Brasília, 2016.

BARROSO, Luís Roberto; BARCELLOS, Ana Paula de. Colisão entre liberdade de expressão e direitos da personalidade. Critérios de ponderação. Interpretação constitucionalmente adequada do código civil e da lei de imprensa. *Revista de Direito Administrativo*, n. 235, Rio de Janeiro, 2004.

BERGSTEIN, Laís; MARTINI, Sandra Regina. Aproximações entre o direito ao esquecimento e a Lei Geral de Proteção de Dados Pessoas (LGPD). *Revista Científica Disruptiva*, v. 1, n. 1, 2019.

BRASIL. *VI Jornada de Direito Civil*. Brasília: Conselho da Justiça Federal, Centro de Estudos Judiciários, 1112 mar. 2013.

BRASIL. Superior Tribunal de Justiça. *Recurso Especial nº 1.334.097/RJ*. Caso Chacina da Candelária vs. Rede Globo de Televisão: Ministro Luis Felipe Salomão. 28 maio 2013.

BRASIL. Superior Tribunal de Justiça. *Recurso Especial nº 1.335.153/RJ*. Caso Aída Curi vs. Rede Globo de Televisão: Ministro Luis Felipe Salomão. 28 maio 2013.

BRASIL. Supremo Tribunal Federal. *Recurso Extraordinário nº 1.010.606/RJ*. Caso Aída Curi vs Rede Globo de Televisão: Tribunal do Pleno. Ministro Dias Toffoli. 11 fev. 2021.

CARVALHO, Igor Chagas de. *Direito ao esquecimento*: Reação à expansão sistêmica dos meios de comunicação de massa? Universidade de Brasília. Dissertação de Mestrado em Direito. Orientador: Prof. Dr. Marcelo da Costa Pinto Neves. Brasília, 2016.

CORDEIRO, Carlos José; PAULA NETO, Joaquim José de. A concretização de um novo direito da personalidade: o direito ao esquecimento. *Civilistica.com*, a. 4, n. 2, 2015. Disponível em: http://civilistica.com/a-concretizacao-de-um-novo-direito-da-personalidade/. Acesso em: 28 dez. 2020.

COSTA, Israel Reis. *A evolução dos dispositivos de armazenamento de dados na perspectiva da história*. Universidade Federal do Maranhão. Trabalho de Conclusão de Curso de Licenciatura em Informática. Orientador: Profa. Dra. Liliane Faria Corrêa Pinto. Maranhão, 2017.

DONEDA, Danilo. *Da privacidade à proteção de dados pessoais*. Rio de Janeiro: Renovar, 2006.

DOTTI, René Ariel. *Proteção da vida privada e liberdade de informação*: possibilidades e limites. São Paulo: Revista dos Tribunais, 1980.

FARIAS, Edilsom Pereira de. *Colisão de direitos. A honra, a intimidade, a vida privada e a imagem versus a liberdade de expressão e de informação*. Porto Alegre: 1996.

FLORÊNCIO, J. Abrusio. Direito ao esquecimento na Internet. *In*: MESSA, A. F.; THEOPHILO NETO, N.; THEOPHILO JUNIOR, R. (Org.). *Sustentabilidade ambiental e os novos desafios na era digital*. São Paulo: Saraiva, 2011. p. 203-220.

FRAZÃO, Ana. Objetivos e alcance da Lei Geral de Proteção de Dados. *In: Lei Geral de Proteção de Dados Pessoais e suas repercussões no direito brasileiro*. São Paulo: Thomson Reuters, 2019.

KRIEGER, Maria Victoria Antunes. *A análise do instituto do consentimento frente à Lei Geral de Proteção de Dados do Brasil (Lei nº 13.709/18)*. Universidade Federal de Santa Catarina. Trabalho de Conclusão de Curso. Orientador: Prof. Dr. Mikhail Vieira de Lorenzi Cancelier. Florianópolis, 2019.

LIMA, Erik Noleta Kirk Palma. Direito ao esquecimento: discussão européia e sua repercussão no Brasil. *Revista de Informação Legislativa*, a. 50, n. 199, Brasília, jul./set. 2013, p. 271-283.

LUHMANN, Niklas. *La sociedad de la sociedad*. México: Herder/Universidad Iberoamericana, 2007.

MARTINO, Luís Mauro Sá. *Teoria das mídias digitais*: linguagens, ambientes, redes. 2. ed. Petrópolis: Vozes, 2015.

MAYER-SCHÖNBERGER, Viktor. *Delete*: the virtue of forgetting in the digital age. Princeton: Princeton University Press, 2009.

MEDON, Filipe. Resenha à obra Lei Geral de Proteção de Dados Pessoais e suas repercussões no direito brasileiro, de TEPEDINO, Gustavo; FRAZÃO, Ana; OLIVA, Milena Donato (Coord.). São Paulo: Thomson Reuters Brasil, 2019. *Revista Brasileira de Direito Civil*, v. 23, Belo Horizonte, 2020.

MENDES, Gilmar Ferreira. Colisão de direitos fundamentais: liberdade de expressão e de comunicação e direito à honra e à imagem. *Revista de Informação Legislativa*, a. 31, n. 122, Brasília, maio/jul. 1994, p. 297-301.

PRIMO, Alex. Fases do desenvolvimento tecnológico e suas implicações nas formas de ser, conhecer e comunicar e produzir em sociedade. *In*: PRETTO, Nelson de Luca; SILVEIRA, Sérgio Amadeu. *Além das redes de colaboração*: internet, diversidade cultural e tecnologias do poder. Salvador: EDUFBA, 2008.

RODOTÀ, Stefano. *A vida na sociedade da vigilância*: a privacidade hoje. Organização, seleção e apresentação de Maria Celina Bodin de Moraes. Tradução de Danilo Doneda e Luciana Cabral Doneda. Rio de Janeiro: Renovar, 2008.

SANTOS, Orlando Gomes dos. *Contratos*. 26. ed. São Paulo: Forense, 2008.

SARLET, Ingo Wolfgang. *A eficácia dos direitos fundamentais*: uma teoria geral dos direitos fundamentais na perspectiva constitucional. 11. ed. rev. atual. Porto Alegre: Livraria do Advogado Editora, 2012.

SARLET, Ingo Wolfgang. Tema da moda, direito ao esquecimento é anterior à internet. *Consultor Jurídico*, 2015. Disponível em: http://www.conjur.com.br/2015-mai-22/direitos-fundamentais-tema-moda-direito-esquecimento-anterior-internet. Acesso em: 25 dez. 2020.

SCHREIBER, Anderson. As três correntes do direito ao esquecimento. *Revista JOTA*, 2017. Disponível em: https://www.jota.info/opiniao-e-analise/artigos/as-tres-correntes-do-direito-ao-esquecimento-18062017. Acesso em: 28 dez. 2020.

SCHREIBER, Anderson. *Direitos da personalidade*. 3. ed. São Paulo: Atlas, 2014.

SILVA, Lucas Gonçalves da; CARVALHO, Mariana Amaral. Direito ao esquecimento na sociedade da informação: análise dos direitos fundamentais no meio ambiente digital. *Revista Brasileira de Direitos e Garantias Fundamentais*, v. 3, n. 2, Maranhão, 2017, p. 66-86.

VANSINA, Jan. A tradição oral e sua metodologia. *In*: KI-ZERBO, Joseph (Editor). *História Geral da África*: Metodologia e pré-história da África. v. 1. 2. ed. Brasília: UNESCO, 2010.

Informação bibliográfica deste texto, conforme a NBR 6023:2018 da Associação Brasileira de Normas Técnicas (ABNT):

ABREU, Jaime Ferreira; CALIL, Igor Gava Mareto; ASSEF, Lara Abreu. Os desafios do direito ao esquecimento e a rápida velocidade de transmissão de informações no âmbito da internet. *In*: BUFULIN, Augusto Passamani (Coord.). *Questões atuais de Direito Privado*. Belo Horizonte: Fórum, 2022. p. 63-89. ISBN 978-65-5518-301-6.

A PROTEÇÃO DOS DIREITOS AUTORAIS NO AMBIENTE VIRTUAL

AUGUSTO PASSAMANI BUFULIN
VITOR AMM TEIXEIRA

1 Introdução

O avanço tecnológico tem alterado rapidamente a estrutura das relações interpessoais e informacionais, proporcionando aos indivíduos cada vez mais formas de ação e comunicação, principalmente através do ambiente virtual.

Se, por um lado, o acesso à informação e a facilidade de interação entre os indivíduos proporcionados pela internet podem ser considerados positivos, por outro a facilidade de violação de direitos autorais através das cópias e reproduções não autorizadas é algo que merece atenção do ordenamento jurídico.

Os direitos autorais foram consolidados em uma época completamente diversa da atual, na qual inexistiam tecnologias que proporcionavam o compartilhamento de informações na intensidade que se tem hoje, com facilidade de alteração e reprodução de conteúdo de maneira instantânea. Esse abismo entre o cenário em que foi concebida a legislação protetiva dos direitos autorais inicialmente e o atual contexto de instantaneidade tanto de acesso quanto de reprodução das informações no ambiente digital colocam em risco a proteção eficaz desses direitos.

O presente trabalho, portanto, visa fazer uma breve análise sobre os meios de proteção dos direitos autorais no ordenamento jurídico brasileiro, na tentativa de demonstrar se a legislação vigente é suficiente ou não para tutelar de forma efetiva as eventuais violações desses direitos.

Para tanto, inicialmente far-se-á um breve panorama geral acerca da legislação voltada à proteção dos direitos autorais no ordenamento jurídico brasileiro, que, basicamente, é regida pela

Lei Federal nº 9.610, de 19 de fevereiro de 1998, demonstrando-se, também, a omissão da Lei do Marco Civil da Internet no tocante à tratativa desses direitos.

Em seguida, passa-se à abordagem acerca das violações dos direitos autorais no contexto do ambiente digital, ambiente este que é marcado atualmente pela facilidade de acesso e compartilhamento pelos indivíduos das produções intelectuais em razão do rápido avanço tecnológico.

Por fim, demonstrar-se-á que a legislação específica vigente não regulamenta de maneira satisfatória a tutela dos direitos autorais em virtude de não ter conseguido acompanhar o rápido desenvolvimento tecnológico de modo a tutelar as situações jurídicas e proteger de maneira eficaz tais direitos no âmbito da internet.

2 A proteção dos direitos autorais

A concepção de direito autoral busca regulamentar as normas indispensáveis à proteção do autor em suas criações, com o fito de proteger os interesses morais, bem como os interesses econômicos provenientes da utilização dessas criações, conforme exemplifica Carlos Alberto Bittar:

> As relações regidas por esse direito nascem com a criação da obra, exsurgindo, do próprio ato criador, direitos respeitantes à sua face pessoal (como os direitos de paternidade, de nominação, de integridade da obra) e, de outro lado, com sua comunicação ao público, os direitos patrimoniais (distribuídos por grupos de processos, a saber, os de representação e os de reprodução da obra, como, por exemplo, para as músicas, os direitos de fixação gráfica, de gravação, de inserção em fita, de inserção em filme, de execução e outros).[1]

O bem jurídico tutelado, conforme exposto pelo supracitado autor, advém do momento em que há a exteriorização da obra deste, tendo em vista que seria impossível tutelar os pensamentos ou ideais do autor.

---

[1] BITTAR, Carlos Alberto. *Direito do Autor*. 4. ed. rev. ampl. atual. Rio de Janeiro: Forense Universitária, 2003. p. 8.

A criação intelectual é exteriorizada em duas vertentes, uma representando os interesses morais, que detêm natureza pessoal e vinculam moralmente o autor e sua respectiva obra, e outra referente aos interesses patrimoniais, que se materializam diante da percepção de proveitos econômicos decorrentes dessa obra:

> Os direitos autorais, também conhecidos como copyright (direito de cópia), são considerados bens móveis, podendo ser alienados, doados, cedidos ou locados. A permissão a terceiros de utilização de criações artísticas é direito do autor. O autor de obra é titular de direitos morais – reconhecimento de sua criação, ideias, personalidade e trabalho –; direito à integridade da obra – consistente da impossibilidade de alteração sem seu expresso consentimento –; e direitos patrimoniais – exploração comercial de sua obra, dependendo de autorização qualquer forma de sua utilização. Assim, caso ocorra ofensa a esses direitos constitucionalmente consagrados, cumulam-se indenizações por dano moral e material.[2]

A vertente moral do direito autoral tem como escopo preservar a personalidade do autor como reconhecimento do seu esforço criativo, uma vez que é por meio da materialização desse esforço que se externa a personalidade do autor.[3]

Já em relação ao direito patrimonial, este surge quando o autor comunica, publica a obra, lançando mão dessa da forma que melhor se adequa ao seu interesse econômico. Esse direito, portanto, decorre da exclusividade que é dada ao autor para explorar economicamente a obra da forma que melhor entender.[4]

Esses direitos advindos da criação de cunho intelectual são protegidos desde a Declaração Universal dos Direitos Humanos, adotada e proclamada pela Assembleia Geral das Nações Unidas (Resolução 217 A III), em 10 de dezembro de 1948, que, em seu art. XXVII, previu que:

> Toda pessoa tem o direito de participar livremente da vida cultural da comunidade, de fruir as artes e de participar do processo científico e

---

[2] MORAES, Alexandre de. *Constituição do Brasil interpretada e legislação constitucional.* 7. ed. Atualizada até a EC nº 55/07. São Paulo: Atlas, 2007. p. 218.
[3] BITTAR, Carlos Alberto. *Direito do Autor.* 4. ed. rev. ampl. atual. Rio de Janeiro: Forense Universitária, 2003. p. 46.
[4] BITTAR, Carlos Alberto. *Direito do Autor.* 4. ed. rev. ampl. atual. Rio de Janeiro: Forense Universitária, 2003. p. 49.

de seus benefícios. Toda pessoa tem direito à proteção dos interesses morais e materiais decorrentes de qualquer produção científica, literária ou artística da qual seja autor.[5]

A Constituição Federal de 1988, no mesmo sentido, consagrou nos incisos XXVII e XXVIII do art. 5º a tutela da propriedade intelectual,[6] garantindo aos autores o direito exclusivo de utilizar, publicar ou reproduzir suas obras.

No tocante à legislação infraconstitucional, a proteção dos direitos autorais é regulamentada pela Lei Federal nº 9.610, de 19 de fevereiro de 1998, também conhecida como Lei de Direitos Autorais. O referido diploma legal altera, atualiza e consolida a legislação existente, trazendo em seu art. 7º um rol de abrangência das obras que devem ser protegidas, a exemplo dos textos de obras literárias, dramáticas e coreográficas, as composições musicais, ilustrações, pinturas, esculturas, entre outras hipóteses previstas nos respectivos incisos do art. 7º.

Diferentemente do direito à propriedade industrial, a proteção aos direitos autorais independe de registro, conforme previsto expressamente no art. 18 da Lei de Direitos Autorais. Logo, o direito em questão deve ser protegido ainda que o autor não registre em seu nome as obras intelectuais arroladas no art. 7º da mesma lei.

Da mesma maneira que a Lei de Direitos Autorais protege o direito do autor, ela também salvaguarda os direitos conexos, ao estabelecer em seu art. 89 que "as normas relativas aos direitos de autor aplicam-se, no que couber, aos direitos dos artistas intérpretes ou executantes, dos produtores fonográficos e das empresas de radiodifusão".

---

[5] ONU. "*Declaração Universal dos Direitos Humanos*" (217 [III] A). Paris. 1948. Disponível em: http://www.dhnet.org.br/dados/cursos/dh/br/sc/scdh/parte2/xxx/27.html. Acesso em: 20 dez. 2020.

[6] Art. 5º, XXVII – aos autores pertence o direito exclusivo de utilização, publicação ou reprodução de suas obras, transmissível aos herdeiros pelo tempo que a lei fixar;
Art. 5º, XXVIII – são assegurados, nos termos da lei:
a) a proteção às participações individuais em obras coletivas e à reprodução da imagem e voz humanas, inclusive nas atividades desportivas;
b) o direito de fiscalização do aproveitamento econômico das obras que criarem ou de que participarem aos criadores, aos intérpretes e às respectivas representações sindicais e associativas.

Lado outro, de modo a facilitar a compreensão do objeto da mencionada lei, o art. 8º traz um rol das hipóteses que não constituem objeto de proteção dos direitos autorais, a exemplo das ideias, procedimentos normativos, planos ou negócios para realizar atos mentais, textos de tratados, convenções, leis, decretos ou ainda as informações de uso comum.

Em que pese o avanço normativo com o advento da Lei Federal nº 9.610/98 no que tange à proteção dos direitos de propriedade intelectual, impõe destacar que, ao tempo de sua publicação até os dias atuais, houve grande avanço tecnológico, ampliando-se as relações inseridas no ambiente virtual, o que também ocasionou a ampliação das formas de violação não só dos direitos autorais, mas também do direito à privacidade, à liberdade e à igualdade, demandando uma criação legislativa compatível com o referido avanço.[7]

No ano de 2014, foi promulgada a Lei Federal nº 12.965, de 23 de abril de 2014, também conhecida como a Lei do Marco Civil da Internet, que estabelece princípios, garantias, direitos e deveres para o uso da internet no Brasil. A Lei do Marco Civil da Internet dispõe sobre as garantias de segurança e de privacidade dos usuários da rede mundial de computadores. Dentre essas garantias, destaca-se a inviolabilidade da intimidade da vida privada, das comunicações pela internet e das comunicações privadas nela armazenadas, previstas no art. 7º da lei em comento.

É inequívoca a contribuição da Lei do Marco Civil da Internet para a regulamentação do uso da internet no país, de modo a proporcionar um ambiente virtual mais democrático, visando coibir eventuais violações à privacidade, intimidade e liberdade das pessoas. Contudo, no que diz respeito aos direitos de propriedade intelectual em si, o citado diploma legal não proporcionou grandes inovações.

Como exemplo, cite-se o art. 19, §2º, da Lei do Marco Civil, que condiciona a aplicação de eventuais sanções ao provedor de

---

[7] Sérgio Vieira Branco Júnior destaca a importância de se refletir acerca da adequação dos mecanismos de tutela das obras protegidas por direitos autorais no contexto das novas tecnologias, do desenvolvimento tecnológico (BRANCO JÚNIOR, Sérgio Vieira. *Direitos autorais na internet e o uso de obras alheias*. 2007. p. 20. Disponível em: http://bibliotecadigital. fgv.br/dspace/bitstream/handle/10438/2832/Sergio%20Branco%20%20Direitos%20 Autorais%20na%20Internet.pdf?sequence=1&isAllowed=y. Acesso em: 19 dez. 2020).

internet pela violação aos direitos autorais à previsão legal específica. Ademais, por força do art. 31 da mesma lei, até que haja lei específica para tal sanção, as violações aos direitos autorais previstos no art. 19, §2º, continuarão a ser disciplinadas pela Lei Federal nº 9.610/98.

Assim, apesar de a Lei do Marco Civil da Internet tratar a respeito dos crimes relacionados à violação da privacidade, intimidade e liberdade, não há previsão acerca dos crimes relativos aos direitos autorais, a exemplo do plágio e da pirataria, os quais devem ser tratados em legislação específica. Simone Lahorgue Nunes faz uma crítica a respeito do Marco Civil da Internet em relação aos direitos autorais:

> A legislação autoral vigente – Lei nº 9.610 de 19 de fevereiro de 1998 – não trata especificamente deste tema; quando de sua discussão, tal regulamentação não se fazia necessária devido ao ainda incipiente estágio de desenvolvimento do ambiente digital. Sendo o direito autoral um direito fundamental e humano, assim qualificado nas normas brasileira e internacional, outra não pode ser a interpretação das mal traçadas linhas do Marco da Internet que a da responsabilização do provedor de acesso que não atender a requerimento do titular dos direitos autorais para retirar da rede conteúdo que viole seus direitos.[8]

Todavia, a Lei Federal nº 9.610/98, que regulamenta a tratativa dos direitos autorais, foi editada em um cenário diverso da atual sociedade da informação, cuja velocidade de transmissão das informações é completamente diversa hodiernamente. Isso demonstra a necessidade de se editar uma nova lei para tratar do tema, de modo a tutelar as eventuais violações aos direitos sobre a propriedade intelectual no ambiente virtual, a exemplo do plágio e da pirataria, uma vez que a legislação atual não contempla os referidos direitos.

3 A violação dos direitos autorais no ambiente virtual

Conforme visto anteriormente, a sociedade atual contempla grandes avanços nas relações informacionais diante da facilidade

---

[8] NUNES. Simone Lahorgue. *O marco civil na internet e o direito autoral*. Disponível em: http://www.levysalomao.com.br/publicacoes/Boletim/o-marco-civil-da-interneteo-direito-autoral. Acesso em: 20 dez. 2020.

de acesso aos conteúdos disponibilizados na rede mundial de computadores. Essa rápida alteração no contexto das informações passou a exigir do ordenamento jurídico a devida normatização dessas relações.[9]

No mesmo trilhar, a facilidade de acesso e compartilhamento das produções intelectuais também é crescente, o que deixa os direitos dos autores cada vez mais suscetíveis a eventuais violações, principalmente em relação às cópias ou plágio e ao compartilhamento ilegal de arquivos.

O plágio é representado pelo ato de assinar ou apresentar uma obra intelectual de terceiro como se fosse de si próprio. A respeito da violação de direito autoral por plágio, José Carlos Costa Netto afirma ser esse o pior tipo de usurpação intelectual:

> Nesse sentido, reafirmamos que certamente o crime de plágio representa o tipo de usurpação intelectual mais repudiado por todos: por sua malícia, sua dissimulação, pela consciente e intencional má-fé do infrator em se apropriar, como se de sua autoria fosse, obra intelectual (normalmente já consagrada) que sabe não ser sua.[10]

O plágio pode ou não ofender eventuais direitos patrimoniais do autor, a exemplo das obras presentes em domínio público, mas certamente atinge a moral do autor, aquela que resguarda o direito de nominação e paternidade da obra.[11]

Já o compartilhamento ilegal de arquivos é outro tipo de violação muito comum aos direitos de autor na internet, ocorrendo, normalmente, através de *downloads* ilegais, sem a necessária anuência do autor do conteúdo.

---

[9] MOREIRA, Fábio Lucas. Da "sociedade informática" de Adam Schaff ao estabelecimento dos fundamentos e princípios do marco civil da Internet (PL 2.126/2011). In: MARQUES, Jader; SILVA, Maurício Faria da (Org.). *O Direito na Era Digital*. Porto Alegre: Livraria do Advogado, 2012. p. 16.

[10] COSTA NETTO, José Carlos. *Estudos e pareceres de direito autoral*. Rio de Janeiro: Forense, 2015. p. 193.

[11] BIANCAMANO, Manuela Gomes Magalhães. *Plágio no direito autoral*: indústria cultural e contributo mínimo de originalidade na telenovela. 2014. 183 f. Dissertação (Mestrado em Direito) – Programa de Pós-Graduação em Direito, Universidade Federal de Santa Catarina, Santa Catarina, 2014, p. 62-63. Disponível em: https://repositorio.ufsc.br/xmlui/bitstream/handle/123456789/134912/334226.pdf?sequence=1&isAllowed=y. Acesso em: 21 dez. 2020.

Nesse caso, a dificuldade encontra-se na identificação do usuário que disponibilizou o acesso ao conteúdo de forma indevida no ambiente virtual, pois a propagação das informações e dos conteúdos na internet se dá de modo extremamente rápido e fácil. Essa rapidez na propagação de conteúdo no ambiente digital tem como consequência a vulnerabilidade e a dificuldade de controle sobre a propriedade intelectual do autor.

Diante desse cenário, Carlos Alberto Bittar[12] esclarece que, na sociedade da informação, os direitos autorais não podem constituir entraves ao desenvolvimento social e econômico, contudo, também não podem demonstrar uma fragilidade de regulação a ponto de deixar os próprios autores desprotegidos no mundo digital.

Em razão disso, torna-se importante encontrar um ponto de equilíbrio entre a garantia de acesso à informação e a proteção dos direitos de autor no ambiente digital.

4 A tutela dos direitos autorais nas mídias digitais

Ainda que a legislação específica vigente não regulamente de maneira satisfatória a tutela dos direitos autorais, ao se ter ciência do infrator – o que normalmente é de difícil descoberta –, é possível buscar a responsabilização do autor dos fatos nas esferas cível e criminal.

Para além da possibilidade de reparação dos eventuais danos causados, esclarece-se que os direitos autorais podem ser resguardados também na esfera administrativa como forma de se evitarem as violações. No cenário administrativo, os direitos autorais no contexto do ambiente digital podem ser protegidos por meio do registro e da menção de reserva, procedimento este facultativo – não obrigatório – e que viabiliza maior segurança ao titular do direito autoral.[13]

Nos casos em que há violação dos direitos em questão e, nesse caso, sendo identificado o infrator, é possível, na esfera cível,

---

[12] BITTAR, Carlos Alberto. *Direito do Autor*. 4. ed. rev. ampl. atual. Rio de Janeiro: Forense Universitária, 2003. p. 39-40.

[13] BITTAR, Carlos Alberto. *Direito do Autor*. 4. ed. rev. ampl. atual. Rio de Janeiro: Forense Universitária, 2003. p. 151.

o ajuizamento da respectiva ação de reparação de danos materiais e morais pelo autor, com o fito de reparar os eventuais danos causados em decorrência dessa violação, atentando-se ao prazo prescricional de três anos previsto no art. 206, §3º, inciso V, do Código Civil de 2002.

Além disso, no tocante à esfera penal, o Código Penal estabelece um tipo penal próprio aos ilícitos provenientes das violações dos direitos autorais. O art. 184 do Código Penal prevê a pena de detenção de 3 (três) meses a 1 (um) ano, ou multa, para aquele que violar direitos de autor e os que lhe são conexos. Caso essa violação consistir em reprodução – total ou parcial – com o intuito de lucro direto ou indireto, o §1º do mesmo artigo estabelece pena de reclusão de 2 (dois) a 4 (quatro) anos e multa.

Nesse cenário, percebe-se que, de certa maneira, há alguns mecanismos de proteção dos direitos autorais nas esferas administrativa, cível e criminal. Contudo, conforme restou demonstrado, a Lei Federal nº 9.610/98, que trata dos referidos direitos, não conseguiu acompanhar o rápido desenvolvimento tecnológico de modo a regular as situações jurídicas e proteger de maneira eficaz os direitos e deveres dos usuários da internet.

Assim como foi feito na Lei do Marco Civil da Internet em relação às violações à privacidade, intimidade e liberdade das pessoas na internet, a mesma atenção deve ser dada aos direitos autorais, que hoje padecem de uma regulamentação relativa às situações jurídicas no ambiente virtual.

Eis, portanto, o grande desafio de se positivar uma nova legislação que consiga acompanhar essa dinâmica evolução da tecnologia para que seja possível a regulamentação satisfatória e eficiente dos direitos e deveres dos usuários do ambiente digital, sobretudo no que diz respeito aos direitos autorais, que hoje carecem de uma normativa adequada à sociedade da informação.

5 Considerações finais

Em análise à legislação vigente, embora a Lei Federal nº 9.610/98 tenha como objeto a proteção dos direitos autorais, percebe-se que ela não conseguiu acompanhar o atual desenvolvimento tecnológico em ritmo acelerado, o qual proporcionou e cada vez mais proporciona o acesso e compartilhamento instantâneo das informações e dos conteúdos disponibilizados no ambiente digital.

A Lei do Marco Civil da Internet, por sua vez, em que pese trate da maneira devida, por exemplo, acerca da inviolabilidade da intimidade da vida privada, das comunicações pela internet e das comunicações privadas nela armazenadas – representando uma expressiva contribuição à regulamentação do uso da internet no país – não traz inovações em relação à proteção dos direitos autorais.

Sem dúvidas, a facilidade de acesso e compartilhamento das informações disponibilizadas no âmbito da internet é útil à "sociedade da informação". Todavia, conforme demonstrado, é justamente essa facilidade que torna os direitos autorais mais suscetíveis a violações. Essa situação de vulnerabilidade pode ser percebida tanto nas situações de cópias e compartilhamentos ilegais de conteúdos quanto na dificuldade de identificação dos infratores desses direitos.

Esse cenário, portanto, remete à necessidade de se repensarem os mecanismos de proteção dos direitos autorais, levando-se em consideração a insuficiência da legislação atual para prevenir ou sancionar as violações dos direitos de autor no ambiente digital atualmente.

Referências

BIANCAMANO, Manuela Gomes Magalhães. *Plágio no direito autoral*: indústria cultural e contributo mínimo de originalidade na telenovela. 2014. 183 f. Dissertação (Mestrado em Direito) – Programa de Pós-Graduação em Direito, Universidade Federal de Santa Catarina, Santa Catarina, 2014, p. 62-63. Disponível em: https://repositorio.ufsc.br/xmlui/bitstream/handle/123456789/134912/334226.pdf?sequence=1&isAllowed=y. Acesso em: 21 dez. 2020.

BITTAR, Carlos Alberto. *Direito do Autor*. 4. ed. rev. ampl. atual. Rio de Janeiro: Forense Universitária, 2003.

BRANCO JÚNIOR, Sérgio Vieira. *Direitos autorais na internet e o uso de obras alheias*. 2007. p. 20. Disponível em: http://bibliotecadigital.fgv.br/dspace/bitstream/handle/10438/2832/Sergio%20Branco%20%20Direitos%20Autorais%20na%20Internet.pdf?sequence=1&isAllowed=y. Acesso em: 19 dez. 2020

BRASIL. *Constituição da República Federativa do Brasil de 1988*. Disponível em: http://www.planalto.gov.br/ccivil_03/constituição/constituicaocompilado.htm. Acesso em: 19 dez. 2020.

BRASIL. *Lei nº 9.610, de 19 de fevereiro de 1998.* Altera, atualiza e consolida a legislação sobre direitos autorais e dá outras providências. Disponível em: http://www.planalto.gov.br/ccivil_03/leis/l9610.htm. Acesso em: 20 dez. 2020.

BRASIL. *Lei nº 12.965, de 23 de abril de 2014.* Estabelece princípios, garantias, direitos e deveres para o uso da Internet no Brasil. Disponível em: http://www.planalto.gov.br/ccivil_03/_ato2011-2014/2014/lei/l12965.htm. Acesso em: 19 dez. 2020.

COSTA NETTO, José Carlos. *Estudos e pareceres de direito autoral.* Rio de Janeiro: Forense, 2015.

MORAES, Alexandre de. *Constituição do Brasil interpretada e legislação constitucional.* 7. ed. Atualizada até a EC nº 55/07. São Paulo: Atlas, 2007.

MOREIRA, Fábio Lucas. Da "sociedade informática" de Adam Schaff ao estabelecimento dos fundamentos e princípios do marco civil da Internet (PL 2.126/2011). *In*: MARQUES, Jader; SILVA, Maurício Faria da (Org.). *O Direito na Era Digital.* Porto Alegre: Livraria do Advogado, 2012.

NUNES, Simone Lahorgue. *O marco civil na internet e o direito autoral.* Disponível em: http://www.levysalomao.com.br/publicacoes/Boletim/o-marco-civil-da-interneteo-direito-autoral. Acesso em: 20 dez. 2020.

ONU. *"Declaração Universal dos Direitos Humanos"* (217 [III] A). Paris. 1948. Disponível em: http://www.dhnet.org.br/dados/cursos/dh/br/sc/scdh/parte2/xxx/27.html. Acesso em: 20 dez. 2020.

Informação bibliográfica deste texto, conforme a NBR 6023:2018 da Associação Brasileira de Normas Técnicas (ABNT):

BUFULIN, Augusto Passamani; TEIXEIRA, Vitor Amm. A proteção dos direitos autorais no ambiente virtual. *In*: BUFULIN, Augusto Passamani (Coord.). *Questões atuais de Direito Privado.* Belo Horizonte: Fórum, 2022. p. 91-101. ISBN 978-65-5518-301-6.

LIBERDADE DE EXPRESSÃO E ABUSO DE DIREITO NA INTERNET

RENZO GAMA SOARES
PAULO ANTONIO MARQUES MOTTA

1 Introdução

A ponderação quando há colisão entre preceitos constitucionalmente garantidos como direitos fundamentais inerentes à condição humana mostra um – tanto necessário quanto difícil – embate a respeito do binômio razoabilidade e proporcionalidade a ser analisado pelos juristas, tanto no âmbito teórico quanto na análise da aplicabilidade prática.

O Texto Maior do ordenamento jurídico nacional declara, a partir da positivação com garantia de cláusula pétrea, normas constitucionais que definem fundamentos e objetivos da República, expondo valores como liberdade de expressão, dignidade da pessoa humana, honra e intimidade, essenciais para a estrutura do Estado Democrático de Direito.

É caracterizada como Revolução 4.0 ou Quarta Revolução Industrial a realidade vivenciada pelo indivíduo do século XXI frente ao cenário da sociedade da informação, na qual a internet se mostra onipresente, a troca de informações se torna instantânea, e toda movimentação é coletada, processada, transmitida, armazenada e comercializada automaticamente por meio de computadores cada vez mais rápidos e inteligentes. Essas inovações representam especial desafio, sem precedentes para os juristas. O fluxo de informações cada vez mais independe de um ser humano na chamada IoT (*internet of things* ou internet das coisas), em que dispositivos são conectados à rede mundial de computadores e geram informações sobre o usuário, em regra, previamente autorizadas por ele (como sua localização, dados biométricos...).

Não obstante, o foco do presente artigo é na informação gerada pelo ser humano ao manifestar sua opinião ou seu pensamento na internet e como isso pode ser afrontoso a direitos fundamentais de outras pessoas. Então, para o tema que se pretende tratar, é importante notar que o principal – não exclusivo – foco não será na internet como um todo, mas, sim, na informação gerada nas redes sociais, apesar do que, atualmente, também é muito fácil a manifestação de pensamento em outros locais, como comentários em portais de notícias.

O advento da internet e, mais especificamente, das redes sociais (*social media*) viabilizou a participação ampla e plena dos cidadãos na manifestação de suas mais diversas correntes de pensamento concernentes à sua cultura, religião, economia, política etc. A liberdade de expressão ganhou proporções mundiais, já que um *tweet* ou uma postagem em qualquer outra rede social, em segundos, ganha potencial de viajar o mundo inteiro, inclusive com repostagens, comentários, encaminhamentos e outras formas de interação, sem qualquer controle por parte da pessoa que se manifestou originalmente.

Em destaque, mostra-se, então, a questão consoante ao conflito de preceitos fundamentais, principalmente relativos à liberdade de expressão em contraposição à inviolabilidade do direito à intimidade, honra e outros no ambiente virtual. A análise desse conflito de direitos fundamentais, especialmente sob a luz do abuso de direito enquanto espécie de ato ilícito, constitui o escopo principal do presente artigo.

Com esse propósito, apresentar-se-á em primeiro momento uma análise do alcance dos direitos fundamentais e suas possíveis limitações, a partir da concepção histórica de positivação jusfundamental dos direitos inerentes à condição humana.

A partir dos fundamentos analisados no item anterior, ocupa-se do conceito e positivação do preceito da liberdade de expressão contemporâneo como direito fundamentalmente reconhecido pela Carta Magna brasileira e do estudo das normas infraconstitucionais específicas correlatas à garantia de direitos fundamentais específicos para o ambiente virtual, com especial exame da Lei Federal nº 13.709, de 14 de agosto de 2018 (Lei Geral de Proteção de Dados – LGPD), e do Marco Civil da Internet.

Adiante, faz-se necessária a análise por via constitucional e da codificação civil do instituto relativo ao abuso de direito, perpassando pelos fundamentos da República referentes à construção de uma sociedade livre, justa e solidária (art. 3º, I, da CF), bem como a materialização relativa à especificação e aplicabilidade, por meio da codificação privada, dos preceitos constitucionalmente fundamentais referentes.

Por fim, conclui-se, a partir da harmonização dos institutos analisados, com a análise sobre os parâmetros a serem utilizados quando da aplicação de tais institutos, já que, sendo o direito um sistema, os instrumentos e ferramentas devem interagir sem que um exclua ou afaste, *a priori*, o outro.

2 Direitos fundamentais e seus limites

A Constituição Cidadã de 1988 trouxe consigo um rol não taxativo de normas e preceitos fundamentais inerentes ao ser humano e sua condição de ser, prevendo máximas que visam a uma vida digna e garantia de direitos a cada cidadão que esteja sob seu amparo, constando, logo no inciso III de seu 1º artigo, que é fundamento da República "a dignidade da pessoa humana".

Entretanto, a maioria dos enunciados que referenciam tais direitos leva ao entendimento de um absolutismo normativo, concepção fundada nas ideias jusnaturalistas e iluministas que idealizaram o ser humano como o objeto central do universo, atribuindo direitos à mera condição humana.

A técnica de produção legislativa direcionada a direitos fundamentais leva à edição de textos com caráter amplo e agregador, como se observa com o cunho de termos como "inviolabilidade", "é inviolável", "sem distinção de qualquer natureza" etc. Porém, a própria Declaração Universal dos Direitos do Homem e Cidadão (1789), em seu artigo 4º, impunha a possibilidade de limitações a serem determinadas por força legislativa:

> Art. 4º. A liberdade consiste em poder fazer tudo que não prejudique o próximo. Assim, o exercício dos direitos naturais de cada homem não tem por limites senão aqueles que asseguram aos outros membros da sociedade o gozo dos mesmos direitos. Estes limites apenas podem ser determinados pela lei.

Portanto, a aplicabilidade dos dizeres expressos em normas fundamentais abertas representa um desafio amplamente debatido no âmbito doutrinário, principalmente no que diz respeito à restrição das garantias. Vejamos a lição de Tavares sobre possibilidade de restrição do alcance absoluto dos direitos fundamentais:

> Assim, tem-se de considerar que os direitos humanos consagrados e assegurados: 1º) não podem servir de escudo protetivo para a prática de atividades ilícitas; 2º) não servem para respaldar irresponsabilidade civil; 3º) não podem anular os demais direitos igualmente consagrados pela Constituição; 4º) não podem anular igual direito das demais pessoas, devendo ser aplicados harmonicamente no âmbito material.[1]

Entretanto, não se sustenta unicamente a tese de inexistência de direitos absolutos para sua delimitação, visto que, de forma autônoma, seria uma forma de sobrepor os poderes estatais em desfavor às garantias fundamentais. Deve-se, portanto, aplicar a hermenêutica da inaplicabilidade em caráter abusivo. Nesse sentido, o art. 11 da Declaração Francesa de Direito do Homem e do Cidadão já apontava, em 1789, parâmetros limitadores da liberdade de comunicação:

> Art. 11º. A livre comunicação das ideias e das opiniões é um dos mais preciosos direitos do homem. Todo cidadão pode, portanto, falar, escrever, imprimir livremente, respondendo, todavia, pelos abusos desta liberdade nos termos previstos na lei.

Conclui-se que, apesar da positivação em caráter fundamental de normas inerentes à condição humana de ser, esses direitos não possuem caráter absoluto, sendo sua limitação determinada a partir de critérios que tangem outro ser humano, com consequências a serem discutidas em tópico mais adiante.

3   A liberdade de expressão como direito fundamental constitucionalmente positivado e sua previsão legal

A comunicação constitui o fundamento da evolução da humanidade, na qual, a partir da troca de informações, o ser humano

---

[1] TAVARES, André Ramos. *Curso de Direito Constitucional*. 18. Ed. São Paulo: Saraiva, 2020. p. 481.

constituiu teses, propagou ideias, difundiu culturas, desenvolveu tecnologias e ditou rumos para toda uma sociedade.

Atribui-se o direito à livre expressão ao âmago das garantias fundamentais de primeira dimensão, diretamente relacionadas às revoluções liberais, o que é inegável. Entretanto, deve ser destacado que também é obrigação estatal difundir determinadas informações ou viabilizar essa difusão (nos termos do art. 5º, XIV, da CF/88), razão pela qual é possível se afirmar que esse direito fundamental também possui características dos direitos associados à segunda dimensão; portanto, clama a necessidade estatal regulatória atribuída, constituindo, assim, seu caráter dúplice.

Correlatar a "expressão" com a "comunicação" demonstra a estrutura organizacional categorizada pelo conjunto de que participa. Em outras palavras, a liberdade de expressão representa um conjunto de direitos correlatos à liberdade de comunicação; entretanto, não constitui definição suficiente do escopo atingido pelo termo.

Nas palavras de André Ramos Tavares:

> [...] o termo liberdade de expressão não se reduz ao externar sensações e sentimentos. Ele abarca tanto a liberdade de pensamento, que se restringe aos juízos intelectivos, como também o externar sensações [...] é direito genérico que finda por abarcar um sem-número de formas e direitos conexos e que não pode ser restringido a um singelo externar sensações ou intuições, com a ausência da elementar atividade intelectual, na medida em que a compreende. Dentre os direitos conexos presentes no gênero liberdade de expressão podem ser mencionados, aqui, os seguintes: liberdade de manifestação de pensamento; de comunicação; de informação; de acesso à informação; de opinião; de imprensa, de mídia, de divulgação e de radiodifusão.[2]

O escopo protecionista referente à liberdade de expressão demanda um ensaio conjunto dos dizeres constitucionais, tratados internacionais e normas infraconstitucionais aplicáveis ao estudo principal do trabalho.

Nossa Carta Magna fragmentou a liberdade de expressão em espaços diversos, principalmente em seu art. 5º, cujos incisos IV e

---

[2] TAVARES, André Ramos. *Curso de Direito Constitucional*. 18. Ed. São Paulo: Saraiva, 2020. p. 611.

IX tratam de uma mesma categoria ao aplicar o âmago supracitado do termo, reafirmando as diferentes acepções do conceito. Vejamos os dois dispositivos:

> Art. 5º Todos são iguais perante a lei, sem distinção de qualquer natureza, garantindo-se aos brasileiros e aos estrangeiros residentes no País a inviolabilidade do direito à vida, à liberdade, à igualdade, à segurança e à propriedade, nos termos seguintes:
> [...]
> IV – é livre a manifestação do pensamento, sendo vedado o anonimato;
> V – é assegurado o direito de resposta, proporcional ao agravo, além da indenização por dano material, moral ou à imagem;
> [...]
> IX – é livre a expressão da atividade intelectual, artística, científica e de comunicação, independentemente de censura ou licença;
> X – são invioláveis a intimidade, a vida privada, a honra e a imagem das pessoas, assegurado o direito a indenização pelo dano material ou moral decorrente de sua violação;

Merece ser ressaltada a visão do constituinte, que fez questão de assegurar a liberdade de expressão, colocando, logo em seguida, a consequência para o exercício abusivo desse direito.

Além da positivação por meio da cláusula pétrea do art. 5º, a liberdade de expressão é considerada em espaços específicos dentro da mesma Carta Máxima, como, por exemplo: a) art. 206, II, referente aos direitos educacionais; b) art. 215, que trata das garantias culturais; c) art. 220, relacionado às comunicações sociais; e muitos outros.

Errôneo é o estudo isolado dos artigos que diretamente protegem o escopo da liberdade de expressão, visto que, dado o caráter sistêmico da Carta Máxima, a liberdade de expressão é indiretamente citada e consagrada em outros dispostos e necessita de um entendimento conjunto, como, por exemplo, dos fundamentos e objetivos da República, dispostos nos arts. 1º e 3º, e do próprio preâmbulo constitucional.

Cabe ressaltar a força normativa dos tratados internacionais, bem como a recepção dentro do ordenamento jurídico nacional. Visto o grande embate doutrinário e jurisprudencial em relação à hierarquia desses tratados frente à Constituição e leis internas, em 2007 o STF, no julgamento do RE nº 466.343, consolidou o entendimento no sentido de haver uma sobreposição referente às normas internas, mas ainda com a devida sujeição aos preceitos da Constituição, garantindo, portanto, especial relevância ao caráter humanitário buscado em razão da relevância da expressão na construção humana, criando e aprendendo por meio desta.

O Decreto nº 592, de 6 de julho de 1992, aprovado por meio do Decreto Legislativo nº 226, de 12 de dezembro de 1991, referente ao Pacto Internacional sobre Direitos Civis e Políticos da XXI Sessão da Assembleia-Geral das Nações Unidas, de 16 de dezembro de 1966, trouxe relevante previsão de caráter preservativo e protecionista referente à liberdade de expressão em seu artigo 19, *in verbis*:

> ARTIGO 19
> 1. Ninguém poderá ser molestado por suas opiniões.
> 2. Toda pessoa terá direito à liberdade de expressão; esse direito incluirá a liberdade de procurar, receber e difundir informações e idéias de qualquer natureza, independentemente de considerações de fronteiras, verbalmente ou por escrito, em forma impressa ou artística, ou por qualquer outro meio de sua escolha.
> 3. O exercício do direito previsto no parágrafo 2 do presente artigo implicará deveres e responsabilidades especiais. Conseqüentemente, poderá estar sujeito a certas restrições, que devem, entretanto, ser expressamente previstas em lei e que se façam necessárias para:
> a) assegurar o respeito dos direitos e da reputação das demais pessoas;
> b) proteger a segurança nacional, a ordem, a saúde ou a moral públicas.

Não resta a positivação do direito à livre manifestação limitada à Constituição Federal e tratados internacionais ratificados nacionalmente. Existe legislação específica que aborda a temática em análise direcionada às relações exercidas no ambiente virtual. Entretanto, antes de realizar essa análise, é necessário o estudo de como a liberdade de expressão é representada no contexto do ambiente virtual.

4 Liberdade de expressão na internet

Nos "primórdios" da internet, nos anos 1990, a geração de conteúdo, ou seja, a geração de informação, era algo que gerava certa dificuldade. Nessa época, a internet era um local muito mais acessível para fins de obtenção de informação do que para a geração de informação.

Em uma rápida e sintética evolução dessa forma de comunicação, que não abrange todos os meios possíveis, é adequado se afirmar que, na última década do século XX, a forma mais fácil de geração de conteúdo era por meio de uma comunicação entre pessoas específicas, também conhecida como comunicação P2P (*peer to peer*), seja por *e-mail*, seja em programas como o MSN Messenger, ICQ e mIRC, que eram basicamente *chats* nos quais era possível se transmitir informação simples para uma pessoa (ou um pequeno grupo de pessoas). Fora essas comunicações diretas (P2P), a publicação de informação mais ampla, tecnicamente pública, sem destinatário específico, demandava mais tempo, inicialmente por meio de uma BBS (*Bulletin Board System*) e, posteriormente, por meio da criação de um *blog*. Entretanto, essas ferramentas geravam certo trabalho, pois exigiam do usuário algum conhecimento de edição e, mesmo assim, a informação não chegava a um público tão amplo, já que o acesso era feito apenas por computadores (*desktops* ou *laptops*), o que não era algo tão amplamente acessível aos destinatários finais.

Deve ser ressaltado ainda que a comunicação em si era lenta, por meio de conexões *dial-up* (em que era feita uma ligação telefônica para o provedor de acesso), somente sendo possível a transmissão de informações que coubessem em pouco *bites*. A título de exemplo, um bom *modem* discado no final dos anos 1990 se comunicava a uma velocidade de 28,8 kbps (ou seja, uma foto de 2 MB demoraria aproximadamente 1 minuto e 10 segundos para ser transmitida, em velocidade máxima). Com isso, essas ferramentas que não eram P2P ficavam pouco atrativas, pois também eram compostas basicamente por texto (com algumas poucas figuras em baixa resolução gráfica).

Por isso, até então portais de comunicação (como o Universo Online, Brasil Online, Terra, America Online...) eram grandes referências e eram publicadores de conteúdo gerados pela mídia profissional, ou seja, pessoas que se dedicavam profissionalmente à criação, edição e publicação de conteúdo informacional.

Com o advento das redes sociais, essa situação começou a se modificar, passando a ser atrativa a geração de conteúdo pelo próprio usuário. No Brasil, a rede social que primeiro ganhou popularidade chamava-se Orkut (que, posteriormente, foi vendido para o Google). A grande diferenciação foi aplicar a própria lógica da internet (uma rede composta por diversas redes de computadores) para as relações sociais *online*. A pessoa criava sua rede de contatos com outros usuários e, então, podia interagir não apenas com os seus contatos, mas também com qualquer pessoa das redes de contatos das pessoas que estavam na sua própria rede.

O Facebook acaba, no começo do século XXI, dominando esse mercado, facilitando as interações e trazendo a facilidade de *upload* e compartilhamento de fotos (com a natural evolução da velocidade dos meios de comunicação), que também, nessa mesma época, passaram a ser digitais, com o início do desaparecimento da fotografia analógica.

De acordo com o relatório trimestral do Facebook, a plataforma teve em média 2,6 bilhões de usuários ativos mensalmente em março de 2020, um incremento de 10% em comparação com o ano anterior. Estimando que a população mundial esteja em torno de 7,8 bilhões de pessoas, o número de usuários ativos corresponde, portanto, a aproximadamente 33,3% da população mundial. A recorrência da utilização de múltiplas mídias sociais por um mesmo usuário, como Instagram, WhatsApp, Twitter etc., torna ainda mais evidente a relevância e dominância das plataformas de interação digital para o compartilhamento de informações.

Relevante observação a ser considerada é a dominância da marca Facebook no setor da comunicação social, visto que, das redes sociais mais usadas do mundo, três pertencem ao conglomerado de mídia social: o Facebook, fundado em 2004; o Instagram, adquirido em 2012 por aproximadamente US$1 bilhão de dólares; e o WhatsApp, adquirido em 2014 por aproximadamente US$19 bilhões de dólares.

As três redes sociais combinadas correspondem a aproximadamente 5,86 bilhões de usuários mensais.

Em razão da expressiva força comunicativa atrelada às mídias sociais, a regulação eminente se torna fundamental para o pleno uso dessa nova conjuntura interativa social.

Diferentemente da crença difundida nos primeiros momentos de discussão acerca da normatização do ciberespaço, a legislação busca facilitar a identificação dos elementos da ação das condutas humanas a partir da análise conjunta do direito, costumes sociais, aspectos técnicos inerentes à estrutura da rede e mercadológicos, e não criar barreiras de uso ou impor censura aos meios comunicativos.

Conforme será analisado no próximo tópico, as codificações já apreciadas e em vigor buscam expressamente a promoção da liberdade de expressão e seus direitos correlatos, como se observará a partir da Lei Federal nº 12.965, de 23 de abril de 2014, que estabelece princípios, garantias, direitos e deveres para o uso da internet no Brasil, também conhecida como Marco Civil da Internet; e da Lei Federal nº 13.709, de 14 de agosto de 2018, relacionada ao tratamento de dados pessoais, conhecida como Lei Geral de Proteção de Dados (LGPD).

4.1 O Marco Civil da Internet e a Lei Geral de Proteção de Dados no contexto positivista da liberdade de expressão

A estrutura relacional e organizacional da internet como um ambiente descentralizado e desconexo do mundo de fato, concepção ainda enraizada socialmente, embarca a conjuntura de "terra sem lei", em que os atos praticados nesse espaço não trazem consequências para o mundo *offline* e, consequentemente, não são alcançados pela esfera judicial.

Apenas em 2009, o Ministério da Justiça, em parceria com a Escola de Direito do Rio de Janeiro, da Fundação Getulio Vargas, apresentou um projeto de lei ao Congresso Nacional sob o nº 2.216/2011, futuramente convertido na Lei Federal nº 12.965, de 23 de abril de 2014. Entretanto, desde 2000, têm-se tramitado projetos, com o mesmo objetivo de regular as interações tecidas no contexto da internet, que foram apensados ao que futuramente se tornaria o "Marco Civil da Internet", denominado de forma equivocada para pôr fim à ideia da "terra sem lei", razão pela qual ficou conhecido também como "Constituição da Internet".

Relevantes preocupações foram debatidas durante a tramitação do referido projeto, dentre elas o temor da censura imposta às páginas da internet e a garantia de neutralidade da rede.

Para afastar tais preocupações, o Senado Federal realizou a análise dos pontos controversos a tempo de a Presidência da República realizar a devida promulgação antes do Encontro Multissetorial Global sobre o Futuro da Governança da Internet – NetMundial.

Logo nos primeiros momentos da Lei nº 12.965/14, observa-se a preocupação na efetivação da proteção à liberdade de expressão, conforme se percebe com a leitura do *caput* do art. 2º e do inciso I do art. 3º, *in verbis*:

> Art. 2º A disciplina do uso da internet no Brasil tem como fundamento o respeito à liberdade de expressão, bem como:
> [...]
> Art. 3º A disciplina do uso da internet no Brasil tem os seguintes princípios:
> I – garantia da liberdade de expressão, comunicação e manifestação de pensamento, nos termos da Constituição Federal;

Imensas críticas foram tecidas em razão das deficiências e insuficiências da norma que foi concebida com o intuito de trazer a inovação para o ordenamento jurídico em razão da nova realidade vivenciada pela sociedade da informação com regulação de comportamentos não previstos pela legislação em vigor e eliminando as que não se adequam mais à realidade social. Entretanto, o que se percebe é a presença de diversas redundâncias insuficientes a dispositivos constitucionais, nas palavras de Eduardo Tomasevicius Filho:

> O art. 5º, inciso IX, da Constituição Federal assegura que é livre a expressão da atividade intelectual, artística, científica e de comunicação, independentemente de censura ou licença, e o art. 21 do Código Civil dispõe que "a vida privada da pessoa natural é inviolável e o juiz, a requerimento do interessado, adotará as providências necessárias para impedir ou fazer cessar ato contrário a essa norma". O Marco Civil da Internet, no art. 3º, I, reproduziu essas mesmas normas ao prescrever que a disciplina do uso da internet no Brasil tem como um dos princípios a "I – garantia da liberdade de expressão, comunicação e manifestação do pensamento, nos termos da Constituição Federal", bem como o art. 8º, ao dispor que "a garantia do direito à privacidade e à liberdade de expressão nas comunicações é condição para o pleno exercício do direito de acesso à Internet".[3]

Entretanto, o Marco Civil da Internet (MCI) foi apenas o primeiro passo para uma ampla cobertura legislativa da devida regulação

---

[3] TOMASEVICIUS FILHO, Eduardo. Marco Civil da Internet: uma lei sem conteúdo normativo. *Estud. av.*, São Paulo, v. 30, n. 86, p. 269-285, abr. 2016, p. 280. Disponível em: http://www.scielo.br/scielo.php?script=sci_arttext&pid=S0103-40142016000100269. Acesso em: 20 dez. 2020.

do ambiente virtual, sem a excessiva preocupação com a edição de preceitos criminalizantes. Nesse sentido, conforme demonstrado por Lemos, para regular a rede, deve-se começar com "[...] um marco regulatório civil, que defina claramente as regras e responsabilidades com relação a usuários, empresas e demais instituições acessando a rede, para a partir daí definir uma regras criminais".[4]

A conjuntura regulatória do ambiente virtual no ordenamento jurídico brasileiro, apesar de importante marco garantidor de direitos e imposição de deveres, ainda carece da agilidade necessária observada nas relações tecidas virtualmente em decorrência do arcaico, defasado e lento processo legislativo.

Apenas em 2018, foi vista a continuação para a interminável saga da regulação da internet com a promulgação da Lei nº 13.709, de 14 de agosto de 2018, que ficou conhecida como Lei Geral de Proteção de Dados, pois trouxe diretrizes para o tratamento de dados pessoais.

Muito se discutiu sobre a revogação do Marco Civil da Internet com o advento da Lei Geral de Proteção de Dados, mas, conforme demonstrado que a proteção de direitos e o estabelecimento de deveres no ambiente virtual devem ser implementados de forma gradativa a partir de normas específicas, conclui-se que a LGPD é concebida como papel complementar ao MCI, dispondo importantes regulações para o tratamento de dados e atualizando pontos controvertidos dispostos no antigo marco regulador da internet.

A preocupação com a liberdade de expressão também foi discutida na referida lei, que, logo no inciso III do art. 2º, disciplina como fundamento da proteção de dados a liberdade de expressão, de informação, de comunicação e de opinião.

Interessante é a linha do tempo que percorreu a Lei Geral de Proteção de Dados, que, divulgada logo após a sua versão europeia (agosto de 2018), só entrou em vigor em agosto de 2020 por meio da Lei nº 14.010/2020, mantendo a vigência para essa data após diversas discussões sobre a prorrogação da entrada em vigor.

Com a enorme confusão causada pelo embaraço legislativo, inúmeras empresas precisaram se adequar em tempo recorde com o receio das sanções previstas; com isso, estabeleceu-se a condição

---

[4] LEMOS, Ronaldo. *Internet brasileira precisa de marco regulatório civil*. Disponível em: http://tecnologia.uol.com.br/ultnot/2007/05/22/ult4213u98.jhtm. Acesso em: 20 dez. 2020.

de que as multas e sanções apenas começariam a ser aplicadas em 1º de agosto de 2021.

Conclui-se, dessa forma, que o tratamento de diretrizes disciplinantes das relações virtuais ainda caminha a passos curtos no Brasil, apesar de ser um dos pioneiros na edição de previsões nessa matéria.

5 O instituto do abuso de direito

O instituto do abuso de direito já era tratado há muito tempo pelos civilistas, principalmente aqueles que faziam estudos de direito comparado, voltando até mesmo ao estudo dos atos emulativos, tratados no direito romano pelo instituto da *aemulatio*.[5] Entretanto, o direito civil pátrio apenas positivou o instituto do abuso de direito enquanto ato ilícito no século XXI, com o advento do Código Civil em 2002, nos seguintes termos:

> Art. 187. Também comete ato ilícito o titular de um direito que, ao exercê-lo, excede manifestamente os limites impostos pelo seu fim econômico ou social, pela boa-fé ou pelos bons costumes.

Até então, o ato ilícito apenas era tipificado no art. 159 do Código de Beviláqua, de 1916, que trazia um conceito de ilícito civil cuja redação foi mantida, quase que na sua integralidade, no art. 186 do Código de Miguel Reale.

A grande inovação legislativa trazida é no sentido de afirmar ser ilícito o exercício de um direito, naquelas condições abertas (também chamadas de cláusulas gerais, que pululam no Código Civil de 2002). Em breves palavras, é possível se concluir que essa espécie de ato ilícito é caracterizada pelo "exercício de um direito de forma abusiva, de forma a exceder determinados limites".[6]

Conforme já mencionado, Soares (2011, p. 100) ensina que a ideia de abuso de direito veio da figura dos atos emulativos, que

---

[5] SOARES, Renzo Gama. *Responsabilidade civil objetiva*: pressupostos e aplicação. Rio de Janeiro: Lumen Juris, 2011. p. 100.
[6] SOARES, Renzo Gama. *Responsabilidade civil objetiva*: pressupostos e aplicação. Rio de Janeiro: Lumen Juris, 2011. p. 97.

eram atos com a intenção de lesar sem que o mesmo trouxesse qualquer benefício (ou um benefício pouco relevante) ao seu titular, gerando obrigação de indenizar. Esses atos eram praticados sob o manto da aparente legalidade, mas o que os tornava ilícitos era a sua intenção dolosa.

A posteriori, constatou-se que o abuso de direito previsto no Código Civil de 2002 tinha como fundamento não apenas os atos emulativos, dolosamente danosos, mas também aqueles praticados mesmo que não houvesse sequer a culpa do seu titular. De acordo com Daniel Boulos:[7]

> Trata-se de consagração legislativa da teoria objetiva da ilicitude que, como visto, defende que o juiz que dê valor que redunde na antijuridicidade do ato, não leve em conta o espírito e sequer a consciência do sujeito que o praticou. Para caracterizar o abuso do direito, ou mais amplamente, o exercício abuso de posições jurídicas subjetivas, não é necessária a comprovação da intenção e sequer da consciência do agente de que está ultrapassando os limites impostos pela lei. Não há que se falar, nesta sede, quer em dolo, quer em culpa *stricto sensu* em qualquer das suas modalidades.

Soares[8] vai além, ratificando essa mesma ideia, mas agora com base na própria redação do art. 187 do Código Civil do século XXI, ao afirmar que:

> Da análise do art. 187 do Código Civil de 2002, é possível se concluir claramente que o legislador brasileiro adotou, para a responsabilidade decorrente do abuso de direito, o critério objetivo-finalístico, baseado na corrente de funcionalização dos direitos subjetivos, vez que o dispositivo faz expressa menção ao "fim econômico e social" do direito que está sendo exercido.

Deve ser destacado neste momento que a expressão "boa-fé" também pressupõe a análise da chamada "boa-fé objetiva" (cujas principais previsões estão nos art. 113 e 421 do Código Civil, além do próprio art. 187). Em breve síntese, a boa-fé objetiva pode ser identificada como critério objetivo de comportamento ético, leal,

---

[7] BOULOS, Daniel M. *Abuso de Direito no novo Código Civil*. São Paulo: Método, 2006. p. 137-138.
[8] SOARES, Renzo Gama. *Responsabilidade civil objetiva*: pressupostos e aplicação. Rio de Janeiro: Lumen Juris, 2011. p. 102.

para fins de análise de ilicitude do ato. Essa ideia se contrapõe à ideia de boa-fé subjetiva, historicamente mencionada em várias áreas do direito, como direito civil e até mesmo o direito penal, em que é utilizada como sinônimo de desconhecimento de determinada situação de fato, que, se dela o agente tivesse conhecimento, agiria de forma diversa.

Soares[9] traz os ensinamentos de Judith Martins-Costa, que afirma:

> Na função de baliza de licitude, confiança e boa-fé (ideias já unidas etimologicamente pela noção de *fides*) conectam-se funcionalmente, uma sintetizando a proteção das legítimas expectativas, outra traduzindo as exigências de probidade e a correção no tráfego jurídico. Atuam, pois, coligadamente para coibir condutas que defraudem a expectativa de confiança – seja aquele grau mínimo de confiança que torna pensável a vida social, seja a confiança qualificada por uma especial proximidade social entre as partes...

Conforme já mencionado anteriormente, é recorrente que previsões normativas, seja de ordem constitucional, seja de ordem infraconstitucional, ou seja, em sede de direito internacional, que asseguram a liberdade de expressão venham acompanhadas de outras normas que relativizam essa liberdade, trazendo verdadeiros limites a esse direito.

Em linhas gerais, essas normas são exatamente os limites, já previstos pelo ordenamento jurídico, para a funcionalização da liberdade de expressão. Ultrapassados esses limites, o exercício da liberdade de expressão passa a ser abusivo e, consequentemente, ilícito.

6 A aplicabilidade do abuso de direito nas relações virtuais

Já foi demonstrado acima o instituto do abuso de direito e já se introduziu a relevância deste instituto para a ótica que se pretende adotar no presente artigo. Para desenvolver esse raciocínio, parece

---

[9] SOARES, Renzo Gama. *Responsabilidade civil objetiva*: pressupostos e aplicação. Rio de Janeiro: Lumen Juris, 2011. p. 86.

interessante analisar a liberdade de expressão, gerando situações violadoras em dois aspectos, razão pela qual se divide o presente tópico em duas partes.

6.1 Informação ofensiva

Uma primeira análise é em relação à informação ofensiva a algum direito (o mais comum é ofensa à honra, mas pode ser ofensa à privacidade, à imagem...), regra geral, algum dos direitos da personalidade de alguém.

Essa é uma preocupação tão óbvia quando se fala em limite à liberdade de expressão que o próprio legislador constituinte, em 1988, já previa essa possibilidade ao prever o direito de resposta no inciso V e a inviolabilidade da intimidade, vida privada, honra e imagem no inciso X, todos do art. 5º da Constituição Federal.

Aproximadamente 20 anos antes disso, também a ONU, no Pacto Internacional de Direitos Civis e Políticos, já visto acima, previra tais limites no art. 19 da referida normatização internacional.

Pois bem, quanto a esse aspecto, parece não haver maiores dúvidas ou dilemas, já que as próprias normas que preveem a liberdade de expressão colocam esses limites em seus textos ou logo em seguida deles.

A questão a ser elucidada aqui, inicialmente, é o emprego dos critérios de aferição do abuso de direito a essas hipóteses de exercício da liberdade de expressão.

Como já foi mencionado, o art. 187, ao positivar o abuso de direito como espécie de ato ilícito, o faz adotando a teoria objetiva de responsabilidade civil, ou seja, afastando a necessidade de análise de culpa ou dolo para sua caracterização. Destarte, a análise da licitude ou ilicitude da publicação feita na internet, o que é inicialmente assegurado pelo direito à liberdade de expressão, deve ser feita à luz da funcionalização daquela publicação, ou seja, se aquela publicação atende sua finalidade econômica ou social, pela boa-fé e pelos bons costumes.

Essa análise deve ser feita levando-se em consideração várias variáveis, como: contexto, quem fez a publicação, em relação a quem foi feita a publicação, onde foi feita a publicação, a conduta da parte ofendida (seja na própria relação comunicacional, seja em seu comportamento social que tenha gerado a manifestação), quando foi feita a publicação... enfim, uma análise ampla da funcionalização da postagem.

Essa postagem pode gerar obrigação de indenizar, que é a consequência típica do ato ilícito civil, nos termos do art. 927 do Código Civil, sem prejuízo de que seja determinada, também, a retirada do conteúdo da rede mundial de computadores.

Em regra, essas duas situações vão recair sobre a própria pessoa que publicou a informação ofensiva. Entretanto, o art. 19 da Lei nº 12.965/2014 (MCI) prevê a possibilidade de se imputar a responsabilidade ao provedor de aplicações de internet, nos seguintes termos:

> Art. 19. Com o intuito de assegurar a liberdade de expressão e impedir a censura, o provedor de aplicações de internet somente poderá ser responsabilizado civilmente por danos decorrentes de conteúdo gerado por terceiros se, após ordem judicial específica, não tomar as providências para, no âmbito e nos limites técnicos do seu serviço e dentro do prazo assinalado, tornar indisponível o conteúdo apontado como infringente, ressalvadas as disposições legais em contrário.

Conforme ensina William Costódio Lima,[10] há certa divergência doutrinária sobre a conveniência ou inconveniência do referido dispositivo legal em relação a ser uma proteção excessiva ou não ao provedor de conteúdo. Vários autores ressaltam que a prévia judicialização da questão gera uma morosidade desnecessária e indesejável para a solução da questão, sustentando que seria suficiente a notificação do próprio provedor.[11]

Independentemente dessa divergência sobre a necessidade de prévia judicialização, cuja relevância é indiscutível, hoje é possível se afirmar ser viável que a responsabilidade, não apenas de retirada do

---

[10] LIMA, William Costódio. A liberdade de expressão como novo direito na sociedade em rede: limites em casos envolvendo blogs no Poder Judiciário brasileiro. In: Congresso Internacional de Direito e Contemporaneidade: mídias e direitos da sociedade em rede da UFSM – Universidade Federal de Santa Maria, 4., 2017, Santa Maria. Anais [...], Santa Maria: UFSM – Universidade Federal de Santa Maria, 2017. p. 8. Disponível em: http://www.ufsm.br/congressodireito/anais. Acesso em: 27 dez. 2020.
[11] Por exemplo, Anderson Schreiber, citado por LIMA, 2017, p. 8 e FLUMIGNAN; LISBOA, 2020, p. 3.

conteúdo, mas também de indenizar a vítima, recaia também sobre o provedor de conteúdo, desde que seja possível se concluir pela existência de nexo de causalidade entre a sua conduta, substancialmente omissiva pela não retirada do conteúdo, e o dano sofrido pela vítima.

6.2 Informação falsa ou descontextualizada

Por fim, outro viés que parece ser relevante atualmente é a questão de divulgação de informação falsa, desatualizada ou descontextualizada, também chamada de *fake news*. Esse tipo de informação merece um tratamento especialmente relevante em razão da capacidade de danos, não apenas para uma pessoa ou grupo de pessoas determinadas, mas para a sociedade como um todo (também chamado de direito difuso), vez que pode gerar, de forma ampla, uma falsa percepção da realidade, que tem até nome específico nos últimos anos, a chamada *pós-verdade*.

Lisboa e Flumignan[12] definem *fake news* como:

> Informações ou notícias falsas compartilhadas na internet como se fossem verídicas, principalmente por meio de redes sociais e aplicativos de mensagens. Geralmente, o objetivo de uma fakenews é criar uma polêmica em torno de uma situação, angariando visitas ou visualizações em sites e vídeos na internet.
> Essas notícias falsas podem ser usadas para as mais variadas finalidades. Por exemplo, pode-se criar notícia falsa no âmbito eleitoral buscando macular a imagem de um candidato, pode-se utilizar desta para a prática de cyberbullying contra indivíduos, imputando fatos desrespeitosos com a finalidade única de humilhar, intimidar ou agredir a vítima. Também é possível criar notícias falsas por *deepfakes*, utilizando-se vídeos falsos de pessoas, geralmente com conteúdo ou falas polêmicos.

Já Sobral,[13] em conceituação que vai no mesmo sentido, afirma que:

---

[12] FLUMIGNAN, Wévertton Gabriel Gomes; LISBOA, Roberto Senise. A responsabilidade civil dos provedores de internet pela supressão de notícias falsas sobre saúde pública. *Revista de Direito do Consumidor*, São Paulo, v. 130, p. 183-202, jul./ago. 2020, p. 2.

[13] SOBRAL, Cristiano. A responsabilidade civil dos provedores e de terceiros pelas *fake news*. *Consultor Jurídico*, São Paulo, v. 2018, p. 1. Disponível em: https://www.conjur.com.br/2018-out-27/cristiano-sobral-responsabilidade-civil-provedores-fake-news. Acesso em: 27 dez. 2020.

As fake news são notícias falsas em que são utilizados artifícios que lhe conferem aparência de verdade. São geradas pelos meios de comunicação em massa, publicadas com o intuito de enganar, obter ganhos financeiros ou políticos. Tais notícias consistem em chamadas atraentes ou inteiramente fabricadas para aumentar o número de leitores.

Apesar de concordarmos, em partes, com os conceitos acima mencionados, cremos que o melhor conceito para *fake news* (ou notícias falsas) deva fazer referência não apenas a notícias cujo conteúdo seja inverídico, mas às notícias com conteúdo verdadeiro, mas que seja desatualizado ou esteja fora de contexto, com a finalidade deliberada de induzir a uma conclusão diversa da que seria a mais adequada caso tivesse sido feita a devida contextualização (seja temporal, seja em qualquer outro aspecto relevante).

Ab initio, deve ser ressaltado que, com bem destacam Flumignan e Lisboa,[14] não existe no Brasil, atualmente, legislação que preveja a questão específica das notícias falsas ou descontextualizadas divulgadas pela internet e nem as consequências jurídicas para prevenir ou sancionar essa prática. Ressaltam ainda os referidos autores que os próprios provedores "têm intensificado o combate contra a disseminação de notícias falsas em suas plataformas, inclusive direcionando equipes para identificar posts com *fakenews* sobre o coronavírus".

Nessa toada, os referidos autores, falando sobre o prejuízo causado pelas notícias falsas no contexto da saúde pública, mais especificamente no tocante à pandemia da COVID-19, aproveitam para se filiar aos críticos do art. 19 do MCI, afirmando que "a notificação judicial adotada como regra pela legislação pátria nestes casos é extremamente gravosa para a população".[15]

Em relação à pessoa que cria a informação falsa, parece bem clara a obrigação de indenizar e efetuar a retirada de conteúdo publicado. Quando a documentação da informação falsa é feita

---

[14] FLUMIGNAN, Wévertton Gabriel Gomes; LISBOA, Roberto Senise. A responsabilidade civil dos provedores de internet pela supressão de notícias falsas sobre saúde pública. *Revista de Direito do Consumidor*, São Paulo, v. 130, p. 183-202, jul./ago. 2020, p. 3.

[15] FLUMIGNAN, Wévertton Gabriel Gomes; LISBOA, Roberto Senise. A responsabilidade civil dos provedores de internet pela supressão de notícias falsas sobre saúde pública. *Revista de Direito do Consumidor*, São Paulo, v. 130, p. 183-202, jul./ago. 2020, p. 3.

por um meio que possibilite a identificação do seu autor (como, por exemplo, a informação divulgada por meio de um vídeo onde aparece a imagem da pessoa que se expressa ou por meio de uso de logomarca ou informação que identifique o autor do conteúdo, como pode acontecer em relação a políticos, entidades, partidos políticos...), o direito não terá maiores problemas para lidar com essa questão. Na prática, bem mais dificultosa é a situação, relativamente comum, em que a mensagem não permite a identificação do seu autor.[16]

Neste caso, é possível a produção antecipada de prova pericial para identificação dos metadados da informação (data de criação, local de criação, equipamento utilizado...) que possibilitem a identificação da autoria, sem prejuízo de produção antecipada de outro meio de prova (como testemunhal ou exibição de documento) que permita essa identificação. Nesse contexto, o provedor de conteúdo não apenas pode ser demandado judicialmente para viabilizar a identificação do autor da informação falsa ou descontextualizada, como também pode ser civilmente responsabilizado, com base no já mencionado art. 19, pelos danos causados pela informação para cuja divulgação tenha contribuído por sua conduta, comissiva ou omissiva.

A questão mais tormentosa atualmente (e para a qual não pretendemos, neste artigo, trazer uma resposta definitiva) diz respeito às pessoas que encaminham a mensagem falsa ou descontextualizada, desconhecendo essa sua característica (ou seja, agindo de boa-fé, no aspecto de boa-fé subjetiva).

Ab initio, vale repetir o que foi mencionado anteriormente, que, sob a ótica do abuso de direito, nos termos do art. 187 do CC, a atuação do causador do dano com base na boa-fé subjetiva (sem dolo ou mesmo culpa) não afasta a responsabilidade civil, já que esta se dá sob o aspecto objetivo, levando-se em consideração a boa-fé objetiva. Já vimos que a boa-fé objetiva exige comportamentos sociais baseados em valores como lealdade e ética, não com base em dolo

---

[16] Ponto bem relevante é a questão social/política da conveniência ou inconveniência do anonimato para fins de efetivo exercício da liberdade de expressão, assunto em que não será possível adentrar no presente artigo em razão da limitação de espaço e necessidade de foco. Para fins de direito, com uma resposta sucinta e objetiva, vale lembrar que o art. 5º, IV, da CF/88, ao assegurar a liberdade de manifestação de pensamento, expressamente veda o anonimato.

ou culpa. Já vimos que a prática do ato deve levar em consideração a sua funcionalização, ou seja, sua função econômica ou social, boa-fé e bons costumes.

A questão a ser analisada é se o encaminhamento ou republicação, por meio da internet, das mensagens falsas ou descontextualizadas, sem checagem prévia da informação, por si só, viola essa funcionalização.

Para fazermos essa análise, vale ressaltar que, como já dito anteriormente, muitas dessas informações são criadas com o objetivo de gerar reações mais emocionais nos seus receptores do que racionais. São mensagens que tocam, em regra, de forma agressiva, mas sempre de forma simplista, em assuntos polêmicos e muitas vezes complexos, aproveitando-se de situações como crenças, medos e ideologia dos seus destinatários. Muitas vezes, essa informação é criada com artifícios de *marketing* ou de psicologia social, como *slogans*, apelidos e frases de efeito, para tornar a mensagem mais superficial e apelativa, facilitando assim a sua disseminação. Então, o componente emocional (seja medo, seja euforia, seja raiva, seja indignação, seja culpa...) no compartilhamento dessa informação é maior do que nos demais conteúdos.

Também deve ser ressaltado, como mencionamos inicialmente, que esse fenômeno de redes sociais e a internet como ambiente democrático de criação e divulgação em larga escala de informação (em contraposição ao início da era da informação, em que a rede mundial de computadores facilitava "apenas" o acesso à informação, não necessariamente à sua produção ou divulgação em larga escala, como hoje) é relativamente novo em termos de componente cultural ou social. Os *smartphones* como os conhecemos, que atualmente são o principal veículo de acesso à internet e redes sociais, foram lançados há menos de 15 anos (mais precisamente em 29.06.2007, com o lançamento do iPhone nos Estados Unidos da América, pela empresa Apple), mais ou menos na mesma época em que as redes de telefonia móvel de banda larga foram se tornando mais acessíveis e se popularizando, até chegarmos a esse final de anos 20 do século XXI, em quase tudo é feito por meio da internet, mediante o uso de um *smartphone*.

Salvo melhor juízo, em termos sociais e culturais, parece ser prematuro, neste final da segunda década do século XXI, exigir-se a checagem ampla e irrestrita de toda informação recebida e repassada como conduta juridicamente exigível, sob pena de responsabilização civil.

Novamente aqui, a contextualização para análise da funcionalização da divulgação da informação parece ser a chave para a solução de um fato casuístico. A pessoa que divulgou, sem prévia checagem, uma informação falsa recebida pode, sim, ser responsabilizada civilmente por abuso de direito se for demonstrado que essa divulgação não atendeu à função econômica ou social, boa-fé e bons costumes exigidos no art. 187 do Código Civil. Quem era a pessoa, qual era o conteúdo da mensagem, como a mesma estava expressa, de quem foi recebida, para quem foi repassada, qual meio foi utilizado para divulgação da informação, entre outros, parecem ser aspectos relevantes para se analisar a ocorrência ou não de ato ilícito com base no art. 187 do Código Civil, de envio ou publicação de uma mensagem falsa ou descontextualizada sem prévia checagem do seu conteúdo.

Campanhas de conscientização e informação vêm sendo feitas, cada vez com mais frequência, alertando a população sobre esse fenômeno, o que nos permite concluir que, em alguns anos (ou quiçá meses), a conclusão firmada neste artigo se torne tão obsoleta quanto os *modems* de 28,8 kbps dos anos 1990.

7 Conclusão

Atualmente, a internet é um eficaz meio de tráfego de informações, não apenas para recebimento de informação, como ocorria no final do século XX, mas também para criação e transmissão de conteúdo informacional, especial, mas não exclusivamente, por meio das redes sociais.

Para tanto, deve ser levado em consideração que um dos direitos fundamentais assegurados pela Constituição Federal de 1988 é a liberdade de expressão. Entretanto, dois aspectos são relevantes: nenhum direito fundamental é absoluto, e a própria Constituição (e outros documentos internacionais que consagram a liberdade de expressão como direito humano) traz limites e parâmetros para o exercício desse direito fundamental.

Apesar de ainda ser parca, a legislação brasileira vem consolidando importantes regulamentações para a área de troca de informação por meio da internet. Nesse contexto, merecem destaque o Marco Civil da Internet (Lei nº 12.965/2014) e a Lei Geral de Proteção de Dados (Lei nº 13.709/2018), que trouxeram balizas reais para regulamentação e tratamento jurídico a ser dado ao mundo virtual e ao que nele acontece.

O instituto do abuso de direito, previsto no art. 187 do Código Civil, é um importante aliado por ocasião da aplicação da teoria da responsabilidade civil à análise de eventual ilicitude civil de um ato praticado no contexto de divulgação de informação, já que, em princípio, essa manifestação é abarcada pela liberdade de expressão. Em linhas gerais, o referido instituto leva em consideração a funcionalização do direito exercido, ou seja, se ele atende sua finalidade econômica ou social, boa-fé ou bons costumes. Essa análise funcional é feita com base em uma análise de responsabilidade civil objetiva, ou seja, não leva consideração se o ato foi praticado a título de dolo ou a título de culpa.

Em caso de publicação de informação ofensiva a algum direito da personalidade, a imputação de responsabilidade levará em consideração essa análise funcionalizada do exercício da liberdade de expressão para fins de responsabilidade civil. No presente contexto, a ideia de responsabilidade civil atinge não apenas a obrigação de indenizar, nos termos do art. 927 do Código Civil, mas também a obrigação de retirar a informação da internet. Essa responsabilidade civil também pode ser imputada ao provedor de aplicações de internet, nos termos do art. 19 do Marco Civil da Internet (Lei nº 12.965/2014), havendo controvérsia sobre o condicionamento dessa responsabilidade a uma prévia judicialização da questão por parte da vítima.

Em caso de informação falsa ou descontextualizada (*fake news*), o raciocínio é, substancialmente, o mesmo, tanto para quem gera essa informação falsa quanto para o provedor de aplicações de internet. Questionamento mais tormentoso é em relação à pessoa que repassa informação recebida sem checagem prévia da veracidade ou contextualização do seu conteúdo. Concluiu-se no presente artigo que, no contexto temporal do início da terceira década do século XXI, não bastaria a falta de checagem prévia da informação para imputação de responsabilidade civil a quem encaminha ou publica conteúdo dessa natureza, sendo possível a obrigação de indenizar, sem prejuízo da obrigação de retirada do conteúdo, quando, além desse fator, houver a concomitância de outro, que demonstre de forma inequívoca a ausência de funcionalização do exercício da liberdade de expressão.

Referências

3G. *In: WIKIPÉDIA*: a enciclopédia livre. [São Francisco, CA: Fundação Widimedia], 2020. Disponível em: https://pt.wikipedia.org/wiki/3G. Acesso em: 29 dez. 2020.

BOULOS, Daniel M. *Abuso de Direito no novo Código Civil*. São Paulo: Método, 2006.

BRASIL. *Constituição da República Federativa do Brasil*. Brasília, DF: Senado Federal, 2020. Disponível em: http://www.planalto.gov.br/ccivil_03/constituicao/constituicao.htm. Acesso em: 19 dez. 2020.

BRASIL. *Decreto nº 592, de 6 de Julho de 1992*. Atos Internacionais. Pacto Internacional sobre Direitos Civis e Políticos. Promulgação. Brasília, DF: Senado Federal, 2020. Disponível em: http://www.planalto.gov.br/ccivil_03/decreto/1990-1994/d0592.htm. Acesso em: 20 dez. 2020.

BRASIL. *Lei nº 12.965, de 23 de abril de 2014*. Estabelece princípios, garantias, direitos e deveres para o uso da Internet no Brasil. Brasília, DF: Senado Federal, 2020. Disponível em: http://www.planalto.gov.br/ccivil_03/_ato2011-2014/2014/lei/l12965.htm. Acesso em: 18 dez. 2020.

BRASIL. *Lei nº 13.709, de 14 de agosto de 2018*. Dispõe sobre a proteção de dados pessoais e altera a Lei nº 12.965, de 23 de abril de 2014 (Marco Civil da Internet). Diário Oficial da União: seção 1, Brasília, DF, ano 155, n. 157, p. 59-64, 15 ago. 2018.

COLNAGO, Cláudio de Oliveira Santos. *Liberdade de expressão na internet*: desafios regulatórios e parâmetros de interpretação. 2016. 208 f. Tese (Doutorado em Direitos e Garantias Fundamentais) – Programa de Pós-Graduação em Direitos e Garantias Fundamentais, Faculdade de Direito de Vitória, Vitória, 2016.

DATAREPORTAL. *Digital 2020*: October Global Statshot. Disponível em: https://datareportal.com/reports/digital-2020-october-global-statshot. Acesso em: 20 dez. 2020

FACEBOOK INVESTOR RELATIONS. *Facebook Reports First Quarter 2020 Results*. Disponível em: https://investor.fb.com/investor-news/press-release-details/2020/Facebook-Reports-First-Quarter-2020-Results/default.aspx. Acesso em: 20 dez. 2020

FLUMIGNAN, Wévertton Gabriel Gomes; LISBOA, Roberto Senise. A responsabilidade civil dos provedores de internet pela supressão de notícias falsas sobre saúde pública. *Revista de Direito do Consumidor*, São Paulo, v. 130, p. 183-202, jul./ago. 2020.

G1. *Facebook Anuncia compra do Instagram*. Disponível em: http://g1.globo.com/tecnologia/noticia/2012/04/facebook-anuncia-compra-do-instagram.html. Acesso em: 20 dez. 2020.

IPHONE. *In: WIKIPÉDIA*: a enciclopédia livre. [São Francisco, CA: Fundação Widimedia], 2020. Disponível em: https://pt.wikipedia.org/wiki/IPhone#:~:text=Foi%20lan%C3%A7ado%20em%2011%20de,celulares%20mais%20vendidos%20do%20mundo. Acesso em: 29 dez. 2020.

LEMOS, Ronaldo. *Internet brasileira precisa de marco regulatório civil*. Disponível em: http://tecnologia.uol.com.br/ultnot/2007/05/22/ult4213u98.jhtm. Acesso em: 20 dez. 2020.

LIMA, William Costódio. A liberdade de expressão como novo direito na sociedade em rede: limites em casos envolvendo blogs no Poder Judiciário brasileiro. *In*: Congresso Internacional de Direito e Contemporaneidade: mídias e direitos da sociedade em rede da UFSM – Universidade Federal de Santa Maria, 4., 2017, Santa Maria. *Anais* [...], Santa Maria: UFSM – Universidade Federal de Santa Maria, 2017. Disponível em http://www.ufsm.br/congressodireito/anais. Acesso em 27/12/2020.

SOARES, Renzo Gama. *Responsabilidade civil objetiva*: pressupostos e aplicação. Rio de Janeiro: Lumen Juris, 2011.

SOBRAL, Cristiano. A responsabilidade civil dos provedores e de terceiros pelas *fake news*. *Consultor Jurídico*, São Paulo, v. 2018. Disponível em: https://www.conjur.com.br/2018-out-27/cristiano-sobral-responsabilidade-civil-provedores-fake-news. Acesso em: 27 dez. 2020.

TAVARES, André Ramos. *Curso de Direito Constitucional*. 18. ed. São Paulo: Saraiva, 2020.

TECNOBLOG. *Facebook compra WhatsApp por US$ 16 bilhões*. Disponível em: https://tecnoblog.net/151547/facebook-compra-whatsapp-16-bilhoes-de-dolares/. Acesso em: 20 dez. 2020

TOMASEVICIUS FILHO, Eduardo. Marco Civil da Internet: uma lei sem conteúdo normativo. *Estud. av.*, São Paulo, v. 30, n. 86, p. 269-285, abr. 2016. Disponível em: http://www.scielo.br/scielo.php?script=sci_arttext&pid=S0103-40142016000100269. Acesso em 20 dez. 2020.

TORRES, Fernanda Carolina. O direito fundamental à liberdade de expressão e sua extensão. *Revista de Informação Legislativa*, v. 50, n. 200, p. 61-80, out./dez. 2013. Disponível em: http://www2.senado.leg.br/bdsf/handle/id/502937. Acesso em: 20 dez. 2020.

USP – UNIVERSIDADE DE SÃO PAULO. Biblioteca Virtual de Direitos Humanos. *Declaração de direitos do homem e do cidadão*. São Paulo: USP, c2020. Disponível em: http://www.direitoshumanos.usp.br/index.php/Documentos-anteriores-%C3%A0-cria%C3%A7%C3%A3o-da-Sociedade-das-Na%C3%A7%C3%B5es-at%C3%A9-1919/declaracao-de-direitos-do-homem-e-do-cidadao-1789.html. Acesso em: 19 dez. 2020.

WORLDOMETER. *World Population*. Disponível em: https://www.worldometers.info/. Acesso em: 22 dez. 2020

Informação bibliográfica deste texto, conforme a NBR 6023:2018 da Associação Brasileira de Normas Técnicas (ABNT):

SOARES, Renzo Gama; MOTTA, Paulo Antonio Marques. Liberdade de expressão e abuso de direito na internet. *In*: BUFULIN, Augusto Passamani (Coord.). *Questões atuais de Direito Privado*. Belo Horizonte: Fórum, 2022. p. 103-127. ISBN 978-65-5518-301-6.

II
DIREITO DO TRABALHO

O (NÃO) RECONHECIMENTO DE VÍNCULO EMPREGATÍCIO NAS NOVAS FORMAS DE PRESTAÇÃO DE SERVIÇOS (UBER, IFOOD)

AUGUSTO PASSAMANI BUFULIN
LUANA ASSUNÇÃO DE ARAÚJO ALBUQUERK

1 Introdução

A diversidade e a complexidade das relações entre os sujeitos no universo dos fatos exigem que o direito se adeque aos diversos conflitos que são levados ao Judiciário, dentre eles, as repetidas demandas que são levadas ao Judiciário com o objetivo de discutir a existência ou não do vínculo de emprego nas relações mantidas entre as empresas que mantêm plataformas digitais de serviços, tais como a Uber e o iFood, e os indivíduos que se vinculam a referidas empresas para a prestação de serviços, tais como de condutor de veículos de transporte e entregador de produtos.

As relações mantidas entre os prestadores de serviços e as empresas que promovem a intermediação entre esses prestadores e os consumidores dos serviços prestados são bastante complexas sob a ótica do direito do trabalho, sendo necessário analisar se é possível ou não falar em vínculo de emprego em tais situações ou se o trabalho desenvolvido pelos motoristas e entregadores de aplicativos se desenvolve de forma autônoma.

É preciso, portanto, abordar as novas formas de prestação de serviços (casos de Uber, iFood) atualmente vigentes e a (não) caracterização do vínculo de emprego, considerando o que dispõe a legislação pátria sobre os requisitos necessários para o reconhecimento do vínculo empregatício, propondo-se ainda uma abordagem acerca do posicionamento do Tribunal Superior do Trabalho sobre o tema.

O presente trabalho, portanto, busca fazer uma análise geral sobre as novas formas de prestação de serviços (casos de

Uber, iFood) e as problemáticas envolvendo a discussão acerca da configuração (ou não) do vínculo de emprego nessas hipóteses.

Para tanto, propõe-se uma abordagem sobre os conceitos e as diferenças entre as relações de trabalho enquanto gênero e a relação empregatícia enquanto espécie, sendo que somente em se tratando das hipóteses em que restam configurados os requisitos da relação empregatícia é que se justifica a aplicação dos direitos previstos nas Consolidações das Leis do Trabalho (CLT) e demais legislações trabalhistas voltadas para essa espécie de vínculo.

Em seguida, será feita uma abordagem sobre as novas formas de prestação de serviços (casos de Uber, iFood) e a (não) caracterização dos elementos do vínculo de emprego à luz da legislação vigente.

Será feita ainda uma análise sobre as decisões que já foram proferidas pelo Tribunal Superior do Trabalho (TST) sobre a temática.

Ao final, será traçada uma abordagem sobre a (não) caracterização dos elementos do vínculo de emprego sobre as novas formas de prestação de serviços (casos de Uber, iFood) à luz da legislação vigente e também do posicionamento que vem sendo adotado pelo TST.

2 Relação de trabalho x relação de emprego

O direito do trabalho tem por objeto disciplinar as relações de trabalho existentes entre os prestadores de serviços e os seus contratantes, incluindo nesse contexto as relações de emprego que são amparadas pela CLT.

Contudo, os conceitos de relação de trabalho e de relação de emprego não se confundem, sendo que nem toda relação de trabalho será enquadrada como relação de emprego para justificar a aplicação dos regramentos previstos na CLT e demais legislações correlatas. A relação de trabalho é o gênero, enquanto a relação de emprego é uma espécie desse gênero, sendo que essa relação de emprego é a que está presente no conceito que pode ser extraído dos artigos 2º e 3º da CLT.[1]

---

[1] Art. 2º – Considera-se empregador a empresa, individual ou coletiva, que, assumindo os riscos da atividade econômica, admite, assalaria e dirige a prestação pessoal de serviço.

Segundo dispõe Arnaldo Sussekind,[2] "o conceito de relação de trabalho é tão amplo, abrangendo todo contrato de atividade, que o fundamento da sua conceituação é a pessoa do trabalhador, qualquer que seja a modalidade do serviço prestado", tratando-se de relação em que são vinculadas duas pessoas, sendo o sujeito da obrigação necessariamente uma pessoa física, em relação à qual o contratante tem o direito subjetivo de exigir o trabalho ajustado no contrato firmado entre as partes.

Essa prestação de serviços poderá ser desenvolvida de formas variadas, podendo ser gratuita ou onerosa, pessoal ou executada por meio de uma subcontratação, podendo ainda ter prazo de duração de horas, dias, meses ou até mesmo anos. Até mesmo o *modus operandi* do serviço a ser prestado poderá ser ajustado à modalidade de contratação firmada para a efetiva prestação dos serviços contratados.

Sobre o conceito e as características das relações de trabalho, ensina Mauricio Godinho Delgado[3] que:

> Refere-se (relação de trabalho), pois, a toda modalidade de contratação de trabalho humano modernamente admissível. A expressão relação de trabalho englobaria, desse modo, a relação de emprego, a relação de trabalho autônomo, a relação de trabalho eventual, de trabalho avulso e outras modalidades de pactuação de prestação de labor (como trabalho de estágio, etc.).

---

§1º – Equiparam-se ao empregador, para os efeitos exclusivos da relação de emprego, os profissionais liberais, as instituições de beneficência, as associações recreativas ou outras instituições sem fins lucrativos, que admitirem trabalhadores como empregados.
§2º Sempre que uma ou mais empresas, tendo, embora, cada uma delas, personalidade jurídica própria, estiverem sob a direção, controle ou administração de outra, ou ainda quando, mesmo guardando cada uma sua autonomia, integrem grupo econômico, serão responsáveis solidariamente pelas obrigações decorrentes da relação de emprego.
§3º Não caracteriza grupo econômico a mera identidade de sócios, sendo necessárias, para a configuração do grupo, a demonstração do interesse integrado, a efetiva comunhão de interesses e a atuação conjunta das empresas dele integrantes.
Art. 3º – Considera-se empregado toda pessoa física que prestar serviços de natureza não eventual a empregador, sob a dependência deste e mediante salário.
Parágrafo único – Não haverá distinções relativas à espécie de emprego e à condição de trabalhador, nem entre o trabalho intelectual, técnico e manual (BRASIL. *Consolidação das Leis do Trabalho*. Disponível em: http://www.planalto.gov.br/ccivil_03/decreto-lei/del5452.htm. Acesso em: 19 dez. 2020).

[2] SUSSEKIND, Arnaldo. Da relação de trabalho. *Revista do TRT/EMATRA – 1ª Região*, Rio de Janeiro, v. 20, n. 46, jan./dez. 2009.

[3] DELGADO, Maurício Godinho. *Curso de Direito do Trabalho*. 18. ed. São Paulo: LTR, 2019. p. 333.

Excluindo-se a hipótese da relação de emprego, as relações de trabalho são regulamentadas pelos preceitos do direito civil e/ou legislação especial, como ocorre nos contratos de prestação de serviços autônomos, contratos de representação comercial, entre outros.

Já as relações de emprego são aquelas em que se encontram presentes os requisitos dos artigos 2º e 3º da CLT e, por isso, são relações que são regulamentadas pelas disposições na CLT, além de outras leis aplicáveis aos contratos firmados na modalidade de vínculo de emprego. Segundo a disciplina da CLT, a relação de emprego existe quando ficar caracterizada a relação jurídica que tem por objeto o trabalho humano não eventual e subordinado, prestado com pessoalidade, mediante remuneração.

A própria CLT traz o conceito de relação de emprego como sendo aquela relação em que o liame jurídico se opera entre os contratantes com pessoalidade, não eventualidade, subordinação e de forma onerosa.

No que se refere à pessoalidade, a relação de emprego sempre será uma relação *intuito personae*, pois o contrato deverá ser executado pelo trabalhador contratado que não poderá fazer-se substituir por outra pessoa.

No vínculo de emprego, também fica evidenciado o requisito da não eventualidade, que consiste na ideia de que a prestação de serviço é executada de forma habitual, o que significa dizer que o empregado se obriga a prestar os seus serviços com continuidade, da mesma forma que as obrigações do empregador permanecem enquanto durar a relação de emprego.

A subordinação é elemento próprio das relações de emprego que se traduz na transferência pelo empregado ao empregador do poder de direção sobre o seu trabalho, ficando o empregado sujeito às diretrizes que são impostas pelo empregador. Consiste, nos dizeres de Mauricio Godinho Delgado:[4]

> Na situação jurídica derivada do contrato de trabalho, pela qual o empregado compromete-se a acolher o poder de direção empresarial no modo de realização de sua prestação de serviços. Traduz-se, em suma,

---

[4] DELGADO, Maurício Godinho. *Curso de Direito do Trabalho*. 18. ed. São Paulo: LTR, 2019. p. 350.

na "situação em que se encontra o trabalhador, decorrente da limitação contratual da autonomia de sua vontade, para o fim de transferir ao empregador o poder de direção sobre a atividade que desempenhará".

Ainda sobre a subordinação jurídica, segundo o artigo 6º da CLT,[5] "os meios telemáticos e informatizados de comando, controle e supervisão se equiparam, para fins de subordinação jurídica, aos meios pessoais e direitos de comando, controle e supervisão do trabalho alheio".

A remuneração é a contraprestação devida pelo empregador ao empregado pelos serviços que foram prestados, não se admitindo a relação de emprego gratuita.

Conforme o artigo 2º da CLT, considera-se empregador a pessoa física ou jurídica que, assumindo os riscos da atividade econômica, admite, assalaria e dirige a prestação pessoal de serviço.

A existência de relação de emprego somente se verifica quando todas essas características estiverem presentes ao mesmo tempo, podendo se afirmar, portanto, que a ausência de um ou de alguns desses elementos caracterizadores pode implicar a existência de uma relação de trabalho, mas jamais de uma relação de emprego.

3 Das novas formas de prestação de serviços (casos de Uber, iFood) e a (não) caracterização do vínculo de emprego

Em razão do alto índice de desemprego, aliado à inserção no mercado de empresas como a Uber e o iFood, houve um crescimento exponencial no número de indivíduos que trabalham como motoristas de aplicativos, entregadores, entre outras atividades semelhantes, estando vinculados às referidas empresas, que são responsáveis por intermediar a contratação dos serviços dos trabalhadores para atender a necessidade dos consumidores que fazem uso dos seus aplicativos.

---

[5] BRASIL. *Consolidação das Leis do Trabalho*. Disponível em: http://www.planalto.gov.br/ccivil_03/decreto-lei/del5452.htm. Acesso em: 19 dez. 2020.

Como consequência, surge no ordenamento jurídico discussão atual e vigente em torno da existência (ou não) do vínculo empregatício entre os prestadores de serviços que são vinculados a essas plataformas e as empresas que são proprietárias das plataformas digitais que operacionalizam os serviços que são prestados por esses trabalhadores.

A questão que é posta em discussão é se esses prestadores de serviços (motoristas, entregadores) se vinculam com as empresas, como a Uber e o iFood, mediante um vínculo de emprego ou se ficaria configurada uma relação de trabalho sem a incidência da proteção aos direitos trabalhistas conferida pela CLT e por leis especiais aplicáveis às relações de emprego.

Inicialmente, poder-se-ia defender que a questão é de simples solução, uma vez que bastaria uma análise dos requisitos dos artigos 2º e 3º da CLT para avaliar se estariam presentes a figura do empregador e os requisitos do vínculo de emprego, compreendendo a pessoalidade, a subordinação, a habitualidade e a onerosidade.

Entretanto, é inegável que o serviço prestado nesses casos é inovador em razão das peculiaridades da forma de organização do trabalho, que somente é possível por intermédio dos avanços no campo da tecnologia, o que atrai a necessidade de que a questão seja discutida observando as particularidades que são inerentes a esse tipo de prestação de serviços, não sendo possível a solução da controvérsia com base em uma leitura literal e seca das disposições contidas nos artigos 2º e 3º da CLT.

As relações entre aplicativos e motoristas/entregadores estão inseridas em um novo conceito de trabalho, havendo aqui uma relação triangular, em que as empresas fazem a intermediação entre os trabalhadores e os clientes.

Se, de um lado, está a figura do trabalhador, que se sujeita a algumas diretrizes que são impostas pelos aplicativos – tais como preço do serviço, tipo de serviço ofertado, número de entregas/corridas que poderão ser recusadas, padrões mínimos para atendimento ao cliente –, de outro lado situam-se empresas que não exigem exclusividade, não definem horário de trabalho e sequer o local da prestação de serviços, não podendo sequer exigir assiduidade dos prestadores de serviços, pois atuam apenas como facilitadoras dos serviços que são prestados.

O percentual do valor que é pago pelo cliente e repassado ao motorista ou entregador também justifica que a (não) caracterização do vínculo de emprego seja analisada considerando as particularidades dessa nova forma de prestação de serviços, pois o trabalhador aufere a maior parte do valor pago pela corrida ou pela entrega.

Surge uma discussão, portanto, se todos os elementos caracterizadores da relação de emprego estariam presentes, na medida em que há uma mitigação da habitualidade, da onerosidade e da subordinação jurídica.

A questão posta vem sendo objeto de amplo debate nos tribunais regionais do trabalho, havendo decisões que são favoráveis ao reconhecimento do vínculo de emprego, bem como decisões que destoam desse entendimento para afastar o reconhecimento do vínculo de emprego por se tratar de uma relação de trabalho sem a presença dos requisitos dos artigos 2º e 3º da CLT, em especial porque não restaria configurada a subordinação dos trabalhadores que se vinculam a esses aplicativos.

O Superior Tribunal de Justiça (STJ), ao ser instado a se manifestar sobre a competência para processar e julgar as demandas propostas pelos motoristas de aplicativos em face da plataforma Uber, afirmou ser da justiça comum tal competência, afastando assim as hipóteses de caracterização de uma relação de emprego sob o entendimento de que os motoristas de aplicativos são trabalhadores autônomos.[6]

A decisão do STJ e dos tribunais regionais do trabalho que são favoráveis ao não reconhecimento do vínculo de emprego coaduna com a ideia de que não estariam presentes os elementos da onerosidade, da habitualidade e da subordinação jurídica que são caracterizadores da relação de emprego, pois os motoristas e entregadores de aplicativos possuem liberdade para se vincularem a mais de um aplicativo de forma concomitante, além de poderem organizar e gerir o modo como se dará a execução dos seus

---

[6] *Motorista de aplicativo é trabalhador autônomo, e ação contra empresa compete à Justiça comum.* Disponível em: https://www.stj.jus.br/sites/portalp/Paginas/Comunicacao/Noticias/Motorista-de-aplicativo-e-trabalhador-autonomo--e-acao-contra-empresa-compete-a-Justica-comum.aspx. Acesso em: 26 dez. 2020.

serviços (locais, horários, corridas que serão aceitas/recusadas), sendo proprietários dos veículos que são utilizados nas entregas, assumindo, por conseguinte, os riscos das suas atividades.

Se o trabalhador tem liberdade para se vincular a vários aplicativos, não possui horário de trabalho, local fixo para prestar serviços e sequer a obrigação de trabalho em dias predefinidos, é possível o reconhecimento do vínculo de emprego na forma dos artigos 2º e 3º da CLT?

Resta evidenciado que a questão ainda é controversa e não possui uma simples solução pautada nas disposições contidas na CLT em razão das peculiaridades que são inerentes a essa nova modalidade de prestação de serviços pelos motoristas e entregadores de aplicativos.

Contudo, a aplicação irrestrita dos artigos 2º e 3º da CLT não se mostra plausível, pois é inegável que, nessas relações, há uma mitigação de alguns elementos básicos da relação de emprego (a onerosidade, a habitualidade e a subordinação), o que, *a priori*, demonstra que não há vínculo de emprego entre os prestadores de serviços que são vinculados a essas plataformas mantidas por empresas como a Uber e o iFood e as empresas que são proprietárias das plataformas digitais, responsáveis apenas por operacionalizar os serviços que são prestados por esses trabalhadores, ou seja, atuando como simples facilitadoras no processo de prestação de serviços.

4 Da jurisprudência do Tribunal Superior do Trabalho sobre o tema

O TST já se pronunciou sobre o tema relativo às novas formas de prestação de serviços dos motoristas do aplicativo Uber e a (não) caracterização do vínculo de emprego em duas ocasiões, sendo que, em ambas, a conclusão do TST foi no sentido de não reconhecer a relação de emprego entre os motoristas e o aplicativo Uber.

Em acórdão prolatado nos autos do RR-1000123-89.2017.5.02.0038,[7] a 5ª Turma do TST entendeu pela inexistência

---

[7] BRASIL. Tribunal Superior do Trabalho. TST-RR-1000123-89.2017.5.02.0038. Disponível em: https://tst.jusbrasil.com.br/jurisprudencia/807016681/recurso-de-revista-rr-10001238920175020038. Acesso em: 16 dez. 2020.

de relação de emprego entre os motoristas e o aplicativo de transportes Uber, sob o fundamento de inexistência de onerosidade e subordinação na relação.

No acórdão, foi adotada a tese de que o alto percentual sobre os valores pagos pelas viagens recebido pelos motoristas não caracterizaria a onerosidade típica do vínculo empregatício, mais se aproximando o caso de um labor autônomo. Por outro lado, a subordinação jurídica não estaria presente, em razão do nível de flexibilidade do motorista quanto à determinação de sua rotina, da escolha do número de clientes a serem atendidos, do itinerário e da jornada de trabalho.

A 4ª Turma do TST, em acórdão proferido nos autos do processo AIRR – 10575-88.2019.5.03.0003, também se posicionou contra a existência de vínculo de emprego entre um motorista e o aplicativo Uber.

No acórdão, em face do teor da Súmula nº 126 do TST,[8] foi mantido o entendimento constante da decisão recorrida quanto ao reconhecimento da ampla autonomia na prestação de serviços.

Acrescentou ainda a referida turma que a relação de emprego definida pela CLT tem como padrão a relação clássica de trabalho industrial, comercial e de serviços. Nessa linha, as novas formas de trabalho deveriam ser reguladas por leis próprias e, enquanto o legislador não as editar, não pode o julgador aplicar de forma indiscriminada o padrão da relação de emprego inserido na CLT, concluindo que a relação dos motoristas com o aplicativo Uber se assemelha ao contrato de transportador autônomo, regulamentado pela Lei nº 11.442/2007, já que o motorista pode decidir livremente quando e se disponibilizará seu serviço de transporte para os usuários-clientes sem qualquer exigência de trabalho mínimo, de número mínimo de viagens por período e de faturamento mínimo, isso tudo sem qualquer fiscalização ou punição por parte da Uber.

Ambas as decisões proferidas pelo TST evidenciam uma preocupação dos julgadores em analisar os requisitos da relação de

---

[8] Súmula nº 126 do TST. RECURSO. CABIMENTO (mantida) – Res. 121/2003, DJ 19, 20 e 21.11.2003. Incabível o recurso de revista ou de embargos (arts. 896 e 894, "b", da CLT) para reexame de fatos e provas. (BRASIL. Tribunal Superior do Trabalho. Disponível em: https://www3.tst.jus.br/jurisprudencia/Sumulas_com_indice/Sumulas_Ind_101_150.html. Acesso em: 04 jan. 2021).

emprego contidos nos artigos 2º e 3º da CLT sob a ótica de uma nova modalidade de relação de trabalho que possui peculiaridades em sua forma de organização do trabalho, não justificando a aplicação irrestrita do disposto na CLT acerca da caracterização das relações de emprego.

Os artigos 2º e 3º da CLT possuem redação criada em 1943 em contexto histórico totalmente distinto do atualmente vigente, em que os serviços prestados pelos motoristas e entregadores de aplicativos são facilitados por plataformas tecnológicas.

De mais a mais, o TST vem valorando as peculiaridades desse tipo de prestação de serviços, em que há uma incontestável relativização dos elementos da onerosidade, da habitualidade e da subordinação jurídica, que são caracterizadores da relação de emprego, pois os motoristas e entregadores de aplicativos possuem liberdade para se vincularem a mais de um aplicativo de forma concomitante, além de poderem organizar e gerir o modo como se dará a execução dos seus serviços (locais, horários, corridas que serão aceitas/recusadas).

5 Conclusão

Diante da exposição, conclui-se que houve um crescimento exponencial no número de indivíduos que trabalham como motoristas de aplicativos ou como entregadores, cuja atividade fica vinculada a aplicativos como a Uber e o iFood, que são responsáveis por intermediar a contratação dos serviços dos trabalhadores para atender a necessidade dos consumidores que fazem uso dos seus aplicativos.

Para o ordenamento jurídico, surge a necessidade de apreciar essas novas formas de prestação de serviços para definir se é possível reconhecer o vínculo de emprego entre os trabalhadores e as plataformas digitais ou se o que resta configurado é uma nova forma de relação de trabalho prestado de forma autônoma e sem vínculo.

Os conceitos de relação de trabalho e de relação de emprego não se confundem, sendo que nem toda relação de trabalho será enquadrada como relação de emprego para justificar a aplicação dos regramentos previstos na CLT e legislação especial aplicável, sendo que somente será reconhecida a relação de emprego quando restar configurada a figura do empregador e ficar caracterizada a prestação de serviços de forma onerosa, habitual, subordinada e pessoal.

A existência de relação de emprego somente se verifica quando todas essas características estiverem presentes ao mesmo tempo, podendo se afirmar, portanto, que a ausência de um ou de alguns desses elementos caracterizadores pode implicar a existência de uma relação de trabalho, mas jamais de uma relação de emprego.

No caso dos motoristas e entregadores de aplicativo, o que se observa é que eles possuem liberdade para se vincularem a mais de um aplicativo de forma concomitante, além de poderem organizar e gerir o modo como se dará a execução dos seus serviços (locais, horários, corridas que serão aceitas/recusadas). Além disso, auferem renda que não se insere no conceito de onerosidade proposto pelo artigo 3º da CLT.

Portanto, a questão em torno da existência (ou não) do vínculo de emprego na relação entre os motoristas e entregadores e as empresas-aplicativos a que se vinculam requer uma discussão observando as particularidades que são inerentes a esse tipo de prestação de serviços, não sendo possível a solução da controvérsia com base em uma leitura literal e seca das disposições contidas nos artigos 2º e 3º da CLT.

É nesse contexto que se conclui que a aplicação irrestrita dos artigos 2º e 3º da CLT não se mostra plausível, pois é inegável que, nessas relações, há uma mitigação de elementos básicos da relação de emprego (a onerosidade, a habitualidade e a subordinação), o que, *a priori*, demonstra que não há vínculo de emprego entre os prestadores de serviços que são vinculados a essas plataformas mantidas por empresas como a Uber e o iFood e as empresas que são proprietárias das plataformas digitais responsáveis apenas por operacionalizar os serviços que são prestados por esses trabalhadores, ou seja, atuando como simples facilitadoras no processo de prestação de serviços.

Referências

BRASIL. *Consolidação das Leis do Trabalho*. Disponível em: http://www.planalto.gov.br/ccivil_03/decreto-lei/del5452.htm. Acesso em: 19 dez. 2020.

BRASIL. Superior Tribunal de Justiça. *Motorista de aplicativo é trabalhador autônomo, e ação contra empresa compete à Justiça comum*. Disponível em: https://www.stj.jus.br/sites/portalp/Paginas/Comunicacao/Noticias/Motorista-de-aplicativo-e-trabalhador-autonomo--e-acao-contra-empresa-compete-a-Justica-comum.aspx. Acesso em: 26 dez. 2020.

BRASIL. Tribunal Superior do Trabalho. *TST-RR-1000123-89.2017.5.02.0038*. Disponível em: https://tst.jusbrasil.com.br/jurisprudencia/807016681/recurso-de-revista-rr-10001238920175020038. Acesso em: 16 dez. 2020.

BRASIL. Tribunal Superior do Trabalho. *Acórdão Processo: AIRR – 10575-88.2019.5.03.0003*. Disponível em: https://jurisprudencia.tst.jus.br/?p=csjt#ace750066abb32447598485e6cfcab3e. Acesso em: 16 dez. 2020.

BRASIL. Tribunal Superior do Trabalho. *Súmula 126*. Disponível em: https://www3.tst.jus.br/jurisprudencia/Sumulas_com_indice/Sumulas_Ind_101_150.html. Acesso em: 04 jan. 2021.

DELGADO, Maurício Godinho. *Curso de Direito do Trabalho*. 18. ed. São Paulo: LTR, 2019.

SUSSEKIND, Arnaldo. Da relação de trabalho. *Revista do TRT/EMATRA – 1ª Região*, Rio de Janeiro, v. 20, n. 46, jan./dez. 2009.

Informação bibliográfica deste texto, conforme a NBR 6023:2018 da Associação Brasileira de Normas Técnicas (ABNT):

BUFULIN, Augusto Passamani; ALBUQUERK, Luana Assunção de Araújo. O (não) reconhecimento de vínculo empregatício nas novas formas de prestação de serviços (Uber, iFood). *In*: BUFULIN, Augusto Passamani (Coord.). *Questões atuais de Direito Privado*. Belo Horizonte: Fórum, 2022. p. 131-142. ISBN 978-65-5518-301-6.

O TELETRABALHO E A SOCIEDADE CONTEMPORÂNEA

CLÁUDIO IANNOTTI DA ROCHA

1 Introdução

O mundo do trabalho é o universo da descoberta e da constante mudança; afinal, a cada segundo, minuto, hora e dia, mudanças acontecem e algo é pensado e criado. Por isso, a ciência e a tecnologia não param de planejar novos produtos, aumentando a expectativa de vida do ser humano, permitindo que possamos viver mais tempo, com uma qualidade de vida melhor e de maneira mais ativa.

O universo laboral não para e nem descansa. Sabemos que, ao mesmo tempo, enquanto em alguns países é dia, em outros é noite, e por isso no momento em que as pessoas nestes em sua grande maioria dormem, naqueles trabalham para que novas descobertas sejam pensadas, planejadas e testadas. Além disso, atualmente, anoitecer não significa descansar, afinal, com as novas tecnologias e modalidades de labor, pode corresponder a trabalho e muita produção. Otimizar, racionalizar e controlar o tempo é sinônimo de estar um passo à frente dos demais concorrentes e corolário lógico mais próximo de uma grande inovação.

Assim como o planeta Terra não para de girar, fazendo movimentos de rotação e de translação, o homem não para de evoluir, pensar, produzir riquezas e novas descobertas. A história nos faz rememorar como a relação entre o homem e o trabalho modificou-se sempre norteada pela relação quadrilátera entre sociedade, cultura, trabalho e economia.

Trabalhar é, ao mesmo tempo, um ato diário de doação, evolução e superação. O progresso e a prosperidade são inerentes ao ser humano, afinal, é para frente que se pensa, olha e anda, e o que interliga todos esses pontos é a inovação.

Não existe sociedade sem trabalho organizado, pois é justamente a partir dele que criamos uma interdependência entre nós e passamos a depender uns dos outros, constituindo diferentes laços. O homem é um ser social e, por isso, para sua sobrevivência, necessita de relacionamentos afetivos e profissionais.

O trabalhar envolve concomitantemente habilidade, conhecimento e tempo. Por isso que o trabalho é a transformação da natureza de forma voluntária e consciente, almejando determinado fim, podendo ele ser material quando o esforço é físico e preponderantemente imaterial quando a atividade intelectual é dominante.

No início de tudo, éramos nômades, vivíamos da caça e da pesca, residíamos nas cavernas, e nossa principal preocupação era não morrermos de frio nem de fome e tampouco sermos devorados por algum animal ou por alguma tribo inimiga. Dependíamos uns dos outros para o compartilhamento de utensílios de trabalho, e tudo era de todos e, neste contexto, eis que emerge uma das maiores descobertas que até a presente data nos é imprescindível: o fogo.

Posteriormente, nos séculos XVIII e XIX, criamos a máquina a vapor e, com isso, no decorrer do tempo, surgiram na Inglaterra as usinas e as indústrias de algodão, linho, tratamento de lã, preparação da seda, a produção de ferro, a construção de ferrovias e de estradas e a construção do barco a vapor (que permitiu, inclusive, as descobertas de novos territórios – continentes), sendo que no bojo deste é que ocorreu a Primeira Revolução Industrial (1760-1860).

Nesse momento histórico, começamos a dividir o local de trabalho com as máquinas, fato este que iria mudar o destino do homem, do trabalho e da sociedade. A humanidade, a partir de então, jamais seria a mesma. Registrava-se ali uma mudança sem precedentes, afinal os espaços nas fábricas passaram a ser racionalizados e adequados.

A partir de meados do século XIX, emerge a Segunda Revolução Industrial. Almejando otimizar a escala produtiva, engendramos a máquina movida à eletricidade e ao petróleo, introduzindo no mundo laboral as indústrias com os sistemas taylorista e fordista, que potencializaram ainda mais a produção, otimizando consideravelmente a velocidade e a quantidade do processo produtivo, que ganharam ainda mais propulsão através da expansão das ferrovias e da produção do aço. A evolução das embarcações fez com que alcançássemos terras outrora desconhecidas e ainda mais distantes, com velocidade otimizada, permanecendo ainda mais tempo no mar.

É no contexto da Segunda Revolução Industrial (1860-1945) que surge o suporte fático para a configuração do que, atualmente, é conhecido por relação de emprego, formada pela existência concomitante dos seguintes elementos fático-jurídicos: trabalho prestado por pessoa física com pessoalidade, onerosidade, habitualidade e subordinação. Seria uma questão de tempo para que cada país, mais cedo ou mais tarde, normatizasse essa relação social que acontecia dentro das indústrias, mas que repercutia efeitos na sociedade.

Outro fator de grande impacto que surgiu nesse período é que, através das navegações e das ferrovias, otimizaram-se – ou, até mesmo, iniciaram-se, afinal é impossível asseverar um ou outro – as relações comerciais entre as empresas de diferentes países e também entre os países. Assim, nações e indústrias alcançam dimensões extraterritoriais que ainda não possuíam. Por isso, pode-se imaginar que aqui emerge a semente da globalização.

2 Da revolução digital

Aproximadamente em 1970, desponta a Terceira Revolução Industrial, técnico-científico-informacional, que faz emergir o sistema toyotista de produção, caracterizado pela informatização.

É nesse momento histórico que emergem as inovações e os avanços tecnológicos, sobretudo nos campos da microinformática, robótica, microeletrônica e telecomunicações, além da abertura dos mercados, com a globalização econômica e cultural e a reestruturação produtiva e empresarial, pautada pelo toyotismo. Este traz consigo uma nova sistemática, otimizando e racionalizando ainda mais os espaços, fazendo com que as indústrias ficassem menores, divididas e pensadas de maneira mais objetiva, com a produção fracionada e com viés imediatista, sem estoques, o que também é conhecido como *just in time*.

Antes, as fábricas tinham que ser grandes, devendo realizar todo o processo produtivo, englobando o ingresso da matéria-prima até a saída do produto final. No sistema toyotista, não mais, tendo em vista que, através dos computadores nas indústrias, a palavra que iria permeá-las seria especialização, produzindo tão somente aquilo que ela domina e é especialista.

Se, nos modelos produtivos anteriores, a máquina era um instrumento grande, imóvel, vinculado a um esforço físico, devendo o trabalhador permanecer fixo em determinado local nas indústrias, este panorama aos poucos foi mudando com o implemento do computador, um instrumento de trabalho que já nasceu pequeno, móvel, eficiente e atrelado ao labor intelectual que se instalou nas empresas e nas residências para nunca mais sair, representando um caminho sem volta.

O surgimento dos computadores mudou o mundo, a vida das pessoas, o trabalho e as empresas. Literalmente foi uma virada de página global: o planeta era um antes e se tornou outro depois. Assim, o trabalho imaterial foi ganhando importância, porquanto a criatividade tornou-se a mola-mestre no universo laboral.

Até então existiam o mundo físico e o metafísico e, através do computador, passou a existir também o virtual, que flutua, norteia e interliga esses dois mundos. Os dados, as informações, os cálculos, os textos e os planejamentos que eram elaborados e armazenados em papéis passaram a ser criados e guardados no computador. Com isso, mudou-se toda uma cultura no relacionamento entre as pessoas, no trabalho e na forma organizacional empresarial.

Enfim, tudo mudou com o surgimento do computador, desde a forma de pensar, de trabalhar, de produzir, de administrar, de relacionar e até a organização dos espaços físicos (casas, escritórios e indústrias), que foram alterados e adaptados para acomodarem esse novo instrumento.

Através do computador, o tempo passou a ser (ainda) mais bem utilizado, pensado, controlado e racionalizado, quando as pessoas passaram a pensar sua vida pessoal e profissional de maneira mais eficiente, e as empresas estruturaram-se de forma mais produtiva e adequada para as suas necessidades.

O mundo virtual fez com que, para algo existir, não fosse mais necessário que ele estivesse fisicamente presencial entre nós, mas, sim, dentro dos computadores. Arquivar um documento significa dizer que ele existe. A sistemática modificou-se a passos largos, em curto tempo, através de um pequeno instrumento, que invariavelmente alterou a iniciativa privada e a pública ao mesmo tempo – afinal, todos passaram a fazer uso dele.

É nesse novo panorama que surge uma nova modalidade de trabalho, denominada teletrabalho, caracterizada principalmente pela existência de 2 (dois) elementos peculiares, a utilização de instrumentos de informática e/ou telemáticos e a prestação de serviços fora da empresa, além da existência dos 5 (cinco) elementos fático-jurídicos tradicionais (trabalho prestado por pessoa física, pessoalidade, onerosidade, habitualidade e subordinação).

3 Da revolução cibernética

Utilizando-se de toda a engenharia e a arquitetura que foram engendradas na Terceira Revolução Industrial, no início do século XXI surge a Quarta Revolução Industrial, que é pautada pela cyberização e pela globalização, que modificaram a ontologia do trabalho, as empresas e a sociedade, ensejando agudas mudanças na vida de todos nós. A sustentabilidade da Indústria 4.0 é composta pela interação sistêmica e interdependente entre tecnologias físicas, digitais e biológicas.

A dinâmica fundante da Indústria 4.0 é formada pela interação sistêmica e interdependente entre tecnologias físicas, digitais e biológicas, notadamente as técnicas de *cloud computing*, a internet das coisas (IoT), a inteligência artificial (IA), o *big data*, as criptomoedas, o *blockchain*, o aprendizado de máquina (*machine learning/deep learning*), a robotização, a nanotecnologia de implementação de *chips* em trabalhadores, a intermediação de aplicativos e de plataformas digitais, a biotecnologia e a engenharia genética.

A interconectividade dos novos artifícios tecnológicos, que é resultado da evolução da revolução digital, ensejou a *gig economy* com a *sharing economy* e, a partir dessa genealogia, emergem duas novas modalidades de trabalho: o *crowdwork* e o trabalho *on-demand*. Ao contrário do que muitos escrevem e defendem, essas duas modalidades não são sinônimas, visto que, na primeira, encontram-se o intermitente e o teletrabalho e, na segunda, reside o uberizado.

A *sharing economy* e a *gig economy* são alicerçadas no quadrilátero formado pelo uso, compartilhamento, demanda e diversidade, sendo que a palavra que interliga esses quatro fatores é a liberdade, sendo todos livres para escolher o que fazer, consumir, alugar, aonde ir e, principalmente, para trabalhar.

Na Quarta Revolução Industrial, todos os produtos pensados e criados nas pretéritas revoluções industriais foram otimizados através do uso da *internet*, sendo que seu principal sustentáculo é o aprimoramento que o computador recebeu, passando a possuir mais potência, capacidade, velocidade e funções através da internet e dos aplicativos. Junto a esse contexto, as novas formas e tecnologias facilitaram seu transporte e logística, inclusive, como é caso do surgimento do *notebook*, do *smartphone* (quando o telefone se tornou também um computador em um único aparelho) e do *tablet*.

Através desses novos aparelhos, que constituem um verdadeiro xadrez tecnológico, o usuário, fazendo uso da internet e dos aplicativos, consegue ter o mundo na palma de suas mãos e nos seus dedos, independentemente do local em que estiver, sendo ele público ou privado, no meio da rua, dentro de casa, de um ônibus, restaurante, empresa e até mesmo no ar ou no mar, conseguindo acessar *sites*, obter informações, contratar pessoas e serviços, compartilhar bens, consumir produtos e fazer registros na hora que desejar, ao passo que, na Primeira, na Segunda e na Terceira Revoluções Industriais era o ser humano com a máquina, ficando estanque e próximo ao instrumento que operava. Agora, na Quarta Revolução Industrial, é o ser humano andando com a máquina, levando-a para onde vai. Ela o acompanha para todo e qualquer lugar e, com isso, o trabalho também vai.

Pode-se afirmar que poucas são as pessoas no mundo que não possuem um computador, *smartphone* ou *tablet*, ensejando uma verdadeira plataformização social, ao ponto de já se reconhecer a mão invisível digital, bem como em direito a dignidade virtual. Através desses aparelhos, as pessoas e as empresas fazendo uso da *internet* permanecem conectadas diuturnamente, comunicando-se quase que instantaneamente com o mundo inteiro.

A ciência e a tecnologia ofertam racionalidade ao cenário laboral diante das inovações digitais, cibernéticas e telemáticas que fomentam e facilitam cada dia mais o dinamismo na comunicação, a troca e o compartilhamento de informações, documentos e dados.

No mundo atual, ser e estar virtual pode significar estar mais presente do que de maneira presencial. Assim, o ser humano passou a ter pernas e braços onde fisicamente não se encontra presente. A conectividade interliga rapidamente as pessoas que estão em diferentes lugares (cidades, estados, países e continentes).

Se, na Terceira Revolução Industrial, veio à tona o mundo virtual, na Quarta Revolução emergiu o mundo cyberizado, que possui como estruturantes o dinamismo na comunicação, o compartilhamento de dados e de informações, a diminuição (ou até mesmo o desaparecimento) das distâncias geográficas e a existência de nuvens de armazenamento.

A partir dessa virtualização social, presencia-se o surgimento de um universo das *startups*, que está sendo capaz de constituir verdadeiros oligopólios digitais, a partir de empresas transnacionais, que ensejam a descentralização produtiva e as novas formas de trabalho emergentes da relação colaborativa, como é o caso das empresas do Vale do Silício. Nesse contexto que surgem empresas como Apple, Facebook, Google, NVIDIA, Electronic Arts, Symantec, AMD, eBay, Netflix, Twitter, Hewlett Packard, Yahoo!, Tesla, Intel, Microsoft, Adobe e Oracle, que, juntas, formam as *Big-Techs*, que a cada dia ganham mais força, musculatura e importância econômica, ao ponto de permearem todas as nossas interações diárias com o mundo, adentrando em nossa casa, trabalho, escola, relacionamentos diários e necessidades básicas.

A importância do mundo cibernético é tamanha que, no Brasil, existe a Lei nº 13.709/2018, conhecida como Lei Geral de Proteção de Dados Pessoais (LGPD), promulgada recentemente, em 14 de agosto de 2018, entrando em vigor em 01.08.2021 quanto aos artigos 52, 53 e 54 e, quanto aos demais artigos, em 03.05.2021, inserindo no ordenamento jurídico brasileiro o paradigma de proteção de dados pessoais das pessoas físicas.

Nos dias atuais, a importância da utilização da internet é tamanha que a Organização das Nações Unidas (ONU), já em 2011, aprovou o relatório do seu Conselho de Direitos Humanos concluindo que a "internet tem se convertido em um instrumento indispensável para exercer diversos direitos humanos, lutar contra a desigualdade e acelerar o desenvolvimento e o progresso humano", daí porque "a meta do acesso universal a Internet deve ser prioritária para todos os Estados".[1]

No mundo cibernético, os algoritmos são capazes de prever o que os usuários das plataformas desejam automaticamente através do aprendizado de máquina (*machine-learning*) e do *big data* (*data analytics*).

Portanto, as revoluções digital e cibernética entrelaçam-se entre si, sendo que, inclusive, alguns estudiosos as confundem ou acham que são sinônimas. Fato é que, mesmo sendo fatores distintos, muito se parecem, até porque a cibernética é fruto e evolução da digital.

Na sociedade contemporânea, é impensável que uma empresa não seja estruturada e operacionalizada a partir de computadores e das novas tecnologias, porquanto vivemos atualmente na era da conectividade, que nos conduz para o mundo virtual.

Os números são impressionantes e nos comprovam que de fato estamos vivenciando uma nova composição social. A OCDE (Organização para a Cooperação e Desenvolvimento Econômico) informou que, na Europa, 40% dos jovens com menos de 40 anos têm interesse em trabalho flexível.[2] Nos Estados Unidos, aproximadamente 57,3 milhões de pessoas trabalham como *freelancers*, e quase a metade pertence à geração Y.[3]

A geração Y, que é popularmente conhecida como *millennials*, abrange as pessoas nascidas entre os anos de 1980 até o ano de 2005, ou seja, já nasceram no mundo tecnológico. Por isso, possuem laços e características eminentemente urbanas, desenvolvendo-se em um período marcado por grandes avanços cibernéticos e com viés econômico, possuindo habilidades no manuseio das tecnologias e sendo habituada ao mundo digital, nas perspectivas social, midiática e trabalhista. Inclusive, hoje, pode-se afirmar que, em

---

[1] ORGANIZAÇÃO DAS NAÇÕES UNIDAS. *Report of the Special Rapporteur on the promotion and protection of the right to freedom of opinion and expression*, p. 24.
[2] OECD/IDB. *Broadband Policies for Latin America and the Caribbean*: A Digital Economy Toolkit. Paris: OECD Publishing, 2016. Disponível em: https://dx.doi.org/10.1787/9789264251823-en. Acesso em: 26 dez. 2020.
[3] MOTOR TECH CONTENT. *O que é gig economy e qual sua relação com conteúdo on demand?* Joinville, 2020. Disponível em: https://motortechcontent.com.br/o-que-e-gig-economy-e-qual-sua-relacao-com-conteudo-on-demand/. Acesso em: 26 dez. 2020.

muitas hipóteses, estar presente virtualmente significa mais do que estar fisicamente.

A automação, a cyberização e a informatização, que, juntos, ensejam o que por muitos é denominado de fábrica inteligente, correspondem a verdadeiros sustentáculos no mundo do trabalho na sociedade contemporânea, sendo que, neste novo contexto, emerge um protagonista no universo laboral, o teletrabalho, uma hibridez da Terceira e da Quarta Revoluções Industriais.

4 Do teletrabalho

O teletrabalho fica caracterizado quando a pessoa trabalha preponderantemente fora da empresa e utiliza instrumentos de tecnologia de informação e de comunicação, como computadores, *smartphones e tablets*. Esse modal laboral reflete a evolução da ciência e tecnologia, permitindo que o trabalhador esteja muito além de onde fisicamente se encontra, fazendo o caráter evolucionista permear e nortear o contexto trabalhista, concebendo uma efetiva e constante melhoria da condição humana. Através dessa nova modalidade, o trabalho subordinado é realizado, operando-se através da separação física entre o local de trabalho e o de funcionamento da empresa.

Assim, percebe-se o desaparecimento da distância geográfica entre onde o trabalhador se encontra e a empresa se estabelece. Muros são derrubados, metros e quilômetros são aproximados, países são aglutinados, continentes são unificados e os oceanos são atravessados. A comunicação entre as pessoas e as empresas é facilitada cada dia mais, independentemente onde estejam.

Gustavo Filipe Barbosa Garcia demonstra:

> O teletrabalho é uma modalidade de trabalho a distância, típica dos tempos modernos, em que o avanço da tecnologia permite o labor fora do estabelecimento do empregador (normalmente na própria residência do empregado), embora mantendo o contato com este por meio de recursos eletrônicos e de informática, principalmente o computador e a internet.[4]

---

[4] GARCIA, Gustavo Filipe Barbosa. *Manual de Direito do Trabalho*. 10 ed. ed. rev., ampl. e atual. Salvador: Editora JusPodivm, 2018. p. 208.

Esse novo modal laboral ultrapassa toda uma cultura que até então norteava o universo laboral: que, para trabalhar, necessariamente a pessoa deveria ir e estar presente fisicamente na empresa. Limites e limitações foram ultrapassados. Agora, essa sistemática não impera mais, porquanto é perfeitamente viável e possível uma pessoa trabalhar em Roma para uma empresa brasileira e vice-versa, uma pessoa em Tóquio trabalhar para uma empresa norte-americana e por aí vai. Utilizando-se instrumentos eletrônicos, é perfeitamente possível um empregado trabalhar para uma empresa que se encontre fisicamente distante dele, onde quer que um e outro estejam, bastando que ambos tenham as ferramentas digitais (*softwares*), eletrônicas (computadores) e de comunicação (telefone, fax e até mesmo Skype).

Destaca-se que o teletrabalho é um gênero que engloba espécies como o *home office* (o trabalho é realizado em casa), o trabalho móvel (o trabalho é prestado em diversos locais públicos ou privados, sem um lugar predeterminado) e em telecentros (quando empregados se unem em locais interligados com a empresa) e o *coworking* (quando o trabalhador compartilha um espaço com trabalhadores de outras empresas e até mesmo com autônomos).

Através de instrumentos telemáticos, o trabalhador pode trabalhar conectado (*online*), permanecendo em contato com a empresa através de equipamentos de informática e de comunicação, ou pode trabalhar desconectado (*offline*), enviando e comunicando-se através de *e-mails*, WhatsApp ou fax.

O teletrabalho traz inúmeras vantagens não somente para o mundo do trabalho, mas também para a sociedade no todo, como se percebe na questão da mobilidade e no meio ambiente, diminuindo o fluxo de automóveis no trânsito, da poluição e de pessoas nos transportes públicos; na economia de tempo, permitindo que o trabalhador tenha um maior tempo livre; na racionalidade e adequação de material de trabalho (como é o caso de papel, canetas, mesas, cadeiras) e de espaço físico da empresarial; e na inclusão de pessoas que se encontram com dificuldade de ingresso ou manutenção no mercado de trabalho (como é o caso *silver economy* – aumento da expectativa de vida e de maneira mais ativa).

Inclusive, durante a pandemia de COVID-19, por meio do teletrabalho, audiências de conciliação, de instrução e de julgamento, bem como sessões de julgamento, foram realizadas; senadores, deputados, vereadores e chefes do Executivo conseguiram debater, deliberar e elaborar leis; países trocaram informações, pactuaram acordos entre si e conduziram suas nações; blocos econômicos e organizações internacionais reuniram-se; pessoas e famílias se comunicaram; o setor econômico realizou suas atividades, até mesmo através de importações e exportações; escolas, faculdades e universidades realizaram aulas; trabalhadores conseguiram prestar serviços, tudo devido ao teletrabalho. Ao certo que todo esse contexto foi em menor escala quando comparado ao trabalho e às atividades presenciais, mas fato inquestionável é que o mundo não entrou em colapso econômico, social, jurídico e político devido ao teletrabalho, que serviu de fio condutor para que as classes empresarial e trabalhadora, bem como os Poderes Judiciário, Legislativo e Executivo, realizassem suas respectivas atividades. Metaforicamente, o teletrabalho representou um tubo de oxigênio para a humanidade planetária.

Nesse bojo, surgiu a telemedicina, normatizada no Brasil através da Lei nº 13.989/2020, permitindo e ampliando o acesso a serviços de saúde e auxiliando o profissional médico no processo de digitalização do atendimento ao paciente.

O Brasil, inspirado no Código do Trabalho Português, reconhecendo que o mundo atualmente é digital e que o teletrabalho é uma realidade de milhões de trabalhadores, normatizou esse modal e inseriu na CLT os arts. 75-A ao art. 75-E, através da Lei nº 13.467/2017, criando um Capítulo II-A para regulamentar o teletrabalho, suprindo, assim, uma lacuna normativa até então existente, que era objeto somente do art. 6º da CLT e que não regulamentava o tema de maneira específica e detalhada.

O art. 75-A da CLT determina expressamente que o teletrabalho será regulamentado pelos preceitos posteriores a ele.

O teletrabalhador é um empregado, devendo para tanto preencher 7 (sete) elementos fáticos jurídicos de maneira concomitante, sendo eles: trabalho prestado por pessoa física, pessoalidade, subordinação, onerosidade, habitualidade, trabalhar preponderantemente fora da empresa e utilizar instrumentos de tecnologia de informação e de comunicação. Nesse caso, ele possui os mesmos direitos trabalhistas que o empregado presencial, até mesmo porque o art. 6º da CLT estabelece que não se distingue entre o trabalho realizado no estabelecimento do empregador, o executado no domicílio do empregado e o realizado a distância, desde que estejam caracterizados os pressupostos da relação de emprego.

Destaca-se que o art. 75-B da CLT considera como teletrabalho a prestação de serviços preponderantemente fora das dependências do empregador, com a utilização de tecnologias de informação e de comunicação que, por sua natureza, não se constituam como trabalho externo. Seu parágrafo único determina que o comparecimento às dependências do empregador para a realização de atividades específicas que exijam a presença do empregado no estabelecimento não descaracteriza o regime de teletrabalho.

É fundamental salientar que, no teletrabalho, a subordinação jurídica deve estar presente; afinal, ele é um modal da relação empregatícia. Mauricio Godinho Delgado e Gabriela Neves Delgado demonstram:

> A primeira observação sobre a regulação do teletrabalho na ordem jurídica do País diz respeito à plena possibilidade da presença da subordinação jurídica nas situações de trabalho prestado mediante os meios telemáticos e informatizados de comando, controle e supervisão, ainda que realizado no domicílio do empregado e/ou em outras situações de trabalho à distância.[5]

O teletrabalho normatizado é um gênero, conforme acima demonstrado, formado por diversas espécies inseridas na relação binária composta pelo trabalho realizado preponderantemente fora da empresa e através de instrumentos de tecnologia.

Antonio Umberto de Souza Júnior, Fabiano Coelho de Souza, Ney Maranhão e Platon Teixeira de Azevedo Neto ensinam:

> Registre-se, ademais, que, de acordo com o novo 75-B da CLT, nem sempre o teletrabalho se dará no contexto do chamado home office, ou seja, o trabalho prestado na própria residência do trabalhador. Malgrado, de fato, na prática, seja essa a regra do teletrabalho, o legislador não vinculou sua configuração necessariamente à prestação de serviços em

---

[5] DELGADO, Mauricio Godinho; DELGADO, Gabriela Neves. *A Reforma Trabalhista no Brasil*: com os comentários à Lei nº 13.467/2017. 2. ed. rev., atual. e ampl. São Paulo: LTr. p. 138.

casa. Nada impede, portanto, que o teletrabalho seja prestado em locais mais diversos, como em aeroportos, hotéis, shoppings e mesmo na casa de familiares. A execução nesses locais deve ser tida, portanto, como trabalho efetivo, para todos os fins jurídicos. Como se vê, a essência jurídica do teletrabalho não reside no labor residencial, mas no labor praticado preponderantemente fora das dependências da empresa mediante uso de recurso telemáticos. O home office, portanto, constitui apensas uma modalidade de teletrabalho.[6]

Por seu turno, o art. 75-C da CLT estabelece que a prestação de serviços na modalidade de teletrabalho deverá constar expressamente do contrato individual de trabalho, que especificará as atividades que serão realizadas pelo empregado, e que poderá ser realizada a alteração entre regime presencial e de teletrabalho desde que haja mútuo acordo entre as partes, registrado em aditivo contratual, bem como poderá ser realizada a alteração do regime de teletrabalho para o presencial por determinação do empregador, garantido prazo de transição mínimo de 15 (quinze) dias, com correspondente registro em aditivo contratual.

Para que o contrato de teletrabalho seja válido, é obrigatório que seja pactuado por escrito, devendo trazer consigo a especificação das atividades que o trabalhador irá realizar e também o uso dos equipamentos nas tarefas.

O art. 75-D da CLT prevê que a responsabilidade pela aquisição, manutenção ou fornecimento dos equipamentos tecnológicos e da infraestrutura necessária e adequada à prestação do trabalho remoto, bem como ao reembolso de despesas arcadas pelo empregado, serão previstas em contrato escrito, sendo que, na hipótese de pagamento ou restituição a tal título, esses valores não integrarão a remuneração do empregado.

Torna-se imperioso que as partes negociem e que fiquem estabelecidas as responsabilidades pela aquisição, manutenção ou fornecimento da infraestrutura e dos equipamentos telemáticos e tecnológicos para a realização do teletrabalho, sendo vedado ao empregador repassar para o trabalhador os custos desse investimento.

---

[6] SOUZA JÚNIOR, Antonio Umberto de; SOUZA, Fabiano Coelho de; MARANHÃO, Ney; AZEVEDO NETO, Platon Teixeira de. *Reforma Trabalhista*: análise comparativa e crítica da Lei nº 13.467/2017 e da Med. Prov. nº 808/2017. 2. ed. São Paulo: Rideel, 2018. p. 104.

O empregador deverá instruir os empregados, de maneira expressa e ostensiva, quanto às precauções a tomar a fim de evitar doenças e acidentes de trabalho, sendo que o empregado deverá assinar termo de responsabilidade comprometendo-se a seguir as instruções fornecidas pelo empregador, *ex vi* art. 75-E da CLT.

Levando-se em consideração que o teletrabalho é realizado fora do ambiente empresarial, portanto sem a vigilância da CIPA e dos profissionais de segurança no trabalho, torna-se necessário que sejam tomadas medidas de prevenção de doenças ocupacionais e acidentes de trabalho, devendo, para tanto, o empregador instruir seus empregados de maneira expressa e ostensiva, como determina a lei, devendo o trabalhador receber todas as informações e recomendações para o desenvolvimento das suas atividades de maneira saudável e segura.

Tendo em vista que é frequente ocorrer uma flexibilização do horário nesse modal, bem como o teletrabalhador encontrar-se em uma situação incompatível com o controle de horários, o art. 62, III, da CLT o excluiu do regime previsto no Capítulo II – Duração do Trabalho, que regula assuntos como jornada de trabalho, horas suplementares e/ou extraordinárias, colocando-o ao lado dos empregados que exercem atividades externas incompatíveis com a fixação de horário de trabalho (art. 62, I, da CLT) e dos gerentes, assim considerados os que exercem cargos de gestão, aos quais se equiparam, para efeito do disposto nesse artigo, aos diretores e chefes de departamento e/ou filial (art. 62, II, da CLT).

Destaca-se que, conforme lecionam Mauricio Godinho Delgado e Gabriela Neves Delgado:

> De fato, em várias situações de teletrabalho, mostra-se difícil enxergar controle estrito da duração do trabalho, em face da ampla liberdade que o empregado ostenta, longa das vistas de seu empregador, quanto à escolha dos melhores horários para cumprir os seus misteres provenientes do contrato empregatício. Dessa maneira, a presunção jurídica lançada pelo art. 62, III, da CLT não se mostra desarrazoada.[7]

---

[7] DELGADO, Mauricio Godinho; DELGADO, Gabriela Neves. *A Reforma Trabalhista no Brasil*: com os comentários à Lei nº 13.467/2017. 2. ed. rev., atual. e ampl. São Paulo: LTr. p. 138.

Muito embora a regra do teletrabalhador seja a sua exclusão do regime de jornada de trabalho e dos intervalos trabalhistas, destaca-se que os ilustres doutrinadores asseveram que "trata-se, naturalmente, de presunção relativa – que pode ser desconstituída por prova em sentido contrário" –, devendo ser analisada caso a caso. Porquanto, excepcionalmente, caso o empregador faça e tenha instrumentos hábeis e eficientes para realizar o controle de horários, o teletrabalhador contará com jornada de trabalho e será incluído no regime geral previsto no Capítulo II – Duração do Trabalho.

5 Conclusão

O mundo é fruto da constante evolução do ser humano e do seu trabalho. A história a todo o momento nos faz rememorar que a ciência e a tecnologia, através de novas descobertas, permitem ao homem alcançar feitos e conquistas inimagináveis, superar desafios e adversidades e, com isso, evoluir constantemente. A inovação permite o que é bom ficar ainda melhor.

O ser humano foi feito para relacionar-se entre si, olhar e caminhar sempre no imaginário progressista, fazendo com que alcance melhoria na qualidade de vida para que, assim, consiga viver mais e de maneira mais ativa, adaptando-se a novas situações.

O teletrabalho é fruto da ciência e da tecnologia, que ofertam racionalidade ao cenário laboral diante das inovações digitais, cibernéticas e telemáticas que fomentam e facilitam cada dia mais o dinamismo na comunicação, a troca e o compartilhamento de informações, documentos e dados.

É nesse cenário próspero que emerge o teletrabalho, que reflete justamente o direito, acompanhando as mudanças ocorridas nos universos laboral, econômico e social advindas das Terceira e Quarta Revoluções Industriais, que trouxeram para o mundo os espaços virtuais e cibernéticos, fazendo com que diversos benefícios surgissem para o bem da humanidade.

Vivemos em uma sociedade digital e cibernética, norteada por computadores, *smartphones* e *tablets*, que ensejam a plataformização social, sendo que, através desses aparelhos, pessoas e empresas, fazendo uso da *internet*, permanecem conectadas diuturnamente, comunicando-se quase que instantaneamente com o mundo inteiro.

Por isso, a regulamentação do teletrabalho pelo direito do trabalho significa um grande e importante avanço normativo, inserindo no bojo da relação de emprego o teletrabalhador, destinando-lhe uma fundante inclusão social, porquanto quando, preenchidos os 7 (sete) elementos fático-jurídicos, fará *jus* a todo o arcabouço trabalhista constitucional e celetista.

A normatização estabelecida nos arts. 75-A a 75-E da CLT, prevista no Capítulo II-A, estabelece uma diretiva para o teletrabalho, que até então era objeto somente do art. 6º da CLT, que lhe destinava apenas uma diretriz parcial. Assim, um vácuo normativo foi devidamente preenchido para trazer segurança jurídica a todos.

Portanto, a sociedade contemporânea deve reconhecer a crucial importância que o teletrabalho exerce na vida de todos nós, que, de uma maneira ou de outra, é ou depende de um teletrabalhador, modal este que vem contribuindo cada dia mais para que tenhamos uma vida melhor e mais segura através das novas tecnologias que permeiam as relações nos dias atuais e, com certeza, nortearão nos vindouros.

Referências

DELGADO, Mauricio Godinho; DELGADO, Gabriela Neves. *A Reforma Trabalhista no Brasil*: com os comentários à Lei nº 13.467/2017. 2. ed. rev., atual. e ampl. São Paulo: LTr.

GARCIA, Gustavo Filipe Barbosa. *Manual de Direito do Trabalho*. 10 ed. ed. rev., ampl. e atual. Salvador: Editora JusPodivm, 2018.

MOTOR TECH CONTENT. *O que é gig economy e qual sua relação com conteúdo on demand?* Joinville, 2020. Disponível em: https://motortechcontent.com.br/o-que-e-gig-economy-e-qual-sua-relacao-com-conteudo-on-demand/. Acesso em: 26 dez. 2020.

OECD/IDB. *Broadband Policies for Latin America and the Caribbean*: A Digital Economy Toolkit. Paris: OECD Publishing, 2016. Disponível em: https://dx.doi.org/10.1787/9789264251823-en. Acesso em: 26 dez. 2020.

SOUZA JÚNIOR, Antonio Umberto de; SOUZA, Fabiano Coelho de; MARANHÃO, Ney; AZEVEDO NETO, Platon Teixeira de. *Reforma Trabalhista*: análise comparativa e crítica da Lei nº 13.467/2017 e da Med. Prov. nº 808/2017. 2. ed. São Paulo: Rideel, 2018.

Informação bibliográfica deste texto, conforme a NBR 6023:2018 da Associação Brasileira de Normas Técnicas (ABNT):

ROCHA, Cláudio Iannotti da. O teletrabalho e a sociedade contemporânea. *In*: BUFULIN, Augusto Passamani (Coord.). *Questões atuais de Direito Privado*. Belo Horizonte: Fórum, 2022. p. 143-159. ISBN 978-65-5518-301-6.

III

DIREITO EMPRESARIAL

A PROTEÇÃO JURÍDICA DE *STARTUPS* NO DIREITO BRASILEIRO

EDUARDO SILVA BITTI

Introdução

O mundo atual abraçou as *startups* como berços de produtos ou serviços viáveis de fácil distribuição a diversos mercados (escaláveis) e de baixo custo, a partir de grande inovação e tecnologia, mas que necessitam de capital de terceiros para que as operações alcancem o máximo do potencial empresarial possível (sucesso). Por isso, o tema representa o que, entendo, ser o que há de melhor no direito empresarial: o cosmopolitismo (dinamismo).

Pensar nas *startups* significa buscar meios para que investidores possam direcionar, com um menor risco, esforços financeiros para tais empreendimentos, o que, em si, justifica a escolha do tema neste ensaio.

Por isso, o presente texto tem como o objetivo geral a análise de mecanismos de proteção às *startups*, principalmente no que tange aos efeitos da penhora sobre empreendimentos de tal monta, e responder o seguinte problema de pesquisa: a *startup* já possui um modelo contratual ideal que a proteja no ordenamento brasileiro?

Em termos específicos, objetiva-se analisar o conceito de *startup* e verificar como reage o instituto da penhora sobre o faturamento e os bens de capital.

1 A *startup* no direito brasileiro

Na legislação brasileira, a Lei Complementar nº 167/2019 introduziu a figura da *startup* a partir do incremento do art. 65-A à Lei Complementar nº 12/2006. Nele, posicionaram o instituto como objeto de enquadramento tributário chamado "Inova Simples", considerando-o como sendo (§1º) "a empresa de caráter inovador que visa a aperfeiçoar sistemas, métodos ou modelos de negócio, de produção, de serviços ou de produtos", podendo ser de natureza incremental ou disruptiva.[1]

---

[1] Eis a redação completa do art. 65-A: "É criado o Inova Simples, regime especial simplificado que concede às iniciativas empresariais de caráter incremental ou disruptivo que se autodeclarem como startups ou empresas de inovação tratamento diferenciado com vistas a estimular sua criação, formalização, desenvolvimento e consolidação como agentes indutores de avanços tecnológicos e da geração de emprego e renda. §1º Para os fins desta Lei Complementar, considera-se startup a empresa de caráter inovador que visa a aperfeiçoar sistemas, métodos ou modelos de negócio, de produção, de serviços ou de produtos, os quais, quando já existentes, caracterizam startups de natureza incremental, ou, quando relacionados à criação de algo totalmente novo, caracterizam startups de natureza disruptiva. §2º As startups caracterizam-se por desenvolver suas inovações em condições de incerteza que requerem experimentos e validações constantes, inclusive mediante comercialização experimental provisória, antes de procederem à comercialização plena e à obtenção de receita. §3º O tratamento diferenciado a que se refere o caput deste artigo consiste na fixação de rito sumário para abertura e fechamento de empresas sob o regime do Inova Simples, que se dará de forma simplificada e automática, no mesmo ambiente digital do portal da Rede Nacional para a Simplificação do Registro e da Legalização de Empresas e Negócios (Redesim), em sítio eletrônico oficial do governo federal, por meio da utilização de formulário digital próprio, disponível em janela ou ícone intitulado Inova Simples. §4º Os titulares de empresa submetida ao regime do Inova Simples preencherão cadastro básico com as seguintes informações: I – qualificação civil, domicílio e CPF; II – descrição do escopo da intenção empresarial inovadora e definição da razão social, que deverá conter obrigatoriamente a expressão "Inova Simples (I.S.)"; III – autodeclaração, sob as penas da lei, de que o funcionamento da empresa submetida ao regime do Inova Simples não produzirá poluição, barulho e aglomeração de tráfego de veículos, para fins de caracterizar baixo grau de risco, nos termos do §4º do art. 6º desta Lei Complementar; IV – definição do local da sede, que poderá ser comercial, residencial ou de uso misto, sempre que não proibido pela legislação municipal ou distrital, admitindo-se a possibilidade de sua instalação em locais onde funcionam parques tecnológicos, instituições de ensino, empresas juniores, incubadoras, aceleradoras e espaços compartilhados de trabalho na forma de coworking; e V – em caráter facultativo, a existência de apoio ou validação de instituto técnico, científico ou acadêmico, público ou privado, bem como de incubadoras, aceleradoras e instituições de ensino, nos parques tecnológicos e afins. §5º Realizado o correto preenchimento das informações, será gerado automaticamente número de CNPJ específico, em nome da denominação da empresa Inova Simples, em código próprio Inova Simples. §6º A empresa submetida ao regime do Inova Simples constituída na forma deste artigo deverá abrir, imediatamente, conta bancária de pessoa jurídica, para fins de captação e integralização de capital, proveniente de aporte próprio de seus titulares ou de investidor domiciliado no exterior, de linha de crédito público ou privado e de outras fontes previstas em lei. §7º No portal da Redesim, no espaço destinado ao preenchimento de dados do Inova Simples, deverá ser criado campo ou ícone para comunicação automática ao Instituto Nacional da Propriedade Industrial (INPI) do conteúdo inventivo do escopo da iniciativa empresarial, se houver, para fins de registro de marcas e patentes, sem prejuízo de o titular providenciar os registros de propriedade intelectual e industrial diretamente, de moto próprio, no INPI. §8º O INPI deverá criar mecanismo que concatene desde a recepção dos dados ao processamento sumário das solicitações de marcas e patentes de empresas Inova Simples. §9º Os recursos capitalizados não constituirão renda e destinar-se-ão exclusivamente ao custeio do desenvolvimento de projetos de startup de que trata o §1º deste artigo. §10. É permitida a comercialização experimental do serviço ou produto até o limite fixado para o MEI nesta Lei Complementar. §11. Na eventualidade de não lograr êxito no desenvolvimento do escopo pretendido, a baixa do CNPJ será automática, mediante procedimento de autodeclaração no portal da Redesim. §13. O disposto neste artigo será regulamentado pelo Comitê Gestor do Simples Nacional".

Não obstante, o Projeto de Lei Complementar nº 146/2019[2] (que pode ser, futuramente, o Marco Legal das *Startups*) também as menciona[3] como sendo "as organizações empresariais ou societárias, nascentes ou em operação recente, cuja atuação caracteriza-se pela inovação aplicada a modelo de negócios ou a produtos ou serviços ofertados".

É certo que o termo[4] *startup* (ou *start-up*) atende a uma ideia de empresa com grande capacidade disruptiva de mercado, notadamente, fruto de excelente capacidade técnica a partir da atividade inovadora, o que traz uma latente confusão terminológica sobre sua natureza jurídica.[5] Entretanto, a utilização indiscriminada

---

[2] O Projeto de Lei Complementar nº 146/2019, à época da elaboração do presente ensaio, havia sido aprovado na Câmara dos Deputados e remetido para análise do Senado Federal.

[3] Eis a redação atual do art. 4º projetado: "Art. 4º São enquadradas como startups as organizações empresariais ou societárias, nascentes ou em operação recente, cuja atuação caracteriza-se pela inovação aplicada a modelo de negócios ou a produtos ou serviços ofertados. §1º Para fins de aplicação desta Lei Complementar, são elegíveis para o enquadramento na modalidade de tratamento especial destinada ao fomento de startup o empresário individual, a empresa individual de responsabilidade limitada, as sociedades empresárias, as sociedades cooperativas e as sociedades simples: I – com receita bruta de até R$ 16.000.000,00 (dezesseis milhões de reais) no ano-calendário anterior ou de R$ 1.333.334,00 (um milhão, trezentos e trinta e três mil trezentos e trinta e quatro reais) multiplicado pelo número de meses de atividade no ano-calendário anterior, quando inferior a 12 (doze) meses, independentemente da forma societária adotada; II – com até 10 (dez) anos de inscrição no Cadastro Nacional da Pessoa Jurídica (CNPJ) da Secretaria Especial da Receita Federal do Brasil do Ministério da Economia; e III – que atendam a um dos seguintes requisitos, no mínimo: a) declaração em seu ato constitutivo ou alterador e utilização de modelos de negócios inovadores para a geração de produtos ou serviços, nos termos do inciso IV do caput do art. 2º da Lei nº 10.973, de 2 de dezembro de 2004; ou b) enquadramento no regime especial Inova Simples, nos termos do art. 65-A da Lei Complementar nº 123, de 14 de dezembro de 2006. §2º Para fins de contagem do prazo estabelecido no inciso II do §1º deste artigo, deverá ser observado o seguinte: I – para as empresas decorrentes de incorporação, será considerado o tempo de inscrição da empresa incorporadora; II – para as empresas decorrentes de fusão, será considerado o maior tempo de inscrição entre as empresas fundidas; e III – para as empresas decorrentes de cisão, será considerado o tempo de inscrição da empresa cindida, na hipótese de criação de nova sociedade, ou da empresa que a absorver, na hipótese de transferência de patrimônio para a empresa existente".

[4] "O termo startup nasceu nos Estados Unidos há algumas décadas, mas só se popularizou no meio empreendedor brasileiro a partir da bolha ponto-com, entre os anos de 1996 e 2001. Para muitas pessoas ligadas à área, como empreendedores e investidores, toda empresa no seu estágio inicial pode ser considerada uma startup." (*Tudo que você precisa saber sobre startups*. Associação Brasileira de Startups. 2017. Disponível em: https://abstartups.com.br/2017/07/05/o-que-e-uma-startup/. Acesso em: 28 dez. 2020). Na prática, é um grupo de pessoas num modelo de negócios (repetível e escalável) em condições de extrema incerteza.

[5] Exemplo dessa confusão pode ser visto em textos como os de Maria Luzia Pereira Alves Lima, ao narrar que "o caminho a ser percorrido por uma empresa para consolidar sua marca no mercado em que atue e tenha processos organizados possui diversos estágios de maturação para chegar no seu almejado posto de sucesso. Assim, pode-se considerar que Startup não é

a palavra *empresa* acaba por indicar, por linguística, a visão de que ela seria uma nova espécie de pessoa jurídica, carente de regulamentação[6] pela legislação brasileira, o que não está correto, eis que empresa, no direito brasileiro (art. 966 do Código Civil), é atividade econômica qualificada pela organização dos fatores de produção e pelo profissionalismo.[7]

---

uma categoria de empresa, mas um estágio de desenvolvimento. Neste percurso, há diversas classes de investidores interessados em aplicar capital para ajudar o desenvolvimento, objetivando retorno e participação no empreendimento. Para o desenvolvimento ou o aprimoramento do negócio, um empreendedor ou uma companhia pode adquirir recursos financeiros em ambiente interno ou no ambiente externo. No primeiro, o empreendedor pode realizar aportes por si mesmo ou, então, pela reaplicação dos lucros no próprio negócio cujos quais não foram distribuídos aos sócios da companhia. Já no ambiente externo, pode-se aplicar valores em títulos no mercado financeiro e de capitais ou, então, receber o aporte financeiro de terceiros, sendo que nesta hipótese existem diversos instrumentos de financiamento. Cada um destes instrumentos visa incentivar empreendimentos que possuem graus diferentes de maturidade ("Ciclo de Investimento")" (LIMA, Maria Luzia Pereira Alves de. Principais aspectos do contrato de participação e da sociedade em conta de participação no investimento anjo. *In*: ROQUE, Pamela Romeu [Coord.]. *Estudos aplicados de direito empresarial*: LL.C. em direito empresarial. São Paulo: ALMEDINA, 2019. p. 86).

[6] Recorda Patrícia Peck Garrido Pinheiro (PINHEIRO, Patricia Peck Garrido. Direito digital: da inteligência artificial às legaltechs. *Revista dos Tribunais*, v. 987, p. 25-37, jan. 2018) que, "como todo o resto, a tecnologia avança mais rápido que o Direito. E agora temos que correr para trazer soluções que garantam a segurança jurídica das relações sociais de homens e de máquinas. Uma sugestão dada pelo Parlamento Europeu é a criação de um código de conduta para os engenheiros e uma agência europeia de robótica, visando a criar uma cultura de responsabilidade devido aos futuros desafios e oportunidades que serão apresentados. A análise da Comissão do Emprego e dos Assuntos Sociais do Parlamento Europeu, publicada no ano passado, aponta que embora o desenvolvimento da robótica e da inteligência artificial esteja acelerado, é crucial moldar seu curso e antecipar as possíveis consequências com respeito ao emprego e à política social devido ao aumento e uso global da robótica na produção de bens e serviços. Sendo assim, a Comissão propõe que seja feito monitoramento do número e da natureza dos trabalhos perdidos e criados por robotização e automação, e o impacto do fenômeno na renda perdida por sistemas de segurança social, avaliando novas formas dos trabalhadores se envolverem com seus empregos e como as plataformas digitais de trabalho podem conectar melhores indivíduos, equipes e projetos".

[7] Eis a visão poliédrica de Alberto Asquini (1996): "O conceito de empresa é o conceito de um fenômeno econômico poliédrico, o qual tem sub o aspecto jurídico, não um, mas diversos perfis em relação aos diversos elementos que o integram. As definições jurídicas de empresa podem, portanto, ser diversas, segundo o diferente perfil, pelo qual o fenômeno econômico é encarado. Esta é a razão da falta da definição legislativa; é esta, ao menos em parte, a razão da falta de encontro das diversas opiniões até agora manifestadas na doutrina. Um é o conceito de empresa, fenômeno econômico; diversas as noções jurídicas relativas aos diversos aspectos do fenômeno econômico. Quando se fala genericamente de direito da empresa, de direito da empresa comercial (direito comercial), de direito da empresa agrícola (direito agrário), se considera a empresa na sua realidade econômica unitária (matéria de direito). Mas quando se fala da empresa em relação à sua disciplina jurídica, ocorre operar com noções jurídicas diversas, de acordo com os diversos aspectos jurídicos do fenômeno econômico. O intérprete pode corrigir algumas incertezas da linguagem do código, porém sob a estrita condição de não confundir os conceitos que é necessário ter distintos e especialmente aqueles que o código manteve distintos. Para se

Como a própria noção anglo-saxônica indica, a empresa aqui seria uma atividade econômica em estágio inicial, ou seja, o correto seria dizer *empresa em fase de startup*.

Em ambas as situações, a aparente preocupação do texto legal foi a de reforçar os fins tributários da caracterização, com clara designação de enquadramento mais favorável a quem pretende desenvolver uma nova atividade, o que é derivado do inciso IX do art. 170 da Constituição Federal, e a ausência de responsabilidade societária para investidores.[8] Não há, pois, uma nova espécie de pessoa jurídica, mas, sim, uma nova espécie de qualificação do sujeito em razão do objeto, em adição às conhecidas formas tributárias existentes (microempreendedor individual, microempresa e empresa de pequeno porte).

Em termos de direito empresarial, contudo, podemos detectar a necessidade de tratamento diferenciado para os mecanismos de facilitação de aportes financeiros[9] e acordos de confidencialidade[10]

---

chegar ao conceito econômico de empresa deve ser o ponto de partida; mas não pode ser um ponto de chegada".

[8] Com redação dada pela Emenda Constitucional nº 6/1995, o art. 170 da Constituição Federal determina que "a ordem econômica, fundada na valorização do trabalho humano e na livre iniciativa, tem por fim assegurar a todos existência digna, conforme os ditames da justiça social, observados os seguintes princípios": "IX – tratamento favorecido para as empresas de pequeno porte constituídas sob as leis brasileiras e que tenham sua sede e administração no País".

[9] O PLP nº 146/2019 discorre, no art. 5º, acerca dos instrumentos de investimento em inovação, mencionando que "as startups poderão admitir aporte de capital por pessoa física ou jurídica, que poderá resultar ou não em participação no capital social da startup, a depender da modalidade de investimento escolhida pelas partes", o que poderá ser realizado (§1º) através do seguinte: (I) "contrato de opção de subscrição de ações ou de quotas celebrado entre o investidor e a empresa"; (II) "contrato de opção de compra de ações ou de quotas celebrado entre o investidor e os acionistas ou sócios da empresa"; (III) "debênture conversível emitida pela empresa nos termos da Lei nº 6.404, de 15 de dezembro de 1976"; (IV) "contrato de mútuo conversível em participação societária celebrado entre o investidor e a empresa; (V) "estruturação de sociedade em conta de participação celebrada entre o investidor e a empresa"; (VI) "contrato de investimento-anjo na forma da Lei Complementar nº 123, de 14 de dezembro 2006"; (VII) "outros instrumentos de aporte de capital em que o investidor, pessoa física ou jurídica, não integre formalmente o quadro de sócios da startup e/ou não tenha subscrito qualquer participação representativa do capital social da empresa". Para tanto, (§2º) "realizado o aporte por qualquer das formas previstas neste artigo, a pessoa física ou jurídica somente será considerada quotista, acionista ou sócia da startup após a conversão do instrumento do aporte em efetiva e formal participação societária" e (§3º) "os valores recebidos por empresa e oriundos dos instrumentos jurídicos estabelecidos neste artigo serão registrados contabilmente, de acordo com a natureza contábil do instrumento". A proposta ainda define ainda (art. 6º) que a Comissão de Valore Mobiliários – CVM deverá estabelecer regulamento para aportes de capital por fundos de investimento.

[10] "Conhecido também pela sigla em inglês NDA (Non Disclosure Agreement), um acordo de confidencialidade pode e deve ser utilizado sempre que o sigilo for condição

no negócio, na medida em que os investimentos[11] realizados por terceiros (investidores-anjos), através de *v.g.* contratos de mútuo conversível[12] ou de participação, e por trabalhadores, através de *stock options* (opção de compra ou de conversão de ações) e de contratos de *vesting* (segundo o qual um empregado é contratado e, após um período de tempo trabalhado, adquire uma porcentagem como sócio da sociedade).

Das formas acima, relato que o "contrato de participação" é, a meu ver, o mais curioso, pois é muito semelhante ao de sociedade em conta de participação (SCP), na medida em que o investidor não participa da gestão do empreendimento, tal qual o sócio participante naquela também não o faz. A questão é que tal modelo societário não prosperaria para *startups* por questões

---

indispensável para a segurança jurídica de um negócio. Esse cenário ocorre sempre que as negociações ou discussões sobre o projeto avançam no sentido de se tornarem um contrato principal. Desse modo, a definição dos compromissos entre as partes, as penalidades em caso de quebra do sigilo da confidencialidade das informações, a vigência do contrato e as disposições gerais, como a eleição do foro que eventualmente poderá dirimir dúvidas e/ou conflitos oriundos do acordo, devem estar nas principais cláusulas desse instrumento." (TEIXEIRA, Tarcisio; LOPES, Alan Moreira. Direito no empreendedorismo. *In*: TEIXEIRA, Tarcisio; LOPES, Alan Moreira (Coord.). *Startups e inovação*: direito no empreendedorismo (entrepreneurship law). Barueri: MANOLE, 2017. p. 13).

[11] De acordo com a Associação Brasileira de *Private Equity* e *Venture Capital* (2021), a conduta de investidores se divide nas seguintes formas: "(i) Seed Capital: apostam na fase inicial dos negócios e, por isso, são chamados de seed capital ou capital semente. Eles fornecem recursos para estruturar e fazer essas empresas deslancharem; (ii) Venture Capital: investem em empresas que já estão faturando bem, mas ainda estão em processo de crescimento e desenvolvimento; (iii) Private Equity: aportam recursos em empresas já bem desenvolvidas, em processo de consolidação de mercado, para ajudá-las a se preparar para abrir capital, fundir-se ou serem adquiridas por outras grandes empresas".

[12] O mútuo conversível tem inspiração nas *convertible notes* norte-americanas, que são um instrumento de débito que pode ser trocado, à opção do portador, por títulos de participação do emissor, em especial, no Brasil, por meio de debêntures conversíveis ou de contrato. "Assim como no mútuo convencional, o mutuante (no caso, o investidor) concede determinada quantia financeira ao mutuário (no caso, o empreendedor ou *startup*), que agrupa certos direitos de dívida (*debt*) com outros de participação de participação (*equity*)" (FEIGELSON, Bruno; NYBO, Erik Fontenelle; FONSECA, Victor Cabral. *Direito das startups*. São Paulo: SARAIVA EDUCAÇÃO, 2018. p. 129). Como recorda Rafael Younis Marques (MARQUES, Rafael Younis. *Notas Conversíveis no Equity Crowdfunding*: Sociedade de fato e risco de responsabilidade pessoal do investidor. Coleção Academia-Empresa 14. Col. Academia – Empresa 14. São Paulo: Quartier Latin, 2015. p. 78), "é comum encontrar nesses documentos a obrigatoriedade da conversão do valor mutuado em participação societária, na hipótese de a startup receber futuros investimentos com determinadas característica, por exemplo, acima de um determinado valor, sob pena de o investidor perder esse direito de conversão. Outra característica presente nas notas conversíveis é a outorga de diversos direitos aos investidores, que normalmente são outorgados apenas a sócios, aliás, ainda mais comum quando outorgados por meio de um acordo de acionistas no âmbito de uma sociedade anônima".

tributárias, eis que, para estes fins, de acordo com a Solução de Consulta DISIT/SRRF10 nº 10024/2015, "as SCP equiparam-se a pessoas jurídicas", não podendo ser beneficiadas pelo tratamento jurídico diferenciado (enquadramento no Simples Nacional) previsto na Lei Complementar nº 123/2006, em especial, por ferir o inciso VII do §4º do art. 3º.[13] Isso, de fato, não é um problema, pois as *startups* não se enquadram e nem devem ao Simples Nacional, eis que a elas foi destinado o regime tributário do Inova Simples, o que afasta os pareceres da Receita Federal acerca do assunto.

Vale lembrar, o novo enquadramento é previsto pelo art. 65-A e, como comentado anteriormente, foi criado pela Lei Complementar nº 167/2019, posterior à Solução de Consulta mencionada acima. Em suma, não há razão para que o contrato de participação seja outro que não o próprio contrato de sociedade em conta de participação, já tipificado no ordenamento brasileiro (arts. 991 a 996 do Código Civil).

Independentemente da dicotomia entre tais negócios jurídicos, a Lei Complementar nº 155/2016 positivou o investidor-anjo no ordenamento brasileiro, através da introdução dos arts. 61-A a 61-C[14] na mesma Lei Complementar nº 123/2006, principalmente quando determina (art. 61-A, §4º) que ele (I) "não será considerado sócio nem terá qualquer direito a gerência ou voto na administração da empresa", (II) nem "responderá por qualquer dívida da empresa, inclusive em recuperação judicial", não se aplicando (em regra) a ele a desconsideração da personalidade jurídica do art. 50 do Código Civil, mas que (III) "será remunerado

---

[13] Eis o texto do §4º do art. 3º da Lei Complementar nº 123/2006: "Não poderá se beneficiar do tratamento jurídico diferenciado previsto nesta Lei Complementar, incluído o regime de que trata o art. 12 desta Lei Complementar, para nenhum efeito legal, a pessoa jurídica: (...) VII – que participe do capital de outra pessoa jurídica;".

[14] O PLP nº 146/2019 apresenta solução semelhante para a questão societária, determinando no art. 8º que o investidor que realizar o aporte de capital: (I) "não será considerado sócio ou acionista nem possuirá direito a gerência ou a voto na administração da empresa, conforme pactuação contratual"; e (II) não responderá por qualquer dívida da empresa, inclusive em recuperação judicial, e a ele não se estenderá o disposto no art. 50 da Lei nº 10.406, de 10 de janeiro de 2002 (Código Civil), no art. 855-A da Consolidação das Leis do Trabalho (CLT), aprovada pelo Decreto-Lei nº 5.452, de 1º de maio de 1943, nos arts. 124, 134 e 135 da Lei nº 5.172, de 25 de outubro de 1966 (Código Tributário Nacional), e em outras disposições atinentes à desconsideração da personalidade jurídica existentes na legislação vigente", exceto (parágrafo único) nas "hipóteses de dolo, de fraude ou de simulação com o envolvimento do investidor".

por seus aportes, nos termos do contrato de participação, pelo prazo máximo de cinco anos".[15]

2 A penhora de bens de capital em *startups*

Bens de capital[16] (*capital goods*) são aqueles que compõem o estabelecimento empresarial de algo que se projeta, no caso de

---

[15] Eis a redação completa de tais artigos: "Art. 61-A. Para incentivar as atividades de inovação e os investimentos produtivos, a sociedade enquadrada como microempresa ou empresa de pequeno porte, nos termos desta Lei Complementar, poderá admitir o aporte de capital, que não integrará o capital social da empresa. §1º As finalidades de fomento a inovação e investimentos produtivos deverão constar do contrato de participação, com vigência não superior a sete anos. §2º O aporte de capital poderá ser realizado por pessoa física ou por pessoa jurídica, denominadas investidor-anjo. §3º A atividade constitutiva do objeto social é exercida unicamente por sócios regulares, em seu nome individual e sob sua exclusiva responsabilidade. §4º O investidor-anjo: I – não será considerado sócio nem terá qualquer direito a gerência ou voto na administração da empresa; II – não responderá por qualquer dívida da empresa, inclusive em recuperação judicial, não se aplicando a ele o art. 50 da Lei no10.406, de 10 de janeiro de 2002 – Código Civil; III – será remunerado por seus aportes, nos termos do contrato de participação, pelo prazo máximo de cinco anos. §5º Para fins de enquadramento da sociedade como microempresa ou empresa de pequeno porte, os valores de capital aportado não são considerados receitas da sociedade. §6º Ao final de cada período, o investidor-anjo fará jus à remuneração correspondente aos resultados distribuídos, conforme contrato de participação, não superior a 50% (cinquenta por cento) dos lucros da sociedade enquadrada como microempresa ou empresa de pequeno porte. §7º O investidor-anjo somente poderá exercer o direito de resgate depois de decorridos, no mínimo, dois anos do aporte de capital, ou prazo superior estabelecido no contrato de participação, e seus haveres serão pagos na forma do art. 1.031 da Lei no 10.406, de 10 de janeiro de 2002 – Código Civil, não podendo ultrapassar o valor investido devidamente corrigido. §8º O disposto no §7º deste artigo não impede a transferência da titularidade do aporte para terceiros. §9º A transferência da titularidade do aporte para terceiro alheio à sociedade dependerá do consentimento dos sócios, salvo estipulação contratual expressa em contrário. §10. O Ministério da Fazenda poderá regulamentar a tributação sobre retirada do capital investido. Art. 61-B. A emissão e a titularidade de aportes especiais não impedem a fruição do Simples Nacional. Art. 61-C. Caso os sócios decidam pela venda da empresa, o investidor-anjo terá direito de preferência na aquisição, bem como direito de venda conjunta da titularidade do aporte de capital, nos mesmos termos e condições que forem ofertados aos sócios regulares. Art. 61-D. Os fundos de investimento poderão aportar capital como investidores-anjos em microempresas e empresas de pequeno porte".

[16] Como já afirmado no julgamento do Recurso Especial nº 1.758.746 pelo Superior Tribunal de Justiça, de acordo com o §3º art. 49 da Lei nº 11.101/2005 (Lei de falências e de recuperação de empresas), por "bens de capital", na prática, entendem-se aqueles, corpóreos, que servem à manutenção da capacidade produtiva, descartando-se aqueles que poderiam ser retirados do estabelecimento empresarial sem prejuízo à produção, ou seja, por não serem essenciais a tal finalidade. Igualmente, segundo ele, não pode ser perecível nem consumível. Assim, ao menos em termos de recuperação judicial, a eles se aderem pressupostos lógicos ao subsequente juízo de essencialidade objetiva, amparada em preenchimento de requisitos e, para tanto, estabelece alguns requisitos. O primeiro deles estaria na noção de que, para se caracterizar o bem como "de capital" e "essencial", ele deveria ser corpóreo e estar incluso na cadeia produtiva da empresa, já que indispensável ao exercício dessa atividade econômica exercida pelo empresário (desta

startups, como disruptivo, organizados em prol do desenvolvimento da empresa, mas que somente são essenciais quando para aquela são considerados indispensáveis.

A noção de bem de capital essencial, que tem amplo espaço para releituras,[17] veio a ser mitigada em demandas verticais (trabalhistas e consumeristas) e, como se observa, também nas horizontais (civilistas e empresariais), tamanha a amplitude do art. 835 do Código de Processo Civil. O esquecimento dos elementos que guarneçam a dignidade do empresário e da sociedade empresária

---

forma, não poderíamos confundi-lo com outros bens supostamente supérfluos do empresário). Segundo, não poderia ser algo consumível nem perecível, ou seja, deveria ser bem durável que se perpetue na cadeia produtiva como item organizado ao longo de tempo razoável. Terceiro, haveria uma necessidade de que fosse realizada uma interpretação sistemática que, a um só tempo, atenderia aos ditames da lei de regência e não descaracterizaria ou esvaziaria a garantia fiduciária que recai sobre o "bem de capital", que se encontra provisoriamente na posse do empresário. Finalmente, em quarto lugar, não seria possível atribuir tal qualidade a uma coisa cuja utilização significasse uma garantia fiduciária, como ocorre nos casos de cessão fiduciária de créditos. Isso porque, ao final do *stay period*, o bem deveria ser restituído ao proprietário, o credor fiduciário, e o dinheiro, dada a liquidez, uma vez recebido, mistura-se aos demais valores, podendo se tornar algo indissociável em razão do estado de grave crise econômico-financeira do devedor fiduciante. Vale dizer, no caso dos créditos em tal condição, além do esvaziamento mencionado acima, eles não são corpóreos, o que não os afasta da essencialidade, mas fá-lo com relação à ausência do primeiro requisito. Em tempo, com isso, discorre-se que o que está previsto no §3º da Lei nº 11.101/2005 foi o ponto que mais diretamente contribuiu para que a lei deixasse de ser conhecida como "Lei de Recuperação de Empresas" e passasse a ser conhecida como "Lei de Recuperação do Crédito Bancário" (BEZERRA FILHO, Manoel Justino. *Lei de Recuperação de Empresas e Falências Comentada*. 6. ed. São Paulo: REVISTA DOS TRIBUNAIS, 2009). As instituições financeiras garantiram com a norma que a propriedade fiduciária de créditos não se sujeitasse à recuperação, ressalva apenas aos bens de capital. Ainda assim, ultrapassado o prazo suspensivo do artigo 6º, §4º, ou seja, de 180 dias, os atos executivos prosseguem independentemente da recuperação judicial em andamento. Embora o princípio norteador seja o da preservação da empresa, não se pode, a pretexto de cumpri-lo, sacrificar a lei e os contratos que o devedor anteriormente tenha celebrado. O contexto legislativo apresentado, como visto, enquadra-se em hipótese excepcional e provisória. É excepcional, pois é detectado, de forma explícita, apenas na Lei nº 11.101/2005. Não se tem no ordenamento nada tão claro com relação à proteção do patrimônio empresarial contra dívidas. Protege de maneira provisória, pois enquadra-se somente na circunstância do prazo de 180 dias do §4º do art. 6º, deixando várias dúvidas a serem respondidas. Com isso, é, claramente, utilizado como anteparo contra as chamadas travas bancárias, expressão derivada da ideia de que alguns créditos de instituições financeiras poderiam emperrar o prosseguimento da recuperação judicial, inviabilizando-a por comprometer o patrimônio através da continuação das respectivas execuções por força das referidas normas cogentes acima.

[17] É bem verdade que as discussões sobre o assunto vêm sendo afastadas dos tribunais superiores, eis que, normalmente, o tema da essencialidade dos bens é julgado nos juízos de piso das recuperações (*v.g.*, o julgamento do Agravo Interno nos Embargos de Declaração no Conflito de Competência nº 119.387 pelo Superior Tribunal de Justiça), abafando-se discussões técnicas mais profundas. Além disso, observa-se que, quando o tema chega àquela corte com relevância, a principal questão levantada diz respeito ao já mencionado afastamento da utilização do crédito sob cessão fiduciária.

em fase de *startup* está, a este ver, intimamente ligado à função social da empresa exercida no que tange à sua preservação.

Afirmo que a definição do que é essencial não pode ser estar contida num rol taxativo de alternativas. O direito empresarial é rico em exemplos[18] nessa linha. Cito o caso das matérias-primas que adentram no estabelecimento empresarial como insumos, que, até para fins falimentares, seria absurda a hipótese de serem levantados sem consulta a credores chamados à universalidade, pois de nada adiantaria o empresário ter o maquinário e as ferramentas se nada mais existisse para ser transformado ou meramente utilizado. Mais do que isso, se a *startup* é fruto de uma ideia disruptiva, inovadora, o efeito de um ataque direto ao seu patrimônio pode ser devastador.

Por esse caminho, a narrativa de que é requisito para o caráter essencial do bem de capital o fato de ele ser durável (não imediatamente consumível) e não perecível não me parece ser a mais correta. Se um bem vem a ser alvo de modificação industrial, dentro de uma cadeia produtiva, é óbvio que ele é consumível, mas a sua penhora importaria na pena de paralisação da empresa.

Em terceiro lugar, ressalto que devemos entender que os magistrados não possuem o ônus do conhecimento técnico acerca da cadeia produtiva do empresário e, por tal razão, não estão habilitados a fazer qualquer juízo de valor sobre o fato de determinado bem poder ser ou não essencial, a não ser que as provas dos autos (normalmente, periciais) demonstrem o contrário.

Ademais, é indispensável o entendimento de que a crise econômico-financeira não é somente uma causa para a quebra da empresa iniciante (isso serve para as não iniciantes também), como, também, pode ser efeito de decisões judiciais, como as que promovam constrições de bens. A penhora de bem de capital pode representar, a depender do caso concreto, verdadeira intervenção estatal na atividade privada (por isso, julgamentos são externalidades).

Finalmente – o que não significa algo de menor importância –, entendendo-se que o exercício de empresa é uma profissão (art. 966

---

[18] Cito a própria teoria da empresa, que substituiu a já criticada e taxativa teoria dos atos de comércio, que limitava a quantidade de atividades descritas como comerciais.

do Código Civil), então ela deveria receber os mesmos benefícios de outras atividades profissionais. Se o empresário aloca bens móveis para o exercício da empresa, não há como, objetivamente, retirá-lo do conceito da essencialidade, a não ser que haja uma constatação *in loco*, de que seja algo sem o qual a empresa continuará, ou que seja voltado para descarte.

Entendo, aliás, que é por isso que devemos aplicar o art. 833 do Código de Processo Civil, quando este determina a impenhorabilidade,[19] em especial, de: (I) bens inalienáveis e os declarados, por ato voluntário, não sujeitos à execução; (V) livros, máquinas, ferramentas, utensílios, instrumentos ou outros bens móveis necessários ou úteis ao exercício da profissão do executado, inclusive (§3º) os equipamentos, os implementos e as máquinas agrícolas pertencentes à pessoa física ou à empresa individual produtora rural, exceto quando tais bens tenham sido objeto de financiamento e estejam vinculados em garantia a negócio jurídico ou quando respondam por dívida de natureza alimentar, trabalhista ou previdenciária; (VII) materiais necessários para obras em andamento, salvo se essas forem penhoradas; e (XII) créditos oriundos de alienação de unidades imobiliárias, sob regime de incorporação imobiliária, vinculados à execução da obra. Além disso, (§1º) a impenhorabilidade não pode ser oponível à execução de dívida relativa ao próprio bem, inclusive àquela contraída para sua aquisição.

---

[19] Sobre impenhorabilidade, o mais importante "é perceber que o núcleo básico desta matéria advém da conjunção dos princípios constitucionais da dignidade da pessoa humana (art. 1º, III, da CF) e da função social da propriedade (art. 5º, XXIII, da CF), temas que necessariamente irão fazer parte da interpretação e aplicação das regras processuais insertas no CPC/15, consoante, inclusive, expresso nos artigos 1º e 8º da noviça codificação. Firme nessa premissa, a interpretação dos dispositivos que tratam da penhora neste novo Código de Processo Civil de 2015 não se pode distanciar de suas matrizes constitucionais, especialmente as acima postas, analisando-as tanto no espectro do devedor, como em relação ao credor, em respeito ao tratamento isonômico pregado em todo sistema legal. Mais ainda, o intérprete deve estar ciente que o tema da impenhorabilidade pode e costuma envolver a análise e o debate de questões ligadas ao direito material (por exemplo, proteção à meação de cônjuge ou de companheiro e do condômino), tendo no Código Civil relevante espaço para a solução dos pontos críticos. Essa percepção é fundamental para que as normas relativas à impenhorabilidade sejam bem compreendidas, inclusive quanto a seu alcance e limitação" (MAZZEI, Rodrigo Reis; MERÇON-VARGAS, Sarah. Breves notas sobre a dignidade da pessoa humana e a função social da propriedade como bases de compreensão das regras de impenhorabilidade do Código de Processo Civil de 2015. *In*: EHRHARDT JUNIOR, Marcos; MAZZEI, Rodrigo Reis. *Repercussões do novo CPC*: direito civil. v. 14. Salvador: JusPodivm, 2017. p. 571-572).

Tal pensamento, no entanto, somente pode ser visto na jurisprudência do Superior Tribunal de Justiça[20] em hipóteses excepcionais, o que é uma pena. Aliás, o mesmo problema também pode ser estendido aos imóveis. Questiono: um imóvel, realmente, não pode ser um bem de capital essencial? Essa dúvida existe desde a Lei nº 6.830/1980, que determina, no artigo 11, §1º, que, excepcionalmente, a penhora poderá recair sobre o estabelecimento comercial, industrial ou agrícola, regra especial nitidamente aplicável à execução fiscal.

Há tempos o assunto já vem sendo alvo dos tribunais brasileiros, o que justificou, inclusive, a publicação da Súmula nº 451 pelo Superior Tribunal de Justiça. Por ela, afirma-se que "é legítima a penhora da sede do estabelecimento comercial". Apesar de o termo "estabelecimento" ter sido utilizado, erroneamente, com a conotação de bem imóvel, está evidenciado o direcionamento.[21]

---

[20] Voto do Ministro Luis Felipe Salomão no Agravo Regimental no Agravo em Recurso Especial nº 709.060-RS: "A penhora sobre estabelecimentos comerciais somente é possível em casos excepcionais, quando há comprovação do esgotamento de todas as diligências para localização de bens em nome da empresa, e quando há tentativa de penhora sobre o faturamento da empresa, está em conformidade com precedentes desta Corte Superior. O entendimento do Tribunal a quo de que a impenhorabilidade prevista na Lei nº 8.009/90 pode ter como destinatário pessoa jurídica caracterizada como pequena empresa com conotação familiar também está em conformidade com precedentes do STJ".

[21] Note-se que, para chegar a tal conclusão sumular, serviram como precedentes os julgamentos dos Recursos Especiais nº 354.622, 994.218, 857.327 e do próprio 1.114.767, além dos Agravos nº 723.984 e 746.461 e, pelo que se observa, em todos eles há pontos discutíveis. É interessante, então, fazer uma breve digressão nos precedentes acima mencionados. No caso do Recurso Especial nº 354.622-SP, julgado pela Primeira Turma, o relator do caso, ministro Garcia Vieira, chegou à conclusão de que seria inadmissível, na espécie, a determinação da penhora sobre imóvel-sede onde se localizava o empresário executado, na consideração de que, em execução fiscal, a penhora sobre o estabelecimento comercial do executado só poderia ocorrer de maneira excepcional, devendo ser determinada pelo modo menos gravoso para o devedor. Em segundo precedente, o Agravo Regimental no Agravo nº 723.984-PR, julgado pela Primeira Turma, sob relatoria do então ministro José Delgado, cuidou de situação na qual também se defendia o imóvel sede do estabelecimento comercial novamente contra penhora solicitada por credor fiscal e pelos mesmos argumentos do caso anterior. O voto do relator, assim como no exemplo anterior, foi no sentido de afastar a constrição pela exata excepcionalidade do ato em se tratando de conjunto patrimonial voltado à atividade empresarial. A mudança se apresentou no terceiro precedente, contido no Recurso Especial nº 994.218-PR, outra vez, pela Primeira Turma, desta vez sob relatoria do ministro Francisco Falcão. Neste, também houve a ratificação do "entendimento de que a penhora sobre o estabelecimento comercial da empresa ou sobre o seu faturamento tem caráter excepcional", admitida apenas nos casos em que não existam outros bens garantidores da dívida. Entretanto, informou-se que a situação indica que os bens dados em garantia eram de difícil alienação e que, principalmente, a constrição dos imóveis da empresária não significava o bloqueio das

Não se concebe a existência de um empresário sem o estabelecimento empresarial, visto que ainda que este seja rudimentar, propicia a consecução dos objetivos empresariais.[22]

Os imóveis, portanto, não são elementos externos ao conjunto patrimonial empresarial. Ao analisarmos o significado de "utensílios à atividade comercial", que fazem parte do estabelecimento, não se pode excluir o imóvel, que se soma aos demais bens agregados e que serve ao exercício da empresa e propicia condições objetivas de manutenção do empreendimento, que compreendem a dignidade do empresário.

É bom recordar que, ao considerarmos que a exercente de *startup* normalmente opera com bens de tal natureza que, invariavelmente, ou estão (ou deveriam estar, como será visto no próximo tópico) sob propriedade fiduciária de terceiros (por meio de contratos de alienação fiduciária em garantia), ou estão apenas

---

respectivas atividades empresariais. Logo, no caso, supostamente a penhora do imóvel não teria o condão de paralisar as atividades empresariais. Igualmente, a Terceira Turma entendeu que não havia impenhorabilidade do imóvel sede no Recurso Especial nº 857.327-PR, sob relatoria da ministra Nancy Andrighi, no Agravo Regimental nos Embargos de Declaração no Agravo nº 746.461-RS, sob relatoria do ministro Paulo Furtado, e no anteriormente citado Recurso Especial nº 1.114.767-RS. De tudo, pode-se afirmar que a Súmula nº 451, ao legitimar a possibilidade de penhora do imóvel sede, excluiu do intérprete a análise correta do assunto, pois ratificou jurisprudências que se equivocam em relação a terminologias e conceitos. Em todos os casos, o que se observou foi o fato de que o Superior Tribunal de Justiça adjetivou o imóvel, ponto comercial, tal como o fez o próprio Código Civil, e o chamou, indevidamente, de estabelecimento. Além disso, quase todos os precedentes tinham por base execuções fiscais, parte do microssistema tributário. E isso significa dizer que as situações precedentes à Súmula nº 451 foram movidas por legislação especial e não a todas as hipóteses de execução contra o empresário, tanto que o Recurso Especial nº 1.114.767-RS foi julgado a partir do princípio da especialidade. Em tempo, eis o trecho principal do voto de Luiz Fux no julgamento do Recurso Especial nº 1.114.767-RS: "A penhora de imóvel no qual se localiza o estabelecimento da empresa é, excepcionalmente, permitida, quando inexistentes outros bens passíveis de penhora e desde que não seja servil à residência da família. O artigo 649, V, do CPC, com a redação dada pela Lei 11.382/2006, dispõe que são absolutamente impenhoráveis os livros, as máquinas, as ferramentas, os utensílios, os instrumentos ou outros bens móveis necessários ou úteis ao exercício de qualquer profissão. A interpretação teleológica do artigo 649, V, do CPC, em observância aos princípios fundamentais constitucionais da dignidade da pessoa humana e dos valores sociais do trabalho e da livre iniciativa (artigo 1º, incisos III e IV, da CRFB/88) e do direito fundamental de propriedade limitado à sua função social (artigo 5º, incisos XXII e XXIII, da CRFB/88), legitima a inferência de que o imóvel profissional constitui instrumento necessário ou útil ao desenvolvimento da atividade objeto do contrato social, máxime quando se tratar de pequenas empresas, empresas de pequeno porte ou firma individual".

[22] BERTOLDI, Marcelo; RIBEIRO, Marcia Carla Pereira. *Curso avançado de direito comercial*. 3. ed. São Paulo: REVISTA DOS TRIBUNAIS, 2006. p. 96.

sob posse direta daquele (por força de contrato de locação), é normal que credores não costumem encontrar bens de tal monta quando do cumprimento de mandados de penhora. Ainda assim, se o imóvel for próprio, a perda de bem para pagamento de dívidas pode representar um acréscimo aos custos de transação, o que pode tornar a operação empresarial inviável.

3 O faturamento da *startup* como bem a ser penhorado

A questão da penhora de faturamento, que não aparece no art. 835 do Código de Processo Civil, mas um pouco mais à frente na mesma lei, na dita "Penhora de Empresa, de Outros Estabelecimentos e de Semoventes",[23] leva-nos a tentar entender o que o texto legal quis dizer com o verbete "empresa", que, por certo, está fora de contexto. Se empresa é atividade, não pode ser confundida com o estabelecimento empresarial (conjunto de bens voltado ao sucesso daquela) nem com o sujeito que a exerce (pessoa natural ou jurídica que a exerce). Nessa linha, a penhora de empresa seria, simplesmente, impossível, uma excrescência, pois significa a constrição de uma atividade profissional. Aliás, se formos por esse caminho, encontraríamos, de forma rápida, a inconstitucionalidade dos dispositivos mencionados acima, pois haveria um claro conflito com um dos pilares da ordem econômica, a livre iniciativa, prevista pelo *caput* do art. 170 da Constituição Federal.

Quando iniciamos a leitura do art. 862, devemos perceber que a expressão utilizada não aparece, pois informa que, quando "a penhora recair em estabelecimento comercial, industrial ou agrícola, bem como em semoventes, plantações ou edifícios em construção", o juiz[24] deverá nomear administrador-depositário, "determinando-lhe

---

[23] Seja o que ele quer dizer com empresa e outros estabelecimentos, "isso" é objeto de subseção própria, a de número VIII, como parte da Seção III (penhora) do Capítulo IV (execução por quantia certa) do Título II (das diversas espécies de execução) do Livro II (do processo de execução) da parte Especial do Código de Processo Civil, especificamente, nos arts. 835 e 862 a 865.

[24] Assim é que, (§1º) ouvidas as partes, o juiz decidirá. (§2º) É lícito às partes ajustar a forma de administração e escolher o depositário, hipótese em que o juiz homologará por despacho a indicação. (§3º) Em relação aos edifícios em construção sob regime de incorporação

que apresente em 10 (dez) dias o plano de administração". O Código de Processo Civil, aqui, utiliza o termo empresa sob o perfil objetivo, patrimonial, não como o Código Civil optou.

A mesma coisa ocorre no art. 863, quando menciona que "a penhora de empresa que funcione mediante concessão ou autorização far-se-á, conforme o valor do crédito, sobre a renda, sobre determinados bens ou sobre todo o patrimônio, e o juiz nomeará como depositário, de preferência, um de seus diretores".

O problema, no entanto, é visto um pouco antes daquela subseção codificada, no art. 835. A partir dele, o Código de Processo Civil traçou uma ordem preferencial (art. 835), na qual a penhora deve recair sobre: (I) dinheiro, em espécie ou em depósito ou aplicação em instituição financeira; (II) títulos da dívida pública da União, dos estados e do Distrito Federal com cotação em mercado; (III) títulos e valores mobiliários com cotação em mercado; (IV) veículos de via terrestre; (V) bens imóveis; (VI) bens móveis em geral; (VII) semoventes; (VIII) navios e aeronaves; (IX) ações e quotas de sociedades simples e empresárias; (X) percentual do faturamento de empresa devedora; (XI) pedras e metais preciosos; (XII) direitos aquisitivos derivados de promessa de compra e venda e de alienação fiduciária em garantia; e (XIII) outros direitos. Além disso, ressaltou, por exemplo, que (§3º) na execução de crédito com garantia real, a penhora recairá sobre a coisa dada em garantia e, se a coisa pertencer a terceiro garantidor, este também será intimado da penhora. Finalmente, preceituou (art. 836, §1º) que, quando não forem encontrados bens penhoráveis, independentemente de determinação judicial expressa, o oficial de justiça deve descrever na certidão os bens que guarnecem o estabelecimento do executado, quando este for pessoa jurídica.

É nítido que, ao examinarmos o art. 835, tomando como paradigma o empresário e a sociedade empresária, deparamo-nos com a leitura de que a penhora poderá recair sobre: (I) dinheiro

---

imobiliária, a penhora somente poderá recair sobre as unidades imobiliárias ainda não comercializadas pelo incorporador. (§4º) Sendo necessário afastar o incorporador da administração da incorporação, será ela exercida pela comissão de representantes dos adquirentes ou, se se tratar de construção financiada, por empresa ou profissional indicado pela instituição fornecedora dos recursos para a obra, devendo ser ouvida, neste último caso, a comissão de representantes dos adquirentes.

(faturamento presente); (II) títulos da dívida pública da União, dos estados e do Distrito Federal com cotação em mercado (o crédito, se for mero investimento, é bem móvel e sobre ele recai o direito de propriedade, logo, a penhora aqui seria sobre o estabelecimento empresarial, mas, se ele for oriundo de dívida em função da empresa exercida, é faturamento); (III) títulos e valores mobiliários com cotação em mercado (o crédito, se for mero investimento, é bem móvel e sobre ele recai o direito de propriedade, logo, a penhora aqui seria sobre o estabelecimento empresarial, mas, se ele for oriundo de dívida em função da empresa exercida, penso que deve ser considerado como parte do faturamento); (IV) veículos de via terrestre (bens móveis que podem, a depender da utilização, ser itens indispensáveis à continuidade da atividade); (V) bens imóveis (que, a depender do contexto, também são indispensáveis, eis que podem servir de espaço para o exercício da empresa); (VI) bens móveis em geral (igual aos dois anteriores); (VII) semoventes (idem); (VIII) navios e aeronaves (idem); (IX) ações e quotas de sociedades simples e empresárias (hipóteses de atingimento de direito dos sócios, que, na prática, são terceiros); (X) percentual do faturamento de empresa devedora (talvez aqui com a redação voltada às receitas futuras); (XI) pedras e metais preciosos (mesma análise feita anteriormente acerca de bens móveis e imóveis como elementos de empresa); (XII) direitos aquisitivos derivados de promessa de compra e venda e de alienação fiduciária em garantia (sendo estes bens móveis ou imóveis, a depender de cada coisa objeto de alienação); e (XIII) outros direitos (móveis ou imóveis, cuja interpretação será a mesma já realizada).

A penhora de faturamento explícita no inciso X do art. 865 do Código de Processo Civil de 2015 é, em si, controversa. Sabemos que, na Lei Adjetiva anterior, a autorização para a penhora de percentual do faturamento de empresa não existia, sendo aquele impenhorável. O novo preceito autorizou, de maneira expressa, a possibilidade de constrição de parte do faturamento, que deve recair sobre percentual, de modo a não comprometer a manutenção das atividades "da empresa", eis que este (faturamento) é bem de difícil "camuflagem", mas isso é, de pronto, uma medida excepcional. Vale lembrar que ela "figura no sétimo lugar na ordem de preferência" sendo "necessário esgotar a tentativa de penhora de todos os bens anteriormente listados no artigo 655 do Código de Processo Civil".[25]

Defendo que seria indispensável um aumento de excepcionalidade. Entendo que as receitas obtidas pelo empresário devedor não poderiam ser, simplesmente, desviadas para pagamento de credores, mas que, antes de se pensar na porcentagem a ser constrita, pudesse ser verificada a realidade do caso através de prova pericial. Assim, seria possível a penhora de até mais que 5% do faturamento, ou de nada, com a abertura de procedimento falimentar.

Chamo a atenção, para tanto, para os incisos I a III e X do art. 835. É interessante que somente o inciso X fale sobre a penhora a respeito do "percentual do faturamento de empresa devedora", como se isso fosse um mero exercício de resultados futuros, sem qualquer filtragem acerca do contexto daqueles valores. Os incisos I a III falam sobre dinheiro e direitos de crédito que, não raramente, são provenientes de outro fator que não o próprio faturamento. Além disso, é difícil imaginar que títulos de dívida pública ou privadas estejam em mãos de empresários ou sociedades empresárias se as receitas por eles intermediadas não forem decorrentes da empresa exercida pelo empresário e pela sociedade empresária (objeto social).

Foi equivocado o tratamento dispensado pelo legislador de 2015? Para responder a essa pergunta, primeiro ressalto que o crédito é um bem móvel[26] e, como tal, pode ser objeto de direito de propriedade. Neste sentido, o Código de Processo Civil estaria correto ao habilitar a penhora sobre ele. Destaco, entretanto, que o crédito, para quem exerce a empresa (ainda mais em fase de *startup*), não é só isso.

Não podemos esquecer que o propósito da existência de direito de crédito, em seara empresarial, está intimamente ligado aos resultados financeiros do empresário, pois é comum o recebimento

---

[25] MELO, Tassio Duarte; SOUZA NETO, José Eugênio do Amaral. Penhora on line de dinheiro depositado em conta bancária de empresa e penhora de percentual de faturamento. *In*: YARSHELL, Flávio Luiz. PEREIRA, Guilherme Setogoti J. (Coord.). *Processo Societário*. São Paulo: QUARTIER LATIN, 2012. p. 695-696.

[26] Código Civil, art. 83: "Consideram-se móveis para os efeitos legais": (III) "os direitos pessoais de caráter patrimonial e respectivas ações".

de valores através de títulos de crédito, ou as restituições tributárias por valores indevidamente pagos às Fazendas Públicas.

A meu ver, portanto, o tratamento foi, sim, equivocado, porque utiliza, de maneira inadvertida, a natureza jurídica do crédito contra ele próprio, tornando-o parte do estabelecimento empresarial, mas como um bem de capital não essencial, adiante comentado.

O resultado, sem limites, dessa postura poderia ser uma paralisação da capacidade produtiva da *startup*, pois o dinheiro é como um óleo que permite com que a engrenagem empresarial alcance a funcionalidade. Com a penhora de valores e de créditos, de forma não proporcional,[27] hipótese que aventamos em razão do texto expresso anteriormente mencionado, não incomum é o favorecimento de um credor em detrimento de vários outros.

A saída, no caso dos exercentes de *startup*, contudo, seria ceder fiduciariamente o faturamento (créditos performados ou a performar), o que vai além do objetivo primário do contrato de mútuo conversível. Explico: a cessão fiduciária transfere a propriedade do crédito a um terceiro (investidor) e, assim, ainda que provisoriamente, retira-o da esfera patrimonial do cedente, o que impediria a penhora como ato de execução de outros credores.

É óbvio, portanto, que não falo isso em defesa da inadimplência do empresário iniciante em relação às suas dívidas, mas afirmo que tal artifício não é ilegal, pois protege o terceiro, que não pertence, inicialmente, ao quadro societário e que não pode ver o dinheiro investido sendo alvo de penhoras de credores do titular da empresa (disso, nem o contrato de sociedade em conta de participação protege).

Por isso, em reflexão, entendo que o melhor modelo de ingresso de aporte de capital em *startup* seria o de mútuo conversível (em ações ou quotas), pois o dinheiro não pertenceria à titular da empresa e deveria retornar no todo, ou na maior parte dele, em caso de fracasso do projeto empresarial. Isso porque a norma processual civil não consegue entender a diferença entre receitas e patrimônio penhorável (nem que a importância da *startup*) pelo simples fato de que sua abordagem é totalmente voltada ao ambiente do direito civil e pensa os problemas de direito empresarial como sendo os mesmos do ambiente civilista.

---

[27] Na conjugação do artigo 835 com o 833.

Conclusão

Como vimos, a amplitude da proteção à *startup* ainda carece de tratamento mais amplo. É uma ilusão imaginarmos que o mero afastamento da responsabilidade direta dos investidores possa mitigar as chances de fracasso do empreendimento, eis que a penhora do faturamento, do estabelecimento ou de quotas de sócios, assunto corriqueiro do direito empresarial, pode interferir no destino do negócio.

Em termos estritos, no entanto, destaco que a palavra penhora não foi objeto de abordagem sequer uma única vez no Projeto de Lei Complementar nº 156/2019, que visa instituir o "marco legal das *startups* e do empreendedorismo inovador", tendo sido aprovado na Câmara dos Deputados e encaminhado para o Senado Federal. Aliás, como é possível estabelecermos um marco legal com tantas lacunas com relação à proteção aos contratos que tenta proteger?

É indispensável que possamos ver, no futuro, uma maior adequação de temas empresariais como este que aqui abordamos, pois a disciplina de direito empresarial há muito carece de uma roupagem processual séria que entenda a realidade e a importância de se proteger a atividade econômica contra as limitações da visão do direito processual civil.

No momento, reitero, o ideal seria a adoção de contratos de mútuo conversível com cláusula de cessão fiduciária de créditos, principalmente em defesa não só do patrimônio particular do investidor-anjo, como do dinheiro que ele venha a injetar na *startup*. É crível que, com isso, a penhora de dívidas do principal exercente da empresa não pudesse atingir o capital investido, pois o dinheiro pertenceria ao investidor, e não ao beneficiário, como, de fato, acontece.

Referências

ASQUINI, Alberto. Perfis de empresa. Traduzido por Fabio Konder Comparato. *Revista de Direito Mercantil*: industrial, econômico e financeiro, São Paulo: Malheiros, v. 104, n. 159/160, p. 109, out./nov. 1996.

BERTOLDI, Marcelo; RIBEIRO, Marcia Carla Pereira. *Curso avançado de direito comercial*. 3. ed. São Paulo: REVISTA DOS TRIBUNAIS, 2006.

BEZERRA FILHO, Manoel Justino. *Lei de Recuperação de Empresas e Falências Comentada.* 6. ed. São Paulo: REVISTA DOS TRIBUNAIS, 2009.

FEIGELSON, Bruno; NYBO, Erik Fontenelle; FONSECA, Victor Cabral. *Direito das startups.* São Paulo: SARAIVA EDUCAÇÃO, 2018.

LIMA, Maria Luzia Pereira Alves de. Principais aspectos do contrato de participação e da sociedade em conta de participação no investimento anjo. *In*: ROQUE, Pamela Romeu (Coord.). *Estudos aplicados de direito empresarial*: LL.C. em direito empresarial. São Paulo: ALMEDINA.

MARQUES, Rafael Younis. *Notas Conversíveis no Equity Crowdfunding*: Sociedade de fato e risco de responsabilidade pessoal do investidor. Coleção Academia-Empresa 14. Col. Academia – Empresa 14. São Paulo: Quartier Latin, 2015.

MAZZEI, Rodrigo Reis; MERÇON-VARGAS, Sarah. Breves notas sobre a dignidade da pessoa humana e a função social da propriedade como bases de compreensão das regras de impenhorabilidade do Código de Processo Civil de 2015. *In*: EHRHARDT JUNIOR, Marcos; MAZZEI, Rodrigo Reis. *Repercussões do novo CPC*: direito civil. v. 14. Salvador: JUSPODIVM, 2017.

MELO, Tassio Duarte; SOUZA NETO, José Eugênio do Amaral. Penhora on line de dinheiro depositado em conta bancária de empresa e penhora de percentual de faturamento. *In*: YARSHELL, Flávio Luiz; PEREIRA, Guilherme Setogoti J. (Coord.). *Processo Societário.* São Paulo: QUARTIER LATIN, 2012.

PINHEIRO, Patricia Peck Garrido. Direito digital: da inteligência artificial às legaltechs. *Revista dos Tribunais*, v. 987, p. 25-37, jan. 2018.

TEIXEIRA, Tarcisio; LOPES, Alan Moreira. Direito no empreendedorismo. *In*: TEIXEIRA, Tarcisio; LOPES, Alan Moreira (Coord.). *Startups e inovação*: direito no empreendedorismo (*entrepreneurship law*). Barueri: MANOLE, 2017.

TUDO que você precisa saber sobre startups. *Associação Brasileira de Startups.* 2017 Disponível em: https://abstartups.com.br/2017/07/05/o-que-e-uma-startup/. Acesso em: 28 dez. 2020.

Informação bibliográfica deste texto, conforme a NBR 6023:2018 da Associação Brasileira de Normas Técnicas (ABNT):

BITTI, Eduardo Silva. A proteção jurídica de *startups* no direito brasileiro. *In*: BUFULIN, Augusto Passamani (Coord.). *Questões atuais de Direito Privado.* Belo Horizonte: Fórum, 2022. p. 163-182. ISBN 978-65-5518-301-6.

PRIMEIRAS LINHAS ACERCA DA INFLUÊNCIA DAS NOVAS TECNOLOGIAS NO DIREITO SOCIETÁRIO BRASILEIRO: ESTRUTURAS SOCIETÁRIAS TRADICIONAIS, O SURGIMENTO DE NOVAS FORMATAÇÕES E A AMPLIFICAÇÃO DAS FORMAS DE INVESTIMENTO E O ACESSO AO CRÉDITO

CAIO DE SÁ DAL'COL

1 Introdução e objeto de estudo

O presente trabalho busca promover uma análise da relação entre o direito e sua função promocional perante as novas tecnologias e inovação, especificamente no que diz respeito à influência exercida no direito societário, seja quanto aos efeitos provocados às formatações societárias mais tradicionais, seja quanto aos efeitos para o aperfeiçoamento e transformação das estruturas societárias já existentes e o surgimento de novas formatações.

Nesse compasso, com a finalidade de estabelecer as bases da pesquisa, primeiramente analisar-se-á, de forma breve, como o atual modelo econômico, as novas tecnologias e a inovação podem afetar o direito, assim como o ordenamento jurídico brasileiro se comporta e age perante àquelas.

Após, demonstrar-se-ão algumas das "novas" estruturas societárias e negócios surgidos em favor e por conta das novas tecnologias e das medidas inovadoras, analisando-se especificamente as empresas *startups*, as formas previstas de recebimento de investimentos, com especial enfoque na figura do investidor-anjo, e as medidas normativas de simplificação e desburocratização para incentivar-se o desenvolvimento de negócios tecnológicos e inovadores.

Posteriormente, serão observados os impactos que as novas tecnologias e as medidas de inovação provocam nas relações societárias e na amplificação das formas de acesso a investimentos e crédito. Para tanto, verificar-se-á como o uso das tecnologias pode facilitar o exercício dos direitos dos sócios e acionistas, bem como a redução de custos e conexão entre aqueles que desejam receber investimentos e os que buscam investir, tudo por meio do estudo das regulamentações atinentes à matéria.

Deve-se ressalvar que o presente trabalho não objetivou destacar todo o cenário de medidas aptas a impactar o lançamento de empreendimentos, restringindo-se a sua análise para os impactos ofertados pelas novas tecnologias e medidas inovadoras às relações societárias, à oferta de investimentos e ao acesso ao crédito. Deixaram-se, pois, exemplificativamente, para estudo próprio as formas de contratação das *startups* pelo Poder Público, bem como o estudo acerca dos impactos relacionados às questões tributárias e das novas formas de relacionamento criadas entre empresas, colaboradores, clientes, setores regulatórios, funcionários, entre muitos outros aspectos.

Alfim, cumpre advertir que o presente escólio, diante da complexidade da matéria posta e de todas as suas eventuais implicações, bem como dos estreitos limites definidos para o trabalho, não pretende esgotar a matéria, mas, sim, trazer um panorama geral sobre a temática, de maneira a contribuir para o desenvolvimento e fomento dos debates. Buscou-se, desse modo, lançar luzes sobre os pontos considerados relevantes para, prospectivamente, haver um maior aprofundamento sobre cada um deles.

2 A relação das novas tecnologias e inovação com o direito e sua função promocional de acordo com os comandos constitucionais e o atual contexto normativo pátrio

O mundo contemporâneo apresenta constantes e irrefreáveis mudanças tecnológicas. A velocidade de transmissão e o acesso às informações são simultâneos aos acontecimentos. Os produtos criados e serviços desenvolvidos rapidamente tornam-se obsoletos, dando lugar a novas invenções e funcionalidades. Os cidadãos têm mais conteúdo às suas mãos que em qualquer outra era, assim como conseguem se comunicar instantaneamente, de praticamente todos os lugares em que estiverem, com qualquer pessoa que vive no planeta Terra.

A presença do *empreendedorismo de oportunidade ou transformacional*, compreendido como o empreendedorismo que se desenvolve de maneira planejada e institucional,[1] é cada vez mais marcante na sociedade, em que os indivíduos passam a buscar com maior intensidade a criação de novos negócios. Para que o negócio saia do papel, contudo, há a necessidade de se avaliarem os *custos de transação*.[2] Dentro dessa ideia, um dos fatores mais importantes para empreender é justamente a análise do tratamento jurídico e regulatório atinente ao negócio imaginado. Desse modo, o papel institucional de dado ordenamento jurídico pode influenciar bastante nas tomadas de decisão quanto à abertura ou não de uma empresa. Demais disto, releva-se observar o tempo e custos necessários para abertura de empresa, tomando em consideração, por exemplo, o procedimento normatizado e a documentação exigida, a análise quanto à tributação a incidir na operação, bem como a forma de fechamento das empresas, permitindo-se fechar um ciclo e eventualmente iniciar um novo, sobretudo quando, "a vida média de uma empresa nos EUA era de 61 anos, em 1980 tal expectativa passou para 25 anos, e hoje são estimados cerca de 18 anos",[3] influenciam sobremaneira na tomada de decisão para se empreender ou não. É certo que, especialmente nos tempos atuais, a acessibilidade a recursos financeiros, seja pela captação de investimentos, seja pelo acesso ao crédito, também se configura como fator de indispensável exame para se decidir pelo início ou não de um novo negócio.

---

[1] MONTEIRO, Guilherme Fowler A. Empreendedorismo e Instituições. *In:* YEUNG, Luciana (Org). *Análise Econômica do Direito*: Temas Contemporâneos. São Paulo: Actual, 2020, p. 63.

[2] COASE, Ronald H. *A firma, o mercado e o direito*. 2ª ed. São Paulo: Gen Universitária, 2017.

[3] TIMM, Luciano. DUFLOTH, Rodrigo. Direito, economia e tecnologia: uma breve incursão ao futuro de nossa profissão. *Direito e novas tecnologias*. LONGHI, Maria Isabel Carvalho Sica Longhi [*et al*] (coord.). São Paulo: Almedina, 2020, p. 359.

A intersecção entre a economia e o direito é cada vez mais perceptível, vide numerosas normativas recentemente criadas em virtude do atual modelo econômico, que, em nosso sentir, visam garantir normas mais consentâneas com os atuais desígnios sociais e a ordem constitucional vigente (Constituição Federal de 1988). Por óbvio, não se deve olvidar que "o direito é, sempre, um instrumento de mudança social. O direito é produzido pela estrutura econômica, mas, também, interagindo em relação a ela, nela produzindo alterações. A economia condiciona o direito, mas o direito condiciona a economia".[4] A importância é tamanha de se conferir um sistema jurídico, de segurança e responsável, em prol da inovação, que, pela Emenda Constitucional nº 85/2015, estabeleceu-se que, nos termos do parágrafo único do artigo 219 da CF/88:

> O Estado estimulará a formação e o fortalecimento da inovação nas empresas, bem como nos demais entes, públicos ou privados, a constituição e a manutenção de parques e polos tecnológicos e de demais ambientes promotores de inovação, a atuação dos inventores independentes e a criação, absorção, difusão e transferência de tecnologia.

Também observa-se a inserção, no art. 218, da função estatal em promover e incentivar não só o desenvolvimento científico, a pesquisa e a capacitação tecnológicas, como na redação original da CF/88, mas também a inovação, ou seja, confere maior densidade normativa quanto à necessidade de se buscarem novidades. Nesse tocante, traz-se à balha o conceito legal de inovação (art. 64, I, da LC nº 123/06) como sendo:

> A concepção de um novo produto ou processo de fabricação, bem como a agregação de novas funcionalidades ou características ao produto ou processo que implique melhorias incrementais e efetivo ganho de qualidade ou produtividade, resultando em maior competividade no mercado.

Para que as novas tecnologias sejam utilizadas em prol do melhor desenvolvimento, o direito deve exercer a sua função promocional mediante a inserção no ordenamento jurídico de instrumentos normativos destinados a encorajar a realização de determinadas

---

[4] GRAU, Eros. *O direito posto e o direito pressuposto.* 6. ed. São Paulo: Malheiros, 2005, p. 59.

condutas almejadas.[5] Não se deve olvidar, portanto, que a criação de desenhos institucionais deve incentivar comportamentos previsíveis e honestos dos agentes, de modo a acarretar, com isso, o estímulo a comportamentos empreendedores produtivos, o aumento de investimentos de terceiros e, consequentemente, a geração de valor para a sociedade.[6]

Parte-se, assim, da premissa de que o Estado, em todas as suas facetas, diante de expressa disposição constitucional, deverá propiciar meios e terreno adequado para que a inovação e o acesso às novas tecnologias sejam facilitados. Com efeito, pode-se concluir que, ao lado do impacto direto que as novas tecnologias têm para a melhora do cenário societário, o estabelecimento de condições mais favoráveis e menos burocráticas quanto ao desenvolvimento das entidades empresariais é elemento basilar para a observância dos benefícios advindos das novas tecnologias e da inovação. Por conta dessa percepção de premente necessidade de implementação de transformações/modernizações legislativas e já com a mudança e densificação constitucional pela aludida emenda constitucional, passou-se a legislar com muito mais frequência na área da tecnologia e da inovação, com a intenção de fomentá-las.

Diante do atual estágio de complexidade social, em sinal claro daquilo que Natalino Irti denominou como a Era das Descodificações,[7] observa-se a criação de leis específicas para cada momento vivido e de acordo com a complexidade das relações sociais instauradas. Os códigos permanecem tendo especial importância no sistema, com normas de tessitura mais abertas, com tendência à perenidade; contudo, não pretendem regular todas as relações jurídicas possíveis. Por outro lado, as leis especiais arejam o sistema, de modo a também voltar os olhos para os acontecimentos mais contemporâneos. E, entre códigos e legislações específicas, ocorre o fenômeno do diálogo

---

[5] BOBBIO, Noberto. *Da estrutura à função*: novos estudos de teoria do direito. Tradução de Daniela Beccacia Versiani; revisão de Orlando Seixas Bechara, Renata Nagamine. Barueri, SP: Manole, 2007. p. 17-18.
[6] MONTEIRO, Guilherme Fowler A. Empreendedorismo e Instituições. *In*: YEUNG, Luciana (Org.). *Análise Econômica do Direito*: Temas Contemporâneos. São Paulo: Actual, 2020. p. 74.
[7] IRTI, Natalino. *L' età dela Decodificazione*. 4. ed. Milão: Giuffrè Editora, 1999.

das fontes, permitindo que, no que for compatível, as normas de cada legislação se complementem entre si.

Dentro dessa lógica e dentro do contexto, ainda de forma mais geral, de fomento às novas tecnologias e inovação, cita-se que a Lei nº 12.965/14, que instituiu o denominado Marco Civil da Internet, indicou, em seu art. 3º, VIII, como fundamento para o uso da internet no Brasil a "liberdade dos modelos de negócios promovidos na internet" e, enquanto objetivo, em seu art. 4º, I e II, "a promoção da inovação e do fomento à ampla difusão de novas tecnologias e modelos de uso e acesso"; e a "adesão a padrões tecnológicos que permitam a comunicação, a acessibilidade e a interoperabilidade entre aplicações e bases de dados". Na mesma toada, a Lei nº 13.709/2019, denominada como Lei Geral de Proteção de Dados (LGPD), destaca, em seu art. 2º, V, como fundamento da disciplina da proteção de dados pessoais "o desenvolvimento econômico e tecnológico e a inovação".

Igualmente, observa-se o incentivo à inovação e às novas tecnologias na Lei nº 13.874/2019 (Lei de Liberdade Econômica), que, em seu art. 3º, VI, sustenta como essencial ao desenvolvimento e crescimento econômico do país o direito de toda pessoa, natural ou jurídica, ao desenvolvimento, execução, operação ou comercialização de novas modalidades de produtos e de serviços quando as normas infralegais estiverem desatualizadas por conta do desenvolvimento tecnológico consolidado internacionalmente. Já o art. 4º define limites ao exercício da regulamentação por parte da administração pública e demais entes vinculados à Lei de Liberdade Econômica. Neste quadrante, cita-se como dever de evitar o abuso do poder regulatório, no que se refere à vedação de se:

> IV – redigir enunciados que impeçam ou retardem a inovação e a adoção de novas tecnologias, processos ou modelos de negócios, ressalvadas as situações consideradas em regulamento como de alto risco; V – aumentar os custos de transação sem demonstração de benefícios; VII – introduzir limites à livre formação de sociedades empresariais ou de atividades econômicas.

Tais regramentos devem nortear a análise e aplicação do direito sempre que se estiver diante de relações envolvendo novas tecnologias e inovações.

De mais a mais, torna-se forçoso registrar a Lei nº 10.973/2004, que, alterada pela Lei nº 13.243/2016 e regulamentada pelo Decreto nº 9.238/2018, passou a ser denominada como Marco Legal de Ciência, Tecnologia e Inovação. Com efeito, tal legislação, dentre os seus diversos e importantes princípios, configura-se como importante "incentivo à constituição de ambientes favoráveis à inovação e às atividades de transferência de tecnologia" (art. 1º, parágrafo único, VIII), mediante, inclusive, a "criação, implantação e consolidação de incubadoras de empresas, de parques e polos tecnológicos e demais ambientes promotores de inovação" (art. 19, §6º, III). Estabeleceu, ainda, a gestão descentralizada em cada esfera de governo e a desconcentração em cada ente federado (art. 1º, parágrafo único, IV), permitindo-se a utilização de diversos instrumentos de incentivo à inovação nas empresas, tais como subvenção econômica, financiamento, participação societária, bônus tecnológico, encomenda tecnológica, incentivos fiscais, concessão de bolsas, uso do poder de compra do Estado, fundos de investimentos, fundos de participação, títulos financeiros (incentivados ou não) e previsão de investimento em pesquisa e desenvolvimento de contratos de concessão de serviços públicos ou em regulações setoriais (art. 19, §2º-A, I a XII).

Observa-se, assim, a necessidade do Estado atuar em prol do desenvolvimento de práticas inovadoras, bem como de adoção de novas tecnologias. Em uma de suas facetas, deve garantir meios adequados e regulação específica destinada a propiciar a atuação dos *players* no mercado, com segurança jurídica e confiança de que não serão prejudicados e, sim, auxiliados no desenvolvimento de suas atividades na seara indicada. Recentemente, inclusive, foi aprovado no Congresso Nacional, com o texto, na data de finalização deste artigo, em vias de ser sancionado pela Presidência da República, o Projeto de Lei Complementar nº 146/2019, que visa instituir o Marco Legal das *Startups* e do Empreendedorismo Inovador. Conforme o seu art. 1º, parágrafo único, II, a criação desse marco tem o intuito de apresentar "medidas de fomento ao ambiente de negócios e ao aumento da oferta de capital para investimento inovador". Apresenta, ainda, como princípios e diretrizes a serem seguidas, no seu art. 3º, o "I – reconhecimento do empreendedorismo inovador como vetor de desenvolvimento econômico, social e ambiental"; o "II – incentivo à constituição de ambientes favoráveis ao empreendedorismo inovador, com valorização da segurança jurídica e da liberdade contratual como premissas para a promoção do investimento e do aumento da oferta de capital direcionado a iniciativas inovadoras"; o reconhecimento da "III – importância das empresas como agentes centrais do impulso inovador em contexto de livre mercado"; "IV – modernização do ambiente de negócios brasileiro, à luz dos modelos de negócios emergentes"; "V – fomento ao empreendedorismo inovador como meio de promoção da produtividade e da competitividade da empresa brasileira e de geração de postos de trabalho qualificados", entre outros.

Dentro desse breve cenário descrito acima, enquadram-se diversas alterações e proposições normativas, no sentido de se criar um microssistema jurídico, composto de normas voltadas ao desenvolvimento da inovação e adoção das novas tecnologias, tais como as relativas às empresas *startups*, aos fundos de investimento e à simplificação da burocracia estatal, por meio da regulamentação do uso dos meios digitais fornecidos pelas tecnologias, como será analisado abaixo.

3 Das empresas *startups*, o seu marco legal (PLP nº 146/2019 – Marco Legal das *Startups* e do Empreendedorismo Inovador) e as medidas de simplificação adotadas em benefício do desenvolvimento das novas tecnologias e inovação

Ainda que não se possa afirmar, peremptoriamente, que as chamadas empresas *startups* configuram-se como modelo societário totalmente novo, uma vez que partem dos tipos societários já existentes (sociedade limitada, sociedade anônima, sociedade em conta de participação, empresa individual de responsabilidade limitada, etc.), não se pode negar que, por conta de todas as suas especificidades, elas alteram sobremaneira as estruturas societárias tradicionais e comumente utilizadas. As empresas *startups* apresentam peculiaridades por, em regra, i) testarem, desenvolverem e distribuírem serviços e produtos tecnológicos e inovadores; ii) atuarem em um campo de negócios sujeito a constantes mudanças, complexidade, instabilidade e altamente escalável; iii) apresentarem diferentes formas de relação entre os sócios, tal como os fundadores, muitas das vezes essenciais para o desenvolvimento dos negócios, diante da alta especialização e novidades praticadas; iv) aptidão natural para a transitoriedade societária; v) necessitar de distintas maneiras de captação de investimentos, ante o maior risco do investimento e, também, possibilidades de ganho; vi) terem relação mais colaborativa entre clientes, fornecedores e colaboradores em geral; vii) importarem termos, cláusulas contratuais e conceitos jurídicos estrangeiros, que melhor se amoldam às atividades empresariais exercidas; viii) e, em desfecho, não se encaixarem com facilidade dentre aquelas situações e relações jurídicas já reguladas pelo ordenamento jurídico pátrio, diante da complexidade que envolve o ecossistema das *startups*. Por conta de todos esses fatores é que se enxerga a indispensável necessidade de criação de um cenário jurídico normativo próprio para as referidas empresas e suas respectivas relações,[8] inicialmente visualizadas pela regulação da figura do investidor-anjo e do que seriam as empresas *startups*, como será visto adiante.

3.1 Os investidores-anjo, o conceito e requisitos para enquadramento de empresas como *startups* e as formas expressamente reconhecidas de investimento em empresas *startups*

Partindo desse pressuposto, em uma tentativa inicial, muito embora lenta e com a imposição de demasiados entraves, buscou-se, antes mesmo de se introduzir o conceito de empresa *startup* no sistema jurídico – ocorrido apenas posteriormente pela Lei Complementar nº 167/2019 –, por meio da Lei Complementar nº 155/2016, que alterou a Lei Complementar nº 123/2006 (Estatuto Nacional da Microempresa e da Empresa de Pequeno Porte),

---

[8] JÚDICE, Lucas Pimenta. Direito das *startups* como um microssistema jurídico. *In*: JÚDICE, Lucas Pimenta (Coord.). *Direito das startups*. Volume II. Curitiba: Juruá, 2017. p. 13-16.

viabilizar o desenvolvimento das sociedades enquadradas como microempresas ou empresas de pequeno porte voltadas ao desenvolvimento de atividades de inovação e investimentos produtivos, e criou-se a figura do investidor-anjo (art. 61-A). *Grosso modo*, buscou-se facilitar o aporte de investimentos nas empresas inovadoras mediante a tentativa de blindar o investidor de responsabilidades perante qualquer dívida da empresa. Contudo, estabeleceu uma série de restrições que acabaram por implicar em sua subutilização como forma de recebimento de investimentos. Ao que parece, houve excesso de limitações e/ou problemas quanto à i) participação dele na sociedade investida, sem oportunização de direito à gerência e/ou voto, ainda que em pontos específicos (art. 61-A, §4º, I, da LC nº 123/06); ii) forma de recebimento dos lucros, com limitação a 50% (cinquenta por cento) dos lucros da sociedade e, ainda, por um prazo máximo de cinco anos (art. 61-A, §4º, III, §6º, da LC nº 123/06); iii) prazo de duração do contrato de participação, não podendo ser superior a sete anos (art. 61-A, §1º, da LC nº 123/06); iv) prazo para o exercício do direito de resgate, sendo necessário no mínimo dois anos para efetuá-lo a contar do aporte de capital (art. 61-A, §7º, da LC nº 123/06); v) forma de pagamento de haveres, que não poderá ultrapassar o valor investido devidamente corrigido (art. 61-A, §7º, da LC nº 123/06); vi) forma de tributação (art. 61-§10º, §4º, da LC nº 123/06 c/c IN RFB nº 1719/2017), que, ao invés de conferir tratamento diferenciado aos investidores, tratou de tributá-los tal como se estivessem investindo em fundos de renda fixa, que possuem consideráveis alíquotas, aplicáveis de forma regressiva em comparação com o tempo de resgate dos ativos.

Nesse ínterim, impende elucidar que o Marco Legal das *Startups* e do Empreendedorismo Inovador, por seus arts. 22 e 23, intenta promover rearranjos legislativos com a finalidade de melhor aproveitamento da figura do investidor-anjo e corrigir o gargalo relativo à dificuldade de captação de investimentos pelas empresas *startups*. Como propostas positivas, destacam-se: i) a inserção expressa da possibilidade de participação do investidor-anjo nas deliberações de caráter estritamente consultivo, nos termos contratuais (art. 61-A, §4º, I, da LC nº 123/06); ii) o aumento do prazo para a remuneração de seus aportes para até sete anos (art. 61-A, §4º, III, da LC nº 123/06); iii) a possibilidade expressa de se exigirem dos administradores as contas justificadas de sua administração e, anualmente, o inventário, o balanço patrimonial e o balanço de resultado econômico (art. 61-A, §4º, IV, da LC nº 123/06); bem como iv) examinar, a qualquer momento, os livros, os documentos e o estado do caixa e da carteira da sociedade, exceto se houver pactuação contratual que determine época própria para tanto (art. 61-A, §4º, IV, da LC nº 123/06); v) maior flexibilidade quanto à estipulação da remuneração periódica, ao final de cada período, ao investidor-anjo, retirando-se a limitação da remuneração no patamar máximo de 50% (cinquenta por cento) dos lucros da sociedade investida (art. 61-A, §6º, I, da LC nº 123/06); vi) previsão expressa da possibilidade de conversão do aporte de capital em participação societária (art. 61-A, §6º, II, da LC nº 123/06); vii) maior proteção quanto aos riscos do investimento, estabelecendo-se expressamente que não responderá por quaisquer dívidas da empresa, e a desconsideração da personalidade jurídica, além daquela prevista no Código Civil, nas searas trabalhistas e tributárias não será aplicável a ele (art. 8º, II, do Marco Legal das *Startups* e do Empreendedorismo Inovador); viii) para o investidor pessoa física, a possibilidade de abatimento das perdas incorridas em operações deficitárias do mesmo tipo, compondo o custo de aquisição, quando da apuração e pagamento do imposto sobre ganho de capital com a venda das participações societárias convertidas em virtude do investimento realizado (art. 7º do Marco Legal das *Startups* e do Empreendedorismo Inovador).

Com efeito, a inserção, no ordenamento jurídico, da figura do "investidor-anjo" vem trazer segurança aos investidores, sem que seja preciso o ingresso formal na sociedade empresária ou a criação de outras formas mais complexas de ingresso de capital e assunção de responsabilidades. O acesso ao crédito, dessa forma, fica muito mais fácil e rápido, em um incentivo à criação de novos negócios.

Feita essa abordagem inicial quanto aos investidores-anjo, urge retornar a análise referente ao conceito apresentado pela legislação quanto ao que seriam as *startups*. Como dito pela LC nº 167/2019, que também alterou a LC nº 123/2006, introduziu-se o art. 65-A, §§1º e 2º, dispondo que *startup* é "a empresa de caráter inovador que visa a aperfeiçoar sistemas, métodos ou modelos de negócio, de produção, de serviços ou de produtos", caracterizando-se "por desenvolver suas inovações em condições de incerteza que requerem experimentos e validações constantes, inclusive mediante comercialização experimental provisória, antes de procederem à comercialização plena e à obtenção de receita". Já pelo Marco Legal das *Startups* e do Empreendedorismo Inovador, busca-se aperfeiçoar referido conceito, revogando-se os retrotranscritos dispositivos (art. 24, II) e enquadrando "como *startups* as organizações empresariais ou societárias, nascentes ou em operação recente, cuja atuação caracteriza-se pela inovação aplicada a modelo de negócios ou a produtos ou serviços ofertados".

Pelo art. 5º, §1º, do Marco Legal das *Startups* e do Empreendedorismo Inovador, de modo a conferir maior segurança jurídica aos transacionantes, previram-se expressamente as possíveis formas para recebimento de investimento por parte das *startups*, quais sejam:

> I – contrato de opção de subscrição de ações ou de quotas celebrado entre o investidor e a empresa; II – contrato de opção de compra de ações ou de quotas celebrado entre o investidor e os acionistas ou sócios da empresa; III – debênture conversível emitida pela empresa nos termos da Lei nº 6.404, de 15 de dezembro de 1976; IV – contrato de mútuo conversível em participação societária celebrado entre o investidor e a empresa; V – estruturação de sociedade em conta de participação celebrada entre o investidor e a empresa; VI – contrato de investimento-anjo na forma da Lei Complementar nº 123, de 14 de dezembro de 2006.

Mas não só. O Marco Legal das *Startups* e do Empreendedorismo Inovador, atento às constantes transformações havidas pela sociedade, previu também a possibilidade de utilização de "VII – outros instrumentos de aporte de capital que o investidor, pessoa física ou jurídica, não integre formalmente o quadro de sócios da *startup* e/ou não tenha subscrito qualquer participação representativa do capital social da empresa". Este ponto, ao menos em uma primeira análise, aparenta forte incentivo à realização de investimentos e valoriza a livre iniciativa e autonomia da vontade das partes ao normatizar a possibilidade de utilização de instrumentos atípicos de investimentos. Permite-se, desta feita, maior flexibilidade aos *players* nas rodadas de negociações para que alcancem conjuntamente um formato jurídico contratual apto a atender o máximo dos interesses postos à mesa.

Além disso, procuraram-se ampliar os tipos societários aptos a serem caracterizados como *startups*, fazendo jus ao tratamento especial destinado a elas "o empresário individual, a empresa individual de responsabilidade limitada, as sociedades empresárias, as sociedades cooperativas e as sociedades simples" (art. 4º, §1º, do Marco Legal das *Startups* e do Empreendedorismo Inovador). Conforme os incisos do artigo retro, dentre os requisitos elencados para o enquadramento, observa-se que as entidades empresariais precisam ter, no máximo, até dez anos de constituição, bem como uma receita bruta anual que não ultrapasse o montante anual de até R$16.000.000,00 (dezesseis milhões de reais). E, para cumprir com o requisito de inovação, devem declarar em seu ato constitutivo ou alterador a utilização de modelos de negócios inovadores para a geração de produtos ou serviços. Caso já esteja enquadrada no regime especial do Inova Simples (art. 65-A da LC nº 123/06), considera-se preenchido o requisito de inovação, não sendo necessária a declaração. O referido regime, também em decorrência dos avanços tecnológicos, simplifica os procedimentos relativos às empresas *startups*.

3.2 Do regime simplificado especial instaurado pelo Inova Simples e pela LGPD em benefício das empresas *startups* e a previsão de regulamentação de ambiente regulatório experimental (*sandbox regulatório*)

Como discorrido no primeiro tópico, alguns dos grandes entraves para o desenvolvimento e crescimento de atividades empresariais voltadas às novas tecnologias e à inovação são os custos e o tempo para a abertura e fechamento de empresas.

Visando atacar justamente esses gargalos, como exemplo de atuação da norma jurídica em prol da indução de comportamentos esperados, criou-se o Inova Simples, por meio da LC nº 167/2019, que alterou a LC nº 123/2006, podendo ser considerado como um regime especial simplificado para o incentivo às iniciativas empresariais de caráter incremental ou disruptivo ou à empresa de inovação para permitir a criação, formalização, desenvolvimento e consolidação de avanços tecnológicos e geração de emprego e renda (art. 65-A da LC nº 123/2006). Dentre as principais medidas de incentivo, em diferenciação perante as demais entidades empresariais, vale elencar: i) criação de rito sumário para abertura e fechamento de empresas, de forma automática e simplificada, perante o portal da Rede Nacional para a Simplificação do Registro e da Legalização de Empresas e Negócios (Redesim), mediante o preenchimento de formulário digital próprio, de fácil acesso em janela ou ícone intitulado Inova Simples (art. 65-A, §3º); ii) no portal da Redesim, no campo reservado ao Inova Simples, a existência de campo ou ícone de comunicação automática ao Instituto Nacional da Propriedade Industrial (INPI) do conteúdo inventivo do escopo da iniciativa empresarial (art. 65-A, §7º); iii) criação pelo INPI de rito de processamento sumário das solicitações de marcas e patentes de empresas Inova Simples (art. 65-A, §8º); iv) permissão expressa de comercialização experimental de serviço ou produto até o limite fixado para o MEI (art. 65-A, §10º); v) a possibilidade de abertura da sede em espaço residencial ou de uso misto, desde que não proibido pela legislação municipal e distrital, assim como em parques tecnológicos, instituições de ensino, empresas juniores, incubadoras, aceleradoras e espaços compartilhados de trabalho na forma de *coworking* (art. 65-A, §4º, IV); vi) a baixa automática do CNPJ, por meio de autodeclaração no portal da Redesim, quando não houver êxito no desenvolvimento do escopo pretendido (art. 65-A, §11º).

Com o Marco Legal das *Startups* e do Empreendedorismo Inovador, por seu art. 22, vale destacar a proposta de alteração do art. 65-A, §8º, para que o exame dos pedidos de patente ou de registro de marca feitos por empresas do Inova Simples seja realizado em caráter prioritário.

Em sentido similar, com vistas a não criar demasiados óbices para o crescimento das *startups*, a Lei Geral de Proteção de Dados (LGPD), em seu art. 55-J, impõe como competência da Autoridade Nacional de Proteção de Dados (ANPD) a edição de normas, orientações e procedimentos simplificados e diferenciados, inclusive quanto aos prazos, para que microempresas e empresas de pequeno porte, bem como iniciativas empresariais de caráter incremental ou disruptivo que se autodeclarem *startups* ou empresas de inovação, possam adequar-se às imposições definidas pela LGPD.

Demais disso, também com vistas a incentivar a criação e o desenvolvimento de negócios inovadores, técnicas e tecnologias experimentais pelo Marco Legal das *Startups* e do Empreendedorismo Inovador, conceituou-se, nos termos de seu art. 2º, II, o ambiente regulatório experimental (*sandbox* regulatório) como o:

> Conjunto de condições especiais simplificadas para que as pessoas jurídicas participantes possam receber autorização temporária dos órgãos ou das entidades com competência de regulamentação setorial para desenvolver modelos de negócios inovadores e testar técnicas e tecnologias experimentais, mediante o cumprimento de critérios e de limites previamente estabelecidos pelo órgão ou entidade reguladora e por meio de procedimento facilitado.

Ainda nesse quadrante, definiu-se, nos termos do art. 11 da proposição em análise, que "os órgãos e as entidades da administração pública com competência de regulamentação setorial poderão, individualmente ou em colaboração, [...] afastar a incidência de normas sob sua competência em relação à entidade regulada ou aos grupos de entidades reguladas". Para tanto, conforme §3º, deverão estabelecer "I – os critérios para seleção ou para qualificação do regulado"; "II – a duração e o alcance da suspensão ou incidência das normas"; e "III – as normas abrangidas".

A regulamentação para a implantação do denominado ambiente regulatório experimental é um claro reconhecimento de que o Estado não consegue caminhar na mesma velocidade que as inovações observadas no contexto social. Esse sinal de maturidade institucional tem potencial de se traduzir em extraordinário ganho para a sociedade. Inverte-se a lógica de inércia até então instaurada, em que o particular sequer se habilitava a empreender, diante do cenário de insegurança jurídica e receoso quanto ao tratamento a ser conferido pelo Estado àquela atividade que não se amoldava claramente dentro do arcabouço normativo pátrio, com grandes chances de sofrer sanções punitivas e desmotivadoras, diante da sanha arrecadatória estatal e da incapacidade em se lidar com o novo, preferindo-se manter o *status quo*. Em outras palavras, se, antes, as ideias experimentais não se enquadravam especificamente na legislação posta e, por isso, sofriam de severa insegurança jurídica, atrapalhando e, quiçá, impedindo o surgimento de novos negócios e/ou modernização dos já existentes, caso realmente aprovada a regulação para a instauração de ambiente regulatório experimental, o particular não poderá ser prejudicado por tentar fazer diferente, por tentar desenvolver tecnologias experimentais e negócios inovadores. Nesses casos, o Estado deve atuar como um parceiro para a criação do ambiente propício para o alcance de seus objetivos, interpretando, quando for o caso e dentro do possível, a situação jurídica posta em favor do particular para incentivar os empreendedores a continuarem buscando o desenvolvimento de negócios tecnológicos e inovadores, sem o temor de serem penalizados pelo simples fato de tentarem realizar algo diferente e sonhos.

Além de todas essas propostas de fomento ao desenvolvimento das atividades empresariais precípuas das empresas *startups*, o Marco Legal das *Startups* e do Empreendedorismo Inovador, a nosso ver, objetivou facilitar a transitoriedade societária – até mesmo por sua estrutura redacional, dispondo, em seus últimos artigos, as normas atinentes às sociedades anônimas – dos tipos permitidos para o gozo dos benefícios auferidos pelas *startups* para a transformação em sociedade anônima, mediante a flexibilização de diversos requisitos procedimentais, que implicam na diminuição de custos, complexidade e tempo, consoante será mais bem pontuado abaixo.

3.3 Do fomento à transitoriedade societária das empresas *startups* e benefícios auferidos para os modelos de negócio tradicionais com a simplificação das formalidades atinentes às sociedades anônimas e demais entidades empresariais

Ato contínuo, gize-se que o Marco Legal das *Startups* e do Empreendedorismo Inovador, em uma tendência de melhoria do ambiente de negócios e do cotidiano das atividades empresariais, bem como de democratização e amplificação do acesso à informação, em seu art. 21, visa alterar o art. 294 da Lei nº 6.404/1976 ao dispor que:

> A companhia fechada que tiver receita bruta anual de até R$ 78.000.000,00 (setenta e oito milhões de reais), poderá: III – realizar as publicações ordenadas por esta Lei de forma eletrônica, incluindo as convocações, atas e demonstrações financeiras, com exceção do disposto no art. 289; e IV – substituir os livros de que trata o art. 100 por registros mecanizados ou eletrônicos.

Nesse tocante, é de bom-tom relembrar que, no ano de 2019, chegou a ser editada a Medida Provisória nº 892/2019; porém, muito provavelmente pelo forte *lobby* exercido pelos jornais, o texto não foi convertido em lei. No atual estágio das coisas, o acesso ao conteúdo pelos indivíduos dá-se de forma instantânea e a qualquer tempo por uma tela que cabe na palma de sua mão. Portanto, não se vê qualquer tipo de motivo minimamente plausível para que, não só as companhias fechadas com receita bruta anual de até R$78.000.000,00 (setenta e oito milhões de reais) estejam desobrigadas de publicar os balanços contábeis em jornais de grande circulação, mas, sim, todas as empresas deveriam gozar do mesmo benefício. Se a regra de publicação do balanço nos grandes jornais destina-se a disseminar as informações contábeis, com muito mais razão, pode-se permitir que tal disseminação se dê pelo veículo de mais fácil acesso aos indivíduos. Bastaria, por exemplo, a existência de campo específico e de fácil visualização nos sítios eletrônicos das empresas de todos os dados necessários, como também o próprio envio dessas informações para os acionistas das empresas por meio de correio eletrônico.

Em continuidade às medidas desburocratizantes, com o suporte das tecnologias, a Lei nº 14.063/2020 passou a permitir taxativamente o uso de assinatura eletrônica simples (art. 4º, I, *a* e *b*) para a prática de atos de interação junto ao Poder Público de menor impacto e que não envolvam informações protegidas por sigilo (art. 5º, §1º, I, II, *a*), enquadrando-se, a nosso ver, nesse contexto, a emissão de alvarás de funcionamento, emissão de autorizações, entre outros, bem como autorizou o uso da assinatura eletrônica avançada (art. 4º, II, *a*, *b* e *c*) em registros de atos perante as juntas comerciais (art. 5º, §1º, I, II, *c*). Além disso, estabeleceu-se a obrigatoriedade de aceitação, pelas pessoas de direito público e pelas administrações públicas direta e indireta pertencentes aos Poderes Executivo, Legislativo e Judiciário, das assinaturas eletrônicas qualificadas – aquelas que utilizam certificado digital (art. 4º, III) –, dispostas em atas deliberativas de assembleias, de convenções e de reuniões das associações, sociedades, fundações, organizações religiosas, partidos políticos e empresas individuais de responsabilidades limitadas (art. 8º).

Dentro desse contexto inovador, o Departamento Nacional de Registro Empresarial e Integral (DREI) editou a Instrução Normativa nº 81/2020, que consolidou as normas e diretrizes gerais do Registro Público de Empresas e sedimentou a possibilidade das juntas comerciais adotarem exclusivamente – ou em coexistência com os métodos tradicionais – o Registro Digital das empresas (art. 32). Em outros termos, possibilitou expressamente que todos os atos societários passem a ser realizados de forma eletrônica, desde a assinatura até o protocolo, assim como o pedido de emissão de certidões de inteiro teor e acesso às informações de cada empresa averbadas nas juntas (art. 104). Além disso, elencou algumas hipóteses em que deverá haver o deferimento automático de arquivamento de atos constitutivos, alterações e extinção de empresário individual, EIRELI, sociedade limitada e constituição de cooperativas (art. 43).

Outrossim, com vistas a conferir maior flexibilidade quanto à distribuição de dividendos e, assim, criar campo favorável ao estabelecimento de acordos específicos de acordo com a realidade de cada empresa e negociação para eventual injeção de capital, busca-se, por meio da propositura de um §4º, possibilitar que os acionistas, na hipótese de omissão do estatuto quanto à distribuição de dividendos, estabeleçam, em assembleia geral, livremente como estes serão distribuídos, não se aplicando ao caso o disposto no art. 202 (reserva legal mínima para a distribuição de dividendos), desde que não haja prejuízo ao direito dos acionistas preferenciais de receber os dividendos fixos ou mínimos a que tenham prioridade.

Também pelo Marco Legal das *Startups* e do Empreendedorismo Inovador, tenta-se incluir na Lei nº 6.404/1976 os artigos 294-A e 294-B, objetivando-se construir condições facilitadas para o acesso de companhias de menor porte ao mercado de capitais mediante a dispensa ou modulação de uma série de requisitos legais, tais como a obrigatoriedade de instalação de conselho fiscal a pedido de acionistas, a obrigatoriedade de intermediação de instituição financeira em distribuições públicas de valores mobiliários, recebimento de dividendos obrigatórios, forma de realização das publicações e forma de apuração do preço justo e sua revisão.

4 Os impactos das novas tecnologias nas relações societárias e o impulsionamento da captação de investimentos e acesso ao crédito

As novas tecnologias, quando bem utilizadas e, preferencialmente, expressamente conformadas pelo ordenamento jurídico, têm o condão de melhorar substancialmente o ambiente de negócios e, consequentemente, provocar o desenvolvimento econômico e social do país. Nesse horizonte, em um curto espaço de tempo, eclodiram numerosas alterações sociais e normativas, que facilitaram o exercício dos direitos de sócios e acionistas, bem como o acesso a investimentos e a crédito, com maior segurança e menores entraves burocráticos, consoante alinhavado abaixo.

4.1 A utilização da tecnologia em prol da facilitação do exercício dos direitos dos sócios e acionistas mediante a realização de assembleias gerais virtuais, videoconferências, possibilidade de voto digital, acesso aos dados relativos à empresa em sistema *on-line*, entre outros

De início, em que pese a obviedade, vale destacar as benesses em geral que a tecnologia proporciona, com a possibilidade de realização de ligações em grupo e de vídeo, videoconferências, bem como as facilidades trazidas pela armazenagem e compartilhamento de arquivos em nuvem, além de transmissão de informações e dados de forma instantânea, seja por meio de aplicativo de troca de mensagens, seja por meio de correio eletrônico. Com esses recursos, tornam-se muito mais prováveis a conexão e constituição de empresas, e a realização de negócios e investimentos entre pessoas qualificadas que sequer tenham se conhecido pessoalmente. Além disso, facilita-se a expansão da atuação de empresas para outros estados e países, tendo em vista a desnecessidade de presença física para a prática de diversos atos que, até pouco tempo, sequer poderiam se imaginar sendo realizados de outra forma. Há uma otimização e ganho de eficiência no exercício das atividades empresariais.

Como reflexo da pandemia da COVID-19, que, como pôde se perceber durante este marcante período, serviu como fato desencadeador de muitas mudanças há muito necessárias e almejadas, editou-se a Lei nº 14.010/2020 (Regime Jurídico Emergencial e Transitório das Relações Jurídicas de Direito Privado – RJET), que, em seu art. 5º, permitiu até o dia 30 de outubro de 2020 a realização por meio eletrônico de assembleia geral para todas as pessoas jurídicas. Em seguida, entrou em vigor a Lei nº 14.030/2020. Entre outras providências, de forma definitiva, passou a permitir que os associados de cooperativas, os acionistas de companhias abertas e fechadas, bem como os sócios de limitadas, votem e participem de reuniões e assembleias gerais a distância, assim como que as próprias reuniões e assembleias possam ocorrer de forma digital, respectivamente nos termos do art. 43-A, parágrafo único, da Lei nº 5.764/71, arts. 121, parágrafo único, e 124, §§2º e 2º-A, e art. 1.080-A, parágrafo único, do CC/02. Percebe-se que tais medidas possuem enorme potencial de amplificação democrática e legitimação das decisões, maior equilíbrio no que se refere à representação entre os sócios e acionistas majoritários e os minoritários, celeridade nas tomadas de decisão e redução de custos. Para a sua correta utilização, urge obtemperar pela necessidade de se criar espaço virtual seguro, de fácil acesso às regras procedimentais – que devem ser claras e previamente definidas –, tais como de qual plataforma será utilizada, como o evento deverá ser conduzido, qual o tempo e forma dos debates e votos, se haverá algum moderador para fiscalizar a condução dos trabalhos e as discussões, bem como deverá ser de fácil visualização as informações relativas à ordem do dia. Não se descura, contudo, da importância da ocorrência de assembleias no formato físico, que têm aptidão para conseguir, a partir do contato direto e pessoal, melhor desenvolvimento e aprofundamento dos debates. Vislumbra-se, inclusive, a possibilidade de realização dos eventos em formato misto.[9]

De outra banda, ainda que pendente de reflexões mais profundas, entende-se que, respaldando-se também na possibilidade expressa de realização de negócios jurídicos quanto ao procedimento (art. 190, CPC/15), mesmo nos casos em que a lei não permite expressamente a realização de atos virtuais, tais como a ocorrência de reuniões e assembleias gerais, essas medidas poderiam ser implementadas mediante expressa previsão nos atos constitutivos das respectivas empresas. Por certo, referidas previsões não podem implicar ou configurar-se como ardis, no intuito de se restringirem indevidamente direitos societários, especialmente dos minoritários.

Em complemento à realização das assembleias virtuais, exsurge-se como importante instrumento tecnológico a possibilidade de criação de livros societários digitais e de bancos de dados eletrônicos, tanto pela empresa quanto pelas juntas comerciais. Confere-se, com isso, maior transparência mediante a possibilidade de acesso aos dados por todos os acionistas e sócios. Observa-se que, por meio da utilização dos recursos tecnológicos, em especial aqueles ligados ao mundo digital, é facilitado o acesso às informações relevantes à vida das empresas, por meio de disponibilização em seus sítios eletrônicos, bem como nos das juntas comerciais, dos dados destas. Por consectário lógico, incentiva-se a intensificação do ecossistema de negócios societários, tais como cisão, fusão, incorporação, investimentos, ingresso e saída de sócios, uma vez que, pela existência de modernas tecnologias, as etapas de análise da saúde financeira, patrimonial e contábil das empresas, de seus eventuais riscos, do seu potencial de crescimento, da sua relação com fornecedores e clientes, contratos, entre outros, podem ser feitas de forma muito mais segura e célere.

A nosso ver, por fim, muito embora ainda careça de regulamentação específica pelo sistema pátrio – o que se entende como importante para assegurar segurança jurídica aos seus usuários –, vale mencionar a possibilidade de utilização da tecnologia *blockchain*

---

[9] BOTTOSELLI, Ettore. Assembleia geral eletrônica. *Revista de Direito Bancário e do Mercado de Capitais*, v. 75, jan./mar. 2017 (Revista dos Tribunais Online).

como sistema lógico e autoexecutável apto a garantir maior segurança quanto à validação e autenticação – feito dentro e pela própria rede, sem a presença de intermediadores – dos procedimentos, atos decisórios e seus respectivos cumprimentos, votos, controle, registro e transferência de participação, bem como de dados relativos aos atos societários das empresas.[10] Como a rede é descentralizada, as informações ali dispostas ficam menos sujeitas à violação e acesso por terceiros. E, ainda, pode se destinar à descentralização das organizações autônomas, com a criação de instrumentos de governança corporativa pelo uso de *software*, uma vez que "as características do *distributed ledger* da *blockchain* possibilitam a aplicação do próprio código, que pode ser um *smart contract*, para definir as regras da organização, atribuindo-lhes o caráter de autogovernabilidade".[11]

4.2 A facilitação do acesso a investimentos pela existência de plataformas virtuais de investimentos (*crowdfunding* e fundos de investimentos) e *fintechs* de crédito

Em um movimento claro para ocasionar a disrupção nos mercados bancário, financeiro e de investimentos, com o incentivo à livre concorrência, pretende-se assegurar acesso mais barato a recursos financeiros para os cidadãos, culminando-se com maior movimentação do capital em benefício do desenvolvimento de negócios.

Com a facilitação de acesso dos indivíduos às plataformas digitais de investimentos, considerando-se ainda o inegável e salutar potencial que o incentivo à realização de investimentos pode contribuir para a geração de riquezas na sociedade, a delimitação legal de critérios mínimos dos fundos de investimento deve ser aplaudida. Dessa forma, há a descentralização dos investidores,

---

[10] CHAVES, João Leandro Pereira. A aplicação de *smart contracts* nos contratos derivativos. *Revista de Direito Bancário e do Mercado de Capitais*, v. 87, jan./mar. 2020 (Revista dos Tribunais Online).
[11] FAZANO FILHO, Jose Humberto. Perspectivas para a tecnologia blockchain. *Revista de Direito Bancário e do Mercado de Capitais*, v. 81, set. 2018 (Revista dos Tribunais Online).

com diluição do risco para cada um. Ainda, não se deve negar que, nessa formatação, os administradores das empresas que receberão os investimentos têm a sua atividade regulada de maneira mais estruturada, com a desejável estruturação de sistema de governança corporativa, sofrendo menor interferência por parte de investidores no cotidiano do desenvolvimento das atividades.

Nesse quadrante, torna-se relevante citar as plataformas virtuais de investimentos coletivos, também denominadas de *equity crowdfunding*, que "faz a conexão entre pessoas com desejo de investir pequenas quantias, de um lado, e *startups* em busca de financiamento barato, de ouro lado".[12] Essa forma de investimento foi regulamentada pela Instrução da Comissão de Valores Mobiliários (ICVM) nº 588/2017, facilitando o seu uso, uma vez que permite às referidas plataformas a oferta pública de valores mobiliários por emissores considerados sociedades empresárias de pequeno porte sem a necessidade de registro perante a CVM, bastando o fornecimento de ambiente virtual adequado à conexão entre investidores e emissores. Destaca-se que, para fins da ICVM em comento, as sociedades empresárias de pequeno porte são aquelas constituídas no Brasil, registradas no registro público competente e que possuam receita bruta anual de até R$10.000.000,00 (dez milhões de reais), sem restrições quanto ao tipo societário (art. 2º, III).

Mas não só. Deve-se mencionar a regulamentação, no Código Civil, mediante a inclusão dos arts. 1.368-C a 1.368-F, dos fundos de investimento pela Lei nº 13.784/2019. Tais disposições conferiram maior segurança jurídica a todos os envolvidos na cadeia de disponibilização, captação, recepção e pagamento de investimentos, tendo em vista que esclareceu a possibilidade dos regulamentos dos fundos i) fixar diferentes classes de cotas; ii) limitar a responsabilidade dos investidores pelo valor de suas cotas; iii) limitar a responsabilidade e os parâmetros para a sua aferição dos prestadores de serviços do fundo. Ademais, clarificou que os fundos deverão responder diretamente pelas obrigações legais e contratuais por eles assumidas, não respondendo os prestadores de serviço por essas obrigações, assim como definiu que, aos fundos

---

[12] MARQUES, Rafael Younis. *Notas Conversíveis no Equity Crowdfunding*: sociedade de fato e risco de responsabilidade social do investido. São Paulo: Quartier Latin, 2015, p. 21.

com limitação de responsabilidade e que não possuírem patrimônio suficiente para responder por todas as suas dívidas, serão aplicadas as regras de insolvência dispostas no CC/02.

Impende aludir, ainda que de passagem, a existência de regulamentação específica para os fundos de investimento que objetivam investir em *startups*, por meio da Instrução CVM nº 578 (ICVM 578), de 30 de agosto de 2016, organizados como fundos de investimentos em participações (FIP), havendo previsão expressa quanto a essa possibilidade no art. 61-D da LC nº 123/06, desde que na forma de investidores-anjo. Esses fundos se subdividem em pelo menos três subgrupos, quais sejam: i) fundos de *seed capital* (fundos de capital semente), caracterizados pela utilização de recursos de terceiros, em geral, captados perante órgãos e agências governamentais voltados ao incentivo ao desenvolvimento de negócios de tecnologia e inovação, ocorrendo, também, geralmente, na fase mais inicial de desenvolvimento da *startup*, mas que já estejam regularmente constituídas e até mesmo faturando; ii) fundos de *venture capital* (fundos de capital de risco), que são voltados a investimentos em *startups* já em desenvolvimento e atuação no mercado, em estágio que buscam financiamento para aceleração de seu crescimento; e, por fim, iii) fundos de *private equity*, voltados para *startups* em fase mais adiantada de desenvolvimento e que, no mais das vezes, precisam dos recursos para se estruturarem para a abertura de capital, sendo de bom-tom esclarecer que os fundos de *private equity* também estão habilitados a investir em companhias de capital aberto.[13]

Por sua vez, esses três tipos de FIPs estão regrados pela ICVM 578 entre FIP de capital semente ou FIP de empresas emergentes, sendo diferenciados conforme a receita bruta anual das investidas e controladores, assim como o total dos ativos dos controladores (REIS, 2018, p. 29-31). Conforme o art. 15 da citada instrução:

> As companhias ou sociedades limitadas investidas pelo FIP – Capital Semente: I – devem ter receita bruta anual de até R$ 16.000.000,00 (dezesseis milhões de reais) apuradas no exercício social encerrado em

---

[13] REIS, Edgar Vidigal de Andrade. *Startups*: análise de estruturas societárias e de investimento no Brasil. São Paulo: Almedina, 2018. p. 30.

ano anterior ao primeiro aporte do fundo, sem que tenha apresentado receita superior a esse limite nos últimos 3 (três) exercícios sociais.

Além disso, nos termos do §3º:

> Não podem ser controladas, direta ou indiretamente, por sociedade ou grupo de sociedades, de fato ou de direito, que apresente ativo total superior a R$ 80.000.000,00 (oitenta milhões de reais) ou receita bruta anual superior a R$ 100.000.000,00 (cem milhões de reais) no encerramento do exercício social imediatamente anterior ao primeiro aporte do FIP.

Por outro lado, no FIP – Empresas Emergentes, as sociedades investidas, nos termos do art. 16, I, "devem ter receita bruta anual de até R$ 300.000.000,00 (trezentos milhões de reais)", enquanto, com espeque no §3º:

> Não podem ser controladas, direta ou indiretamente, por sociedade ou grupo de sociedades, de fato ou de direito, que apresente ativo total superior a 240.000.000,00 (duzentos e quarenta milhões de reais) ou receita bruta anual superior a R$ 300.000.000,00 (trezentos milhões de reais).

Já no que se refere à oferta ao crédito, evidencia-se o papel de destaque exercido pelas *fintechs* – em síntese, empresas de tecnologia que ofertam serviços financeiros – de crédito. Estas possuem grande diferencial em comparação com as instituições financeiras tradicionais, uma vez que, por funcionarem exclusivamente em ambiente virtual e se sujeitarem a menos regulamentações, conseguem melhor se aproximarem de seus clientes, garantindo, ainda, melhores taxas de crédito.

Nesse compasso, explica-se que a Resolução nº 4.656/2018, do Banco Central do Brasil (BACEN), regulou a criação de dois novos tipos de instituições financeiras, que necessariamente devem ser constituídas como sociedades anônimas (art. 25º) e operar exclusivamente por meio de plataformas eletrônicas, aqui entendidas como "sistema eletrônico que conecta credores e devedores por meio de sítio na internet ou de aplicativo" (art. 2º, II) para a realização das operações de empréstimo e de financiamento (arts. 1º, 3º, 7º e 8º).

A Sociedade de Crédito Direto (SCD) é "instituição financeira que tem por objeto a realização de operações de empréstimo, de financiamento e de aquisição de direitos creditórios, com recursos financeiros que tenham como única origem capital próprio" (art. 3º). Ela pode ofertar serviços de análise e cobrança de créditos para terceiros, assim como pode atuar como representante de seguros na distribuição de seguro relativo às suas operações precípuas, além de estar autorizada a emitir moeda eletrônica. Diante da menor rigidez quanto à sua forma de atuação, a abertura da SCD é facilitada, sendo necessária, primordialmente, a existência de capital suficiente para o sustento das operações por parte de seus acionistas.

Já a Sociedade de Empréstimo entre Pessoas (SEP), nada obstante possua praticamente o mesmo objeto e gama de serviços que a SCD, somente pode captar recursos de terceiros para o exercício de suas operações, atuando por meio de operações de intermediação financeira, de modo a captar recursos dos credores e direcioná-los aos devedores. Em contraposição aos bancos tradicionais, em que pese tenham que cumprir mais exigências que as SCDs, as SEPs, por poderem captar recursos de terceiros, costumam oferecer melhores taxas de juros, assim como, por fazerem a análise de todos os relevantes aspectos atinentes ao risco do crédito, há maior segurança e atratividade para o credor fazer o empréstimo.

Por fim, a Lei Complementar nº 167/2019 regulamentou a criação da Empresa Simples de Crédito (ESC), que deve adotar a forma de Empresa Individual de Responsabilidade Limitada (Eireli), empresário individual ou sociedade limitada constituída exclusivamente por pessoas naturais (art. 2º) e destinar-se à realização de operações de empréstimo, de financiamento e de desconto de títulos de crédito exclusivamente com recursos próprios, em benefício de microempreendedores individuais, microempresas e empresas de pequeno porte (art. 1º). Com efeito, as suas atividades são dedicadas ao desenvolvimento local e dos pequenos negócios, diante das menores taxas e burocracias que as instituições financeiras tradicionais.

5 Breve fechamento

Do breve panorama realizado, pôde-se perceber que as novas tecnologias e a inovação possibilitam o melhor incremento das atividades empresariais e relações societárias mediante a facilitação de acesso à informação e aos atos indispensáveis à formalização dos atos constitutivos, alterações e exercício dos direitos societários (participação em assembleias, voto, análise de contas, entre outros), bem como permitem a simplificação de procedimentos. Todavia, ao mesmo tempo, as benesses provenientes do surgimento da inovação e das novas tecnologias somente conseguem solidificar-se com a criação de ambiente normativo favorável à criação e desenvolvimento de empresas voltadas à inovação e à criação de novas tecnologias.

Denota-se que, por conta do surgimento constante de novas tecnologias e inovações, com a provocação de modificações disruptivas a todo o momento na estrutura social, o direito deve buscar um ponto de equilíbrio entre a necessidade de se conferir segurança jurídica àqueles empreendedores e investidores da área de novas tecnologias e inovações. É indispensável, cumpre observar, não se exceder no exercício regulatório, de modo a impedir ou minimizar o desenvolvimento de novas áreas. Deve, pois, haver regulação mínima apta a conferir clareza no que o ordenamento jurídico pátrio permite, bem como devem ser criadas normas, no exercício da função promocional do direito, com o intuito de incentivar o uso e desenvolvimento de novas tecnologias e inovação. No mesmo sentido, é preciso que o vetor interpretativo das relações jurídicas seja direcionado em favor da garantia de continuidade do desenvolvimento das novas tecnologias e inovações, permitindo o crescimento sustentável do país e o ganho de qualidade de vida aos cidadãos diante da eficiência e facilidades trazidas.

Verifica-se que, além do necessário incentivo à abertura e florescimento das empresas voltadas à inovação e que têm por base principal a oferta de serviços e produtos produzidos com tecnologias, é preciso que se solidifiquem as bases jurídicas para que esses serviços e produtos possam ser recepcionados e comercializados sem atrasos – sob o risco da obsolescência – e com segurança jurídica, em um cenário minimamente previsível, por parte do universo de pretensos usuários.

Nada obstante muitas das normas trazidas sejam específicas para determinados assuntos, entende-se que, no que não conflitar, poderão ser utilizadas também para negócios "tradicionais", especialmente em um país como o Brasil, ainda tão carente de infraestrutura e serviços essenciais. Vislumbra-se, neste quadrante, a necessidade de se criar um sistema mais coeso e dialógico, liberto de privilégios injustificáveis e destinado a fomentar o desenvolvimento econômico e social em todas as vertentes do país.

Referências

BOBBIO, Noberto. *Da estrutura à função*: novos estudos de teoria do direito. Tradução de Daniela Beccacia Versiani; revisão de Orlando Seixas Bechara, Renata Nagamine. Barueri, SP: Manole, 2007.

BOTTOSELLI, Ettore. Assembleia geral eletrônica. *Revista de Direito Bancário e do Mercado de Capitais*, v. 75, jan./mar. 2017 (Revista dos Tribunais Online).

CHAVES, João Leandro Pereira. A aplicação de *smart contracts* nos contratos derivativos. *Revista de Direito Bancário e do Mercado de Capitais*, v. 87, jan./mar. 2020 (Revista dos Tribunais Online).

COASE, Ronald H. *A firma, o mercado e o direito*. 2. ed. São Paulo: Gen Universitária, 2017.

FAZANO FILHO, Jose Humberto. Perspectivas para a tecnologia blockchain. *Revista de Direito Bancário e do Mercado de Capitais*, v. 81, set. 2018 (Revista dos Tribunais Online).

GRAU, Eros. *O direito posto e o direito pressuposto*. 6. ed. São Paulo: Malheiros, 2005.

IRTI, Natalino. *L' età dela Decodificazione*. 4. ed. Milão: Giuffrè Editora, 1999.

JÚDICE, Lucas Pimenta. Direito das *startups* como um microssistema jurídico. *In*: JÚDICE, Lucas Pimenta (Coord.). *Direito das startups*. Volume II. Curitiba: Juruá, 2017.

MARQUES, Rafael Younis. *Notas Conversíveis no Equity Crowdfunding:* sociedade de fato e risco de responsabilidade social do investido. São Paulo: Quartier Latin, 2015.

MONTEIRO, Guilherme Fowler A. Empreendedorismo e Instituições. *In*: YEUNG, Luciana (Org.). *Análise Econômica do Direito*: Temas Contemporâneos. São Paulo: Actual, 2020.

REIS, Edgar Vidigal de Andrade. *Startups*: análise de estruturas societárias e de investimento no Brasil. São Paulo: Almedina, 2018.

TIMM, Luciano; DUFLOTH, Rodrigo. Direito, economia e tecnologia: uma breve incursão ao futuro de nossa profissão. *In*: LONGHI, Maria Isabel Carvalho Sica Longhi *et al.* (Coord.). *Direito e novas tecnologias*. São Paulo: Almedina, 2020.

Informação bibliográfica deste texto, conforme a NBR 6023:2018 da Associação Brasileira de Normas Técnicas (ABNT):

DAL'COL, Caio de Sá. Primeiras linhas acerca da influência das novas tecnologias no direito societário brasileiro: estruturas societárias tradicionais, o surgimento de novas formatações e a amplificação das formas de investimento e o acesso ao crédito. *In*: BUFULIN, Augusto Passamani (Coord.). *Questões atuais de Direito Privado*. Belo Horizonte: Fórum, 2022. p. 183-210. ISBN 978-65-5518-301-6.

IV
DIREITO DO CONSUMIDOR

A RESPONSABILIDADE PELO VÍCIO E PELO FATO DO PRODUTO E O DIREITO DE ARREPENDIMENTO NO COMÉRCIO DIGITAL

MARIAH FERRARI PIRES

1 Introdução

Com o advento das novas tecnologias, até então nunca imaginadas pelos antepassados, houve uma mudança estrutural na sociedade. Nesse sentido, todos os âmbitos vêm passando por variadas mudanças a fim de se adequar ao novo modo de vida instaurado. Dentre elas, destaca-se o comércio *digital*, o qual inovou e alterou os hábitos consumeristas e as relações comerciais.

Inerente a qualquer sociedade, o direito é uma ferramenta que objetiva o bem comum. Outrossim, a mutabilidade é uma de suas características fundamentais, pois ele se submete aos valores do contexto histórico-cultural ao qual está inserido. Portanto, infere-se que a própria finalidade do direito resta comprometida, vez que, ao ser influenciado por fatores sociais e temporais, as normas existem fadadas à obsolescência.

A comercialização em ambiente virtual ainda é considerada recente e pouco tutelada pela legislação brasileira. Ocorre que o *e-commerce*[1] não pode ser juridicamente tratado da mesma forma que o comércio tradicional, visto que as relações comerciais se diversificam entre os diversos envolvidos. Ela pode ocorrer, por exemplo, entre empresas e empresas, denominando-se B2B *(business-to-business)*; entre consumidores e consumidores, intitulando-se C2C *(consumer-to-consumer)*; e, por fim, entre empresas e consumidores, designando-se B2C *(business-to-consumer)*.

---

[1] Tradução: comércio eletrônico.

Sendo assim, os vínculos comerciais no meio digital são regulamentados de acordo com sua natureza, podendo ser tutelados pelo Código Civil, pelo Código Comercial e pelo Código de Defesa do Consumidor.

2 A proteção do consumidor

Ao passo que o ambiente digital tem tomado espaço significante na vida em sociedade, a compra e a venda realizadas nesse ambiente têm se popularizado, principalmente no que diz respeito à relação entre empresas e consumidores, o que é tradicionalmente tutelado pelo Código de Defesa do Consumidor.

O código foi implementado em 1990, antes mesmo da popularização do comércio eletrônico, fato esse que ensejou necessidade da adaptação de diversos artigos à nova realidade. Todavia, ainda existem diversas omissões, razão pela qual a insegurança no comércio eletrônico representa um entrave e, na prática, a sensação de vulnerabilidade do consumidor. Isso porque é incontestável que, no mundo da pós-modernidade, os dados pessoais assumiram uma forma de ativo, com alto apreço econômico e estratégico.

Tendo em vista as lacunas deixadas pelo CDC, urgiu a necessidade de uma legislação mais específica, motivo pelo qual foi implementado o Decreto nº 7.962/2013, que passou a vigorar paralelamente ao código supracitado, abordando especificidades quanto ao comércio virtual.

Tal ato normativo dispõe sobre temas concernentes à regulamentação dos *sites*, exigindo clareza de informações e fácil acesso aos dados do fornecedor. Ainda prevê a necessidade do municiamento de todas as informações pertinentes à compra, além de sinalizar a confirmação dela, realizar estornos, bem como manter um canal de atendimento *online* e implementar mecanismos de segurança de dados pessoais do consumidor.

Destaca-se também o Marco Civil da Internet, que foi regulamentado pela Lei nº 12.965/14 e estabelece princípios, garantias e deveres para o uso da internet no Brasil. O artigo 7º da lei diz que são assegurados direitos aos usuários, dentre eles o contido no inciso XIII, sobre a aplicação das normas de proteção e defesa do consumidor nas relações de consumo realizadas na internet.

A despeito de todas as regularizações, a conscientização do mercado eletrônico de que o consumidor é peça fundamental para a sua própria existência, mais do que a estrutura e novidade tecnológica dos meios empregados para se negociar, deve atingir o fornecedor virtual nos moldes da evolução do movimento consumerista, que, como visto, suplantou as bases da produção industrial e do mercado capitalista a partir da valorização do agente que fomenta o mercado de consumo e, por conseguinte, a economia: o consumidor.

3 A responsabilidade pelo vício e pelo fato do produto no comércio digital

Visando à proteção do consumidor, o Código de Defesa do Consumidor estabeleceu como regra geral de responsabilização civil nas relações de consumo a responsabilidade objetiva; portanto, não há necessidade de comprovação de culpa do fornecedor, salvo em casos excepcionais, em que o código determina uma responsabilização subjetiva, como quando o fornecedor do serviço é um profissional liberal.

Com efeito, para a adequada delimitação da responsabilidade civil no âmbito das relações consumeristas, em especial na relação do comércio digital, é primordial fazer a diferenciação entre vício e fato do produto ou serviço.

O vício consiste em uma falha no dever de adequação, de modo que o produto apresenta um mau ou não funcionamento, o que diminui a sua qualidade ou quantidade e acaba por causar um dano de natureza patrimonial ao consumidor. Pelas palavras de Rizatto Nunes,[2] pode-se exemplificar os vícios como os problemas que:

> a) Fazem com que o produto não funcione adequadamente, como um liquidificador que não gira;
> b) Fazem com que o produto funcione mal, como a televisão sem som, o automóvel que "morre" toda hora, etc.;

---

[2] NUNES, Rizatto. *Curso de direito do consumidor*. 13. ed. São Paulo: Editora Saraiva, 2019.

c) Diminuam o valor do produto, como riscos na lataria do automóvel, mancha no terno, etc.;

d) Não estejam de acordo com informações, como o vidro de mel de 500ml que só tem 400ml; o saco de 5 kg de açúcar que só tem 4,8 kg; o caderno de 200 páginas que só tem 180, etc.

Já o fato do produto ou serviço é conhecido como acidente de consumo e consiste na exteriorização do vício do produto, ocorrendo uma quebra no dever de segurança, ocasionando um dano efetivo à vida, saúde e segurança do consumidor.

A responsabilização por fato do produto ou serviço está prevista nos artigos 12 a 17 do Código de Defesa do Consumidor, enquanto a responsabilização por vício do produto ou serviço está nos artigos 18 a 25 do mesmo dispositivo.

Frente a uma análise desses artigos, fica claro que a regra de responsabilização por fato e vício de produtos e serviços é a da responsabilidade objetiva e solidária entre todos os fornecedores, salvo a do comerciante quando se tratar de fatos do produto, que, nessa situação, será subsidiária. Isso porque o comerciante não participa da linha de produção do produto, assim, não seria correto responsabilizá-lo por algo que não poderia ser por ele evitado.

A despeito disso, os contratos praticados por via eletrônica não possuem natureza jurídica diversa dos mesmos praticados pelo molde tradicional. Ocorre neles a modalidade de contratação a distância, que é utilizada para sacramentar a vontade dos contratantes, não influindo em nada na sua natureza jurídica ou mesmo na sua eficácia.

Nesse sentido, o prazo de reclamação indenizatória ou de ressarcimento que possui o consumidor virtual ao sofrer danos pelo produto adquirido via internet não é diferente do consumidor presencial. A legislação que regulamenta o comércio eletrônico apenas ratifica o direito de arrependimento tratado no artigo 49 da lei consumerista.

Assim, aplica-se o art. 26 do CDC, que trata do prazo decadencial de reclamação por vícios aparentes ou ocultos de produtos e serviços, iniciando a contagem com a entrega efetiva do produto ou término da execução do serviço, sendo de 30 (trinta) dias para produtos e serviços não duráveis, e de 90 (noventa) dias para produtos e serviços duráveis. Nos vícios ocultos, inicia-se a contagem do prazo no momento em que ficar evidenciado o defeito.

Aplica-se também o artigo 27 do CDC, que trata do prazo decadencial de 5 (cinco) anos para reclamação pelos acidentes de consumo, iniciando a contagem do prazo com o conhecimento do dano e de sua autoria, estendendo-se a terceiros, se atingidos.

Como cediço, o espírito da nova teoria dos contratos aplicados ao CDC tem o objetivo basilar de proteger o consumidor, a parte vulnerável nas relações de consumo, tanto quanto estabelecer nas relações de consumo os princípios da boa-fé, da lealdade e equidade ou equilíbrio ao âmbito dos contratos de consumo, conforme explicita Cláudia Lima Marques:[3]

> Para a nova teoria contratual, positivada no CDC, a vontade das partes manifestada livremente no contrato não e mais o único fator decisivo: a lei assume um papel nuclear como ativo garante da nova equidade contratual. As normas do CDC, que orientarão a conduta das partes nas relações contratuais de consumo no mercado brasileiro, valorizam tanto a vontade do consumidor como a boa-fé, a segurança, o equilíbrio, a lealdade e o respeito nas relações de consumo. A finalidade das novas normas e trazer maior transparência as relações de consumo, e proteger a confiança dos consumidores no vínculo contratual e nas características do produto ou serviço fornecido, e impor maior lealdade e boa-fé nas práticas comerciais dos fornecedores, e alcançar o necessário equilíbrio nas relações contratuais de consumo.

Assim, aos contratos celebrados por via eletrônica são aplicadas as normas do CDC, regulamentado para o comércio eletrônico pelo Decreto nº 7.962/2013, conjuntamente, no que couber, também à Lei nº 12.965/2014, conhecida como o Marco Civil da Internet.

4 O direito de arrependimento no comércio digital

A figura do direito de arrependimento no ambiente do comércio digital merece especial atenção. Consiste no direito do consumidor requerer o cancelamento de sua compra no prazo de sete dias úteis após o recebimento do produto.

---

[3] MARQUES, Claudia Lima. *Contratos no Código de Defesa do Consumidor*. 8. ed. São Paulo: Revista dos Tribunais, 2016.

A temática é tratada pelo Código de Defesa do Consumidor e pela Lei do *E-Commerce*:

> CDC. Artigo 49 – O consumidor pode desistir do contrato, no prazo de 7 dias a contar de sua assinatura ou do ato de recebimento do produto ou serviço, sempre que a contratação de fornecimento de produtos e serviços ocorrer fora do estabelecimento comercial, especialmente por telefone ou a domicílio.
>
> Lei do E-Commerce. Artigo 5º – O fornecedor deve informar, de forma clara e ostensiva, os meios adequados e eficazes para o exercício do direito de arrependimento pelo consumidor.

Percebe-se que a existência de tal direito é calcada na proteção para o caso de compras realizadas por impulso, abrangendo as possibilidades de o consumidor de analisar melhor a compra.

Elaborado em 1990, o CDC não foi capaz de prever o impacto do comércio eletrônico na vida do consumidor e, dessa maneira, o legislador imaginava como compra a distância a realizada por telefone ou a domicílio. Contudo, isso não quer dizer que se deva ignorar a aplicação da regra ao novo ambiente de comércio digital.

Apenas por lógica, a expressão "fora do estabelecimento comercial" poderia ser aplicada para compras realizadas eletronicamente. No entanto, para dirimir qualquer dúvida, como cediço, foi editado o Decreto nº 7.962/2013, o qual dispõe expressamente em seu artigo 1º, inciso III, sobre a necessidade de respeito ao direito de arrependimento no comércio eletrônico.[4]

Outrossim, o Marco Civil da Internet também prevê como direitos do usuário a aplicação das normas de proteção e a defesa do consumidor nas relações de consumo realizadas na internet.[5]

Ora, razoável a aplicação do direito do arrependimento no comércio eletrônico, pois, na maioria das compras virtuais, o

---

[4] Art. 1º Este Decreto regulamenta a Lei nº 8.078, de 11 de setembro de 1990, para dispor sobre a contratação no comércio eletrônico, abrangendo os seguintes aspectos:
I – informações claras a respeito do produto, serviço e do fornecedor;
II – atendimento facilitado ao consumidor; e
III – respeito ao direito de arrependimento.

[5] Art. 7º O acesso à internet é essencial ao exercício da cidadania, e ao usuário são assegurados os seguintes direitos: [...]
XIII – aplicação das normas de proteção e defesa do consumidor nas relações de consumo realizadas na internet.

consumidor só tem acesso à imagem do produto, não sabendo qual a real qualidade do material, entre outras especificações.

Portanto, necessário estabelecer algumas diretrizes práticas, isto é, o consumidor poderá devolver o produto sem precisar expor os motivos da devolução, e o fornecedor restituirá os valores pagos, atualizados, sendo importante lembrar que a contagem do prazo de 7 (sete) dias começa no dia posterior ao recebimento do produto, computando-se no prazo os finais de semana e feriados. Contudo, caso a empresa não funcione no último dia do prazo, ele se prorroga para o primeiro dia útil subsequente.

Além disso, para exercer o direito de arrependimento, o consumidor deve formalizar o pedido ao fornecedor, sendo aconselhável que este guarde provas da solicitação, como o número de protocolo da ligação telefônica ou o *e-mail* enviado.

No tocante aos custos da devolução do produto, embora não esteja previsto nada nas normas consumeristas, o Superior Tribunal de Justiça se manifestou[6] no sentido de que o custo integral da devolução é do comerciante. Afirmou o tribunal que "eventuais prejuízos enfrentados pelo fornecedor nesse tipo de contratação são inerentes à modalidade de venda agressiva fora do estabelecimento comercial".

Dessa forma, tendo por base o critério jurisprudencial, o consumidor não precisa se preocupar com o ônus na devolução da mercadoria e, por outro lado, o vendedor deve considerar tais riscos na projeção do seu negócio.

Por fim, resta a análise do direito de arrependimento na compra de bens digitais, como é o caso de filmes ou jogos adquiridos virtualmente. Apesar das normas não preverem limitações ao direito de arrependimento, pode-se interpretar o instituto à luz de princípios gerais, como a boa-fé e o abuso de direito.

Considerando que, em tais situações, o consumidor possui todas as especificações necessárias à compra do produto e, além disso, tem à sua disposição ótimas ferramentas de pesquisa sobre

---

[6] BRASIL. *Superior Tribunal de Justiça*. Administrativo. Consumidor. Direito de Arrependimento. Art. 49 do CDC. Responsabilidade pelo valor do serviço postal decorrente da devolução do produto. Conduta abusiva. Legalidade da multa aplicada pelo PROCON. REsp nº 1340604 / RJ. Brasília (DF), 15 de agosto de 2013.

os preços e a qualidade do produto, não se justificaria a garantia do direito ao arrependimento.

O direito em tela se destina à proteção da venda comercial agressiva pela internet, a qual pode promover uma propaganda muito superior à realidade do produto. Contudo, quando o consumidor tem acesso a todas as especificações de um bem digital, não se equivoca em sua aquisição, podendo, entretanto, violar a boa-fé da relação comercial ao devolver um jogo, por exemplo, que já concluiu todas as fases dentro do período de 7 (sete) dias.

Portanto, conclui-se que a regra em análise não se aplica ao consumo de bens digitais.

5 Conclusão

Conclui-se que a responsabilidade do fornecedor no *e-commerce* é regulada principalmente pelo Código de Defesa do Consumidor (Lei nº 8.078/90), auxiliado pelo Decreto nº 7.962/13 e pelo Marco Civil da Internet (Lei nº 12.965/14).

O legislador não diferenciou o tratamento da responsabilidade do fornecedor virtual para o fornecedor regular de produtos e serviços, conservando a essência que a relação de consumo tem nas duas esferas, fortalecendo com novas diretrizes já anunciadas.

Desse modo, com o fim de estabelecer maior equilíbrio nas relações consumeristas realizadas nos *sites* e fora deles, pelo princípio da isonomia, o tratamento ao consumidor virtual equipara-se ao consumidor presencial no que diz respeito à responsabilidade reparatória e indenizatória instituída para as relações de consumo.

Ainda, o direito ao arrependimento é instituto de muita relevância no ambiente do comércio digital, pois, de fato, o consumidor não possui acesso ao produto real, mas tão somente imagens ilustrativas. Assim, o consumidor poderá devolver o produto sem precisar expor os motivos da devolução, e o fornecedor restituirá os valores pagos, atualizados. É importante lembrar que a contagem do prazo de 7 (sete) dias começa no dia posterior ao recebimento do produto ou da assinatura do contrato.

Por fim, o comércio digital é tema recente, que tem por característica o rápido desenvolvimento, e, nesses moldes, continua a trazer problemas que não podem ser previstos pelo legislador, cabendo à doutrina e jurisprudência nacionais tratarem das questões, consideradas lacunas, para sua devida integração ao ordenamento jurídico.

Referências

BRASIL. *Código de Defesa do Consumidor*. Disponível em: http://www.planalto.gov.br/ccivil_03/leis/l8078compilado.htm. Acesso em: 01 dez. 2020.

BRASIL. *Decreto-Lei nº 7.962, de 15 de março de 2013*. Diário Oficial [da] República Federativa do Brasil, Poder Executivo, Brasília, DF, 15 mar. 2013. Seção 1.

BRASIL. *Lei nº 12.965, de 23 de abril de 2014*. Diário Oficial [da] República Federativa do Brasil, Poder Executivo, Brasília, DF, 24 abr. 2014. Seção 1.

BRASIL. *Superior Tribunal de Justiça*. Administrativo. Consumidor. Direito de Arrependimento. Art. 49 do CDC. Responsabilidade pelo valor do serviço postal decorrente da devolução do produto. Conduta abusiva. Legalidade da multa aplicada pelo PROCON. REsp nº 1340604 / RJ. Brasília (DF), 15 de agosto de 2013. Disponível em: https://processo.stj.jus.br/processo/pesquisa/?tipoPesquisa=tipoPesquisaNumero Registro&termo=201201416908&totalRegistrosPorPagina=40&aplicacao=processos.ea. Acesso em: 01 dez. 2020.

COSTA, Fabio da Silva. *A Responsabilidade Civil No E-Commerce (Comércio Eletrônico)*. 2018. 56 f. Trabalho de Conclusão de Curso – Universidade Federal do Estado do Rio de Janeiro, Rio de Janeiro, 2018.

DEVIDES, Débora Tiago; FERFOGLIA, Geórgia Vasconcelos. Os impactos da Covid-19 no *e-commerce*. *Consultor Jurídico*, 11 dez. 2020. Disponível em: https://www.conjur.com.br/2020-dez-11/devides-ferfoglia-impactos-covid-19-commerce. Acesso em: 13 dez. 2020.

MARQUES, Claudia Lima. *Contratos no Código de Defesa do Consumidor*. 8. ed. São Paulo: Revista dos Tribunais, 2016.

NUNES, Rizatto. *Curso de direito do consumidor*. 13. ed. São Paulo: Editora Saraiva, 2019.

Informação bibliográfica deste texto, conforme a NBR 6023:2018 da Associação Brasileira de Normas Técnicas (ABNT):

PIRES, Mariah Ferrari. A responsabilidade pelo vício e pelo fato do produto e o direito de arrependimento no comércio digital. *In*: BUFULIN, Augusto Passamani (Coord.). *Questões atuais de Direito Privado*. Belo Horizonte: Fórum, 2022. p. 213-221. ISBN 978-65-5518-301-6.

SOBRE OS AUTORES

Caio de Sá Dal'Col
Mestrando em Direito Processual pela Universidade Federal do Estado do Espírito Santo (UFES). Especialista em Direito Tributário pelo IBET/ES. Membro do Núcleo de Estudos em Processo e Tratamento de Conflitos (NEAPI-UFES). Membro da Comissão de Mediação e Arbitragem da OAB/ES. Advogado. *E-mail*: caiodalcol@hotmail.com.

Cláudio Iannotti da Rocha
Professor do Departamento de Direito da Universidade Federal do Espírito Santo (UFES), no curso de Graduação e no Programa de Pós-Graduação em Direito Processual (Mestrado). Pós-Doutor em Direito na Universidade Federal da Bahia (UFBA). Doutor e Mestre em Direito pela Pontifícia Universidade Católica de Minas Gerais (PUC Minas). Líder do Grupo de Pesquisa Trabalho, Seguridade Social e Processo: diálogos e críticas (UFES-CNPq). Membro do Grupo de Pesquisa Relações de Trabalho na Contemporaneidade (UFBA-CNPq). Membro do Grupo de Pesquisa Trabalho, Constituição e Cidadania (UnB-CNPq). Membro da Rede de Grupo de Pesquisas em Direito e Processo do Trabalho (RETRABALHO). Autor de livros e artigos publicados no Brasil e no exterior. Pesquisador. *E-mail*: claudiojannotti@hotmail.com.

Eduardo Silva Bitti
Professor da Universidade Federal do Espírito Santo (UFES) e da Fundação São João Batista – Faculdades Integradas de Aracruz (FAACZ). Doutor em Direito pela Pontifícia Universidade Católica de São Paulo (PUC-SP). Mestre em Direito Empresarial pela Faculdade de Direito Milton Campos. Advogado. *E-mail*: eduardo.bitti@ufes.br.

Hiasmine Santiago
Mestranda em Direito Processual pela Universidade Federal do Espírito Santo (UFES). Pós-Graduanda em Direito Empresarial pela Faculdade Damásio de Jesus. Especialista em Direito Judiciário pela Faculdade Multivix (2016). Mediadora Judicial pela Escola da Magistratura do Estado do Espírito Santo (2020). Assessora de Juiz de Direito do Tribunal de Justiça do Estado do Espírito Santo. *E-mail*: hiasmine_santiago@hotmail.com.

Igor Gava Mareto Calil
Graduando em Direito pela Universidade Federal do Espírito Santo (UFES). Pesquisador do Grupo de Pesquisa Desafios do Processo (UFES). Pesquisador do Grupo de Pesquisa Medicina Defensiva (UFES). *E-mail*: igorgcalil@gmail.com.

Jaime Ferreira Abreu
Juiz de Direito do Tribunal de Justiça do Estado do Espírito Santo (TJES). Mestre em Direito Civil pela *University Steinbeis-Hochschule* em Berlim (Alemanha) em 2019. *E-mail*: jfabreu3@gmail.com.

Klauss Coutinho Barros
Advogado. Procurador do Estado do Espírito Santo. Sócio-Proprietário de Klauss Barros & Associados. Pós-Graduado em Direito Tributário pela Consultime, em Direito Processual Civil pela PUC-SP e Pós-Graduando em Direito e Processo Civil pela Faculdade de Direito de Vitória – FDV. *E-mail*: klauss@klaussbarros.adv.br.

Lara Abreu Assef
Graduanda em Direito pela Universidade Federal do Espírito Santo (UFES). Pesquisadora do Grupo de Pesquisa Desafios do Processo (UFES). *E-mail*: laraabreuassef@gmail.com.

Luana Assunção de Araújo Albuquerk
Mestranda em Direito Processual pela Universidade Federal do Espírito Santo (UFES). Especialista em Direito do Trabalho e Processo do Trabalho pela Faculdade de Direito de Vitória (FDV). Graduada em Direito pela Faculdade de Direito de Vitória (FDV). Professora Assistente da disciplina Prática Jurídica Simulada III na Faculdade de Direito de Vitória (FDV). Advogada (OAB/ES). *E-mail*: lua.albuquerk@gmail.com.

Mariah Ferrari Pires
Bacharel em Direito pela Faculdade de Direito de Vitória (FDV). Pós-Graduanda em Direito Empresarial pelo INSPER. Advogada Sócia do escritório Machado, Mazzei & Pinho Advogados. *E-mail*: mariahferraripires@gmail.com.

Miryã Bregonci da Cunha Braz
Advogada. Professora universitária. Coordenadora do curso de Direito da Faculdade Multivix. Mestranda em Direito Processual na Universidade Federal do Espírito Santo (UFES). Pós-Graduada em Direito Civil e Processual Civil pela Fundação Getulio Vargas (FGV). Negociadora e Mediadora Empresarial pela Confederação das Associações Comerciais e Empresariais do Brasil (CACB). Membro do Grupo de Pesquisa "Desafios do Processo". Professora Voluntária na Universidade Federal do Espírito Santo. *E-mail*: mbdacunha@hotmail.com.

Paulo Antonio Marques Motta
Acadêmico de Direito na Universidade Vila Velha. *E-mail*: pamarques200@gmail.com.

Renzo Gama Soares
Mestre em Direito das Relações Sociais pela PUC-SP. Professor na Universidade Vila Velha. Defensor Público no Estado do Espírito Santo. *E-mail*: renzo.soares@defensoria.es.def.br.

Vitor Amm Teixeira
Mestrando em Direito Processual pela Universidade Federal do Espírito Santo (UFES). Membro Pesquisador do Grupo de Pesquisa Desafios do Processo (UFES). Graduado em Direito pela Faculdade de Direito de Vitória (FDV), Espírito Santo (Brasil). Advogado (OAB/ES). *E-mail*: vitor.teixeira1@hotmail.com.

Esta obra foi composta em fonte Palatino Linotype, corpo 10,5
e impressa em papel Pólen Bold 70g (miolo) e Supremo 250g (capa)
pela Gráfica Paulinelli, em Belo Horizonte/MG.